윤세주 : 최후의 결전

김상한 · 이준설

KNOWLEDGE COMMUNITY 공동체

머리말

의열에서 민족혁명으로

"석정石正 윤세주가 누구죠?"

"독립운동가입니다. 의열단원이었지요."

"왜 그를 잊지 않고 기억하나요?"

"………"

윤세주(1900~1942)가 정부로부터 건국훈장 독립장을 추서(1982년)받은 지 40년이 지났고, 그동안 국내와 해외의 학자들이 의열단, 민족혁명당, 조선의용대의 자료를 발굴하여 그를 조명해 왔다. 하지만 우리가 왜 윤세주를 추모하는지는 아직도 쉽게 답할 수 있을 것 같지 않다.

석정의 삶을 이해하는 방법은 여러 가지이다. 어떤 이는 그를 모델로 제작된 드라마를 시청하고, 또 어떤 이는 그의 전기를 찾아 김영범(2013)의 『의열단 · 민족혁명당 · 조선의용대의 영혼 윤세주』 또는 최국철(2015)의 『석정 평전 : 최후의 결전가』를 읽는다. 또한 중국 태항산의 항일유적지를 탐방하고 그의 묘소를 참배하는 사람도 적지 않다.

또 다른 방법은 석정의 체취가 물씬 풍기는 말과 글을 찾아 읽고 현대적 의의를 생각해 보는 것이다. 하지만 〈윤세주열사 자료집〉은 아직 출판된 적이 없다. 관련 분야의 전문가가 아니면 만들어 내기 힘든 과제이다. 국내외에 흩어져 있거나 숨어 있는 방대한 자료를 찾기도

머리말

어렵고, 일본어 또는 중국어로 된 것을 번역하기도 용이하지 않다.

윤세주의 일생을 한 줄로 간추리면 독립과 자유를 되찾기 위한 '선언'宣言과 '의열'義烈과 '민족혁명'이다. 1919년 밀양 3 · 13만세운동을 주도한 후 그해 11월 만주에서 의열단 창립에 가담하였고, 1920년 밀양폭탄의거로 체포되어 청년기를 온통 옥살이하였다. 출옥 후 5년은 재향 민족운동과 항일언론에 투신하였으며 이 시기에 혁명가로서의 식견을 쌓았다. 1932년 중국으로 망명하여 의열단에 복귀한 이후 석정(石正 또는 石鼎)이라는 별호를 사용하면서 '제국주의 타도와 절대독립 완성'을 위한 청년 투사의 육성에 매진하였다.

여기까지는 윤세주라는 역사적 인물을 그린 기존의 전기나 평전과 같지만, 거기에는 그가 겪음 직한 자잘한 애환은 축약되어 있다. 석정은 민요의 고장으로 널리 알려진 밀양 출신이고, 삶이 부대낄 때마다 민요를 즐겨 불렀다. 황포군관학교 제13기를 위해 〈최후의 결전〉(1938년)을 작사하기도 하였다. 이육사는 석정과 특별한 교분을 맺었고, 그를 모델로 '청포도'(1939년), '절정'(1940년), '연인기'(1941년) 등의 작품을 연속적으로 발표하였다. 이 책의 곳곳에 석정의 글뿐만 아니라 그와 관련된 시, 노래 등도 수록하여 독자의 이해와 감흥을 북돋우게 하였다.

윤세주가 걸어온 길을 반추하면 덤으로 한국인의 정체성을 감지할 수 있다. 조국을 잃어 아롱진 슬픔 이외에는 잃을 게 없었을 때 그는 독립과 자유를 쟁취하기 위해 냉철한 정의감과 뜨거운 열정에 분연히 나섰고, 척박한 여건에 좌절하기는커녕 그럴수록 스스로 단련하였으며, 승리에 대한 확고한 믿음을 잃지 않았다. '황무지밭을 가는' 독립운동가의 모습은 해방 이후 정주영, 이병철, 구인회, 박태준 등 이른바 '맨땅에 헤딩'하는 기업가나 열정적으로 일하는 '산업 전사'에서도 발견할 수 있다.

석정 윤세주를 추모하는 기념사업회가 출범(2010년)한 지도 10년 이상 지났다. 그동안 유족들이 챙겨온 자료를 정리하여 한 권의 책으로 내놓게 되어 기쁘다. 책이 되어 나오기까지 내용구성과 가용자료에 대한 세심한 조언에 더하여 최종 원고의 교감까지 도맡아 주신 대구대학교 김영범 명예교수님께 깊이 감사드린다. 기존의 전기에 크게 의존하였지만 다소 다른 시각에서 윤세주를 조명하는 과정에서 허술한 부분이 없지 않을 것이다. 아무쪼록 독자 여러분의 애정 어린 비판과 아낌없는 질정을 바란다.

2023년 10월

저자 씀

회고사

남선 아재, 보고파

종조부 석정石正의 가족에 대한 기억은 이제 우리 여섯 남매 중에서 나밖에 지니고 있지 않다. 석정 윤세주는 1918년 9월에 하소악과 혼례식을 올렸으나, '신부 묵히기'의 여섯 달 만에 밀양 3·13만세운동을 주도한 후 만주로 피신하였다가 다음 해 밀양폭탄의거로 붙잡혀 7년 옥고를 치렀으니, 결혼 11년째 1929년에야 외아들 남선을 얻었다. 나는 1930년생으로 어린 시절 동안 남선(아명 용문) 아재와 같은 지붕 아래에 살면서 어울려 놀며 컸다.

1937년 2월 말의 사진. 왼쪽의 윤남선(1929년생)은 보통학교 1학년이었다. 중앙의 윤명애(1928년생)와 오른쪽의 윤명화(1930년생)는 석정의 장조카 윤태선(=윤차암, 1903~1964)의 딸이다.

석정이 중국으로 망명한 지 5년 후 1937년 어느 봄날이었다. 종조모와 아재는 그가 보낸 인편을 따라 훌쩍 떠났다. 내가 두 분을 다시 뵌 것은 해방된 1945년 겨울이었다. 각자가 따로 밀양에 들렀고, 그때 종조모가 처음으로 석정의 순국(1942년) 소식을 알려주었다. 남선 아재는 굳은 표정으로 '왜놈들에게 빼앗긴 놋그릇이 독립군의 목숨을 앗아가는 총탄으로 된다는 사실을 알았다면 그렇게 쉽게 그걸 내주진 못했을 것'이라며 집안 식솔을 나무랐다. 꿈결 같은 며칠을 보낸 후 모자는 떠났고 여태껏 두 분의 생사는 알지 못한다.

종조모는 고인이 되셨을 터지만, 남선 아재는 다시 만날 수 있을까? 나는 남선 아재의 그리움을 석정에 관한 책과 자료를 모으거나 번역하여 읽는 것으로 달래었다. 그동안 밀양 3·13만세운동이나 밀양폭탄사건의 판결문도 찾았고 『민족혁명』, 『조선의용대통신』, 『앞길』 등의 자료도 입수할 수 있었다. 하지만 한국전쟁 이후 오랫동안 한중관계가 단절되어 중국에 있는 석정 묘소에 참배할 수 없었으니 후손으로서 어찌 한스럽지 않았겠는가.

한중수교가 1992년 8월 24일에 체결되자마자 나는 그의 묘소를 찾아보기로 작심하였다. 동생 명숙과 함께 무작정 상경하여 광복회를 방문하였더니 관계자는 국가보훈처 수원지청의 이보온 실장을 소개했다. 중국에서 활동한 독립운동가를 오래전부터 연구하고 있는 분이라 하였다.

우리 둘은 실낱같은 희망을 품고 즉시 발길을 돌려 수원지청으로 내려갔다. 실장은 우리를 보자 펄쩍 뛰며 기뻐하였다. "그렇지 않아도 석정의 유족을 찾고 있었는데, 일부러 오셨네요!" 그리고 자신이 석정 묘소를 참배한 사진을 꺼내어놓았다. 우리 자매는 그 자리에서 눈물을 펑펑 쏟았다. 이제야 후손들이 묘소를 찾아볼 수 있게 되었으니 얼마나 감격스러웠는지! 여섯 남매 내외는 곧바로 중국 여행을 계획하였고 다음 해 팔월 태항산의 묘소 참배가 성사되었다.

이 책의 발간은 석정 묘소의 첫 참배만큼이나 감격스럽다. 그동안 내가 읽고 메모해 둔 것을 기초로 김상한 회장과 이준설 학예사가 책으로 말끔히 만들어 주어서 얼마나 고마운지 모른다. 석정 윤세주와 남선 아재에 대한 애끓는 그리움을 이 책의 출간에 부쳐 남긴다. 아, 통일은 언제나 이루어지려나. 정녕 그날이 다시 오지 않는다면 차라리 죽음이여 나에게 빨리 오려무나.

2023년 10월

윤명화

차 례

차 례

제1장

정의의 실행

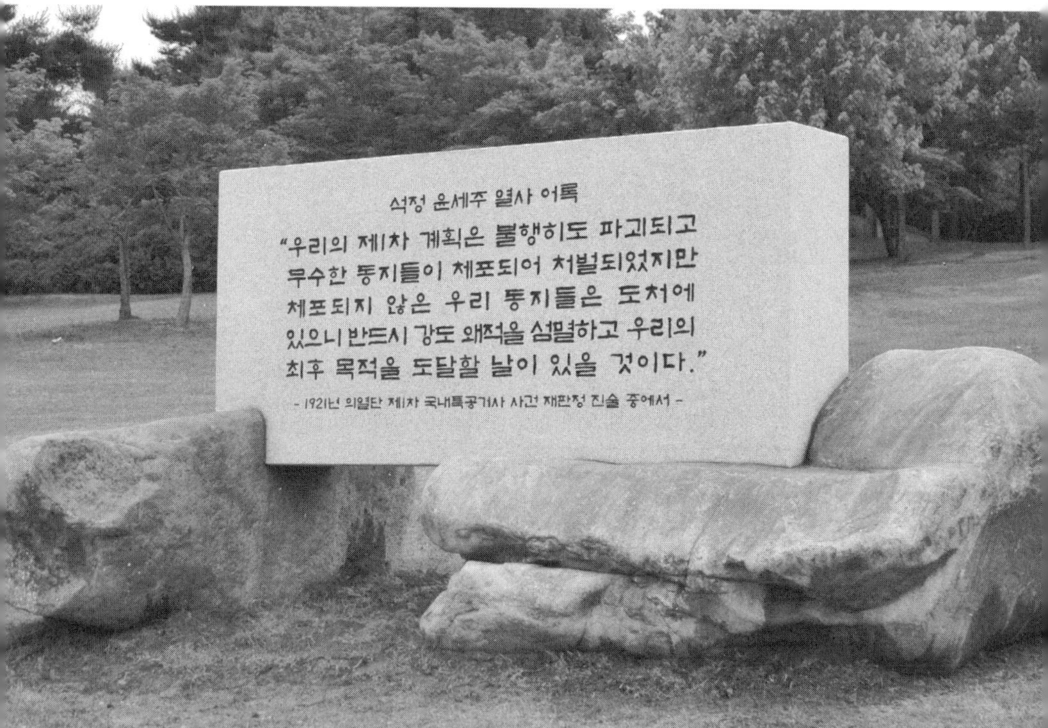

〈윤세주열사 어록비(독립기념관, 2011)〉

천안의 독립기념관 어록비공원에 2011년 건립되었다. 의열단의 제1차 국내특공거사, 이른바 '밀양폭탄사건'의 결심공판(1921년)에서 윤세주가 거침없이 쏟아낸 최후 진술이 새겨져 있다.

20세기 초반은 세계의 강대국이 식민지 확장을 위해 경쟁하는 가운데 제1차 세계대전(1914~1918), 대공황(1929~1939), 제2차 세계대전(1939~1945)이 일어났다. 동아시아에서는 러일전쟁(1904~1905), 신해혁명과 중화민국 수립(1912), 만주사변(1931), 중일전쟁(1937)이 있었고, 국내에서는 을사늑약(1905)에 뒤이은 안중근의 하얼빈 의거(1909), 조선왕조 및 대한제국 멸망(1910), 3·1운동과 의열단 창립(1919) 등이 있었다. 윤세주(1900~1942)가 이러한 역사의 소용돌이에 뛰어들어 조국의 독립과 자유를 되찾기 위해 어떤 난관을 어떻게 헤쳐 나갔는지 살펴보자.

1. 윤세주의 출생과 성장

윤세주는 윤희규尹熺奎와 김경이의 4남 1녀 중 막내이다. 『무송윤씨대동보』에 따르면 아들 넷은 치장致璋(1880년생), 치선致瑄(1890년생), 치견致堅(1893년생), 세주世胄(1900년생)이다. 윤희규(1859~1930)는 1893년 무과 병과에 급제한 후 나중에 통정대부 직함에 이르렀다지만, '각사등록 근대편'에 따르면 윤세주 출생을 전후하여 1897~1902년 밀양관아의 서리였다. 서리는 관아에 소속된 지방행정 실무자이다.

대동보를 보면 막내 윤세주는 1900년 6월 24일생이며 만형 윤치장과 20살 차이다. 여기에는 그의 사적이 간략하게 덧붙여져 있는데, 밀양 3·13만세운동과 밀양폭탄사건으로 7년간 복역하였으며, 중국으로 망명한 후 조선혁명간부학교 교관으로 애국 동지를 양성하고, 조선의용대를 창설하여 항일전선에 뛰어들었다가 1942년 순국하였다. 후손은 대동보의 출간(1985년)까지도 묘소가 중국 화북 옌안延安에 있으며,

사망 시기는 그의 석문촌 묘비에 적혀 있는 1942년 5월 28일로 알고 있었다.

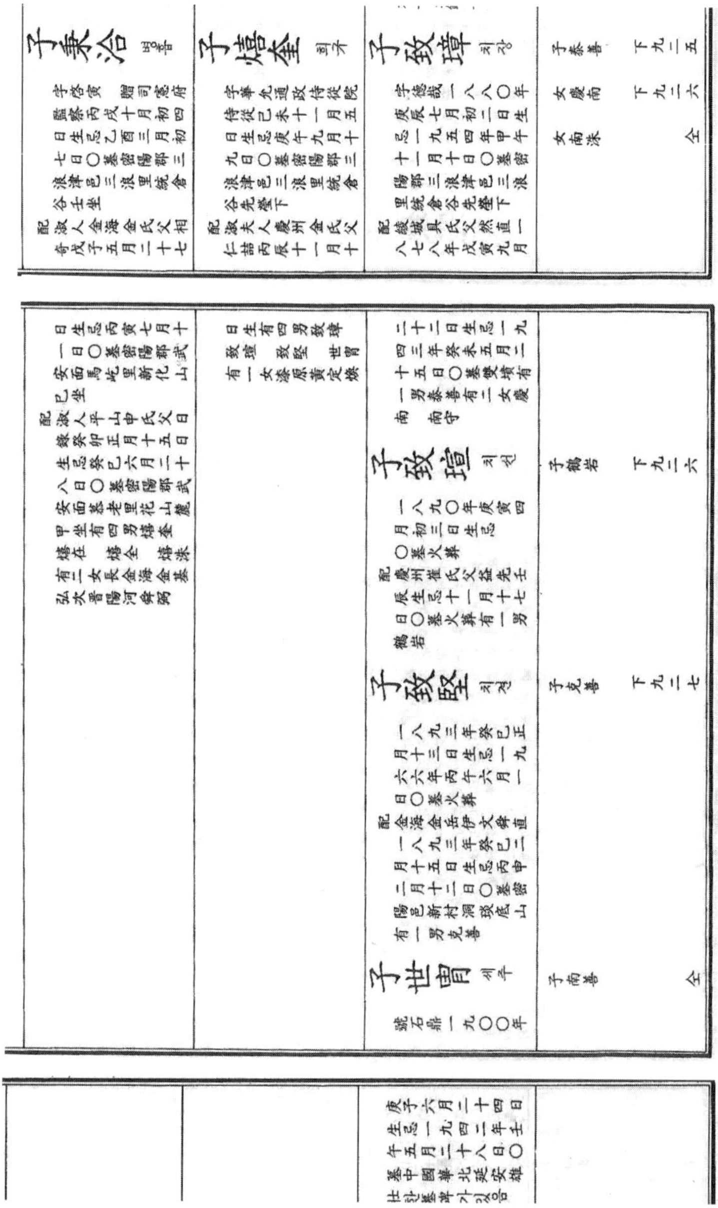

子秉治 병흡
宇啓寅 贈司憲府
監察丙戌十月初四
日生忌乙酉三月初
七日○墓密陽郡三
浪津邑三浪里統倉
谷壬坐
配淑人金海金氏父相
奇戊子五月二十七

子熺奎 희규
宇華允通政侍從院
侍從己未十一月五
日生忌庚午九月十
九日○墓密陽郡三
浪津邑三浪里統倉
谷先塋下
配淑夫人慶州金氏父
仁喆丙辰十一月十

子致璋 치장
宇德哉一八八○年
庚辰七月初二日生
忌一九五四年甲午
十一月十日○墓密
陽郡三浪津邑三浪
里統倉谷先塋下
配綾城具氏父然直一
八七八年戊寅九月

子泰善 下九二五
女慶南 下九二六
女南洙 仝

一日生忌丙寅七月十
一日○墓密陽郡武
安面馬屹里新化山
巳坐
配淑人平山申氏父日
鎔癸卯正月十五日
生忌癸巳六月二十
八日○墓密陽郡武
安面茲老里花山麓
甲坐有四男熺奎
熺在 熺全 熺洙
有二女長金海金基
弘次晋陽河舜弼

日生有四男致璋
致瑄 致堅 世胄
有一女漆原黃定煥

二十一日生忌一九
四二年癸未五月二
十五日○墓雙墳有
一男泰善有二女慶
南 南洙

子致瑄 치선
一八九○年庚寅四
月初三日生忌
○墓火葬
配慶州崔氏父益先壬
辰生忌十一月十七
日○墓火葬有一男
鶴岩

子致堅 치견
一八九三年癸巳正
月十三日生忌一九
六六年丙午六月一
日○墓火葬
配金海金岳伊文舜直
一八九三年癸巳二
月十五日生忌丙申
二月十二日○墓密
陽邑新村洞碌底山
有一男克善

子世胄 세주
號石鼎一九○○年
庚子六月二十四日
生忌一九四二年壬
午五月二十八日○
墓中國華北延安雄
[illegible]

子鶴岩 下九二六
子克善 下九二七
子南善 仝

출처 : 윤정헌(1985), 810-812쪽.

대한민국 정부에서 1982년에 대한건국훈장 국민장(오늘날의 독립장)을 추서하고 고향인 밀양에는 영남루 광장에 같은 집안의 세두 · 세복 · 치형 등과 함께 **독립의열사 숭모비**가 건립되어 있어 민족의 지표가 되어 있다.

'독립의열사 숭모비'는 1965년 영남루 광장에 세워졌다. 비문에서 이은상(1903~1982)은 밀양 출신 의열사義烈士의 사적을 적고 추모시를 지어 올렸다.

화악산 우러보니 푸른 얼 서리었고
남강을 내다보니 붉은 뜻 번히었네
이 강산 이 겨레 하냥 길이 사시오리다

위에서 화악산華岳山은 밀양 고을의 뒤켠에 높이 솟은 진산이고, 남강南江은 밀양 읍성의 남쪽 해자에 해당하는 밀양강을 일컫는다. 오늘날 강산이 제각기 푸르거나 붉은 빛을 띠는 것은 모두 의열사 덕분이 아닐까? 절로 옷깃을 여미고 '가신 님들의 거룩한 혼을 위로하고 찬양하고 나아가 그 뜻을 길이 받들게' 된다.

이어서 윤세주의 출생을 호적에서 살펴보자. 윤희규와 김경이의 4남이며, 성명은 윤소룡尹小龍, 생년월일은 1901년 6월 24일로 기재되어 있다. 오늘날 공식 문서에 성명은 대동보의 '윤세주', 생년월일은 호적의 '1901년 6월 24일'을 따른다.

그의 다른 이름이 왜 소룡小龍이었을까? 나중에 결혼하여 외아들을 얻자 호적에는 남선南善으로 올렸지만, 집에서는 용문龍文이라 불렀다. 이처럼 아버지와 아들의 이름에 '용'龍을 고집한 데에는 무슨 신념이 작용하지 않았을까?

그의 집안은 가까운 거리의 무봉사舞鳳寺와 산내면 원서리의 석골사石骨寺에 다닌 불교신자[佛子]이다. 불교에서는 부처님을 대룡大龍에 비유하는데, 따라서 소룡은 불자를 일컬음이 된다. 부친 윤희규가 말년에 칩거한 곳이 산내면 남명리의 시례마을이었던 것도 석골사가 거기서 가까웠기 때문이다.

윤세주 생가는 경상남도 밀양시 내이동 881번지이다. 이전에는 880번지이었으나, 그동안 생가터가 분필되는 과정에서 오늘날의 지번으

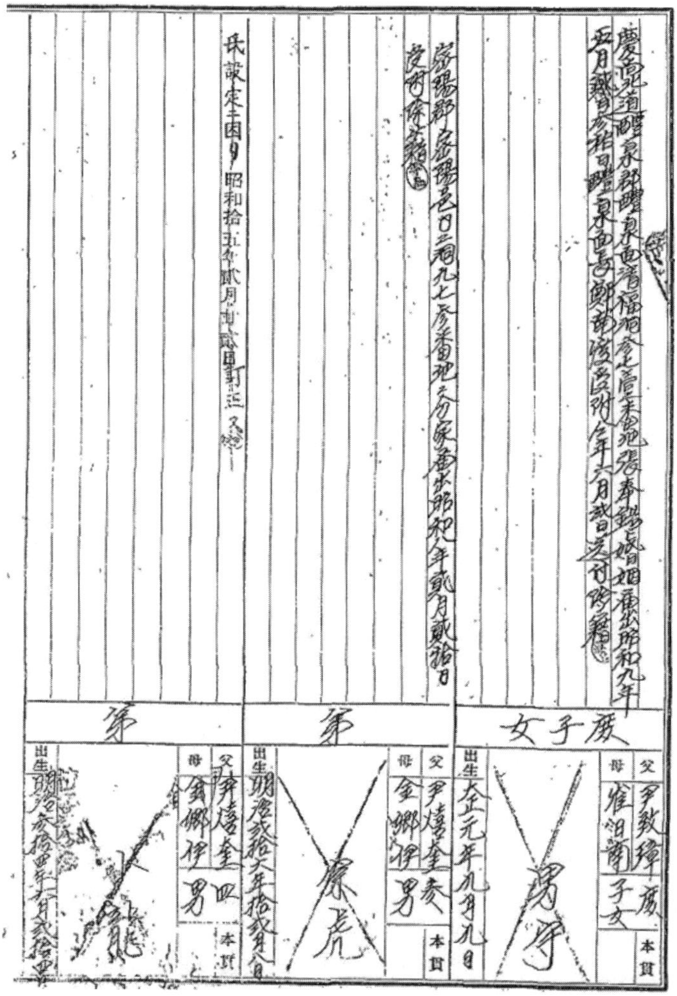

로 변경되었다. 881번지는 밀양읍성 서문(★) 바로 앞쪽이었다. 부친 윤희규가 밀양관아의 서리였으니 이곳을 주거지로 할 만하다고 생각된다.

출처 : 김상한(2018), 286쪽.

위의 지적도를 보면 서문(★) 서쪽으로 길게 뻗은 도로(백민로 4길)를 중심으로 위쪽에 대지가 넓은 대택大宅, 아래쪽에는 좁은 소택小宅이 집중하였다. 하부구역은 골목길이 발달하여 있어, 어린 시절 윤세주의 놀이터가 되었을 것이다. 당시의 아이들은 밥숟가락을 놓자마자 골목으로 뛰어나갔다. 〈아침 먹은 동무야〉를 보자.

아즘(아침) 묵은(먹은) 동무야
지녁(저녁) 묵은 동무야
골목골목 나오너라
작으나 크나 내 동무

이 빠진 아이 놀릴 때 부르는 민요 〈앞니 빠진 갈가지〉도 유행하였다. '갈가지'는 새끼 호랑이를 가리킨다.

앞니 빠진 갈가지 아무데나 가지 마라
앞도랑에 가지 마라 피리 새끼(송사리) 놀랜다
뒷도랑에 가지 마라 송어 새끼 놀랜다
방구(바위) 밑에 가지 마라 다람쥐가 놀랜다
헌옷 입고 가지 마라 씨래미(시라소니)가 놀랜다
까치한테 가지 마라 까악까악 숭본다
돼지우리 가지 마라 꾸울꾸울 욕한다

호랑이는 맹수이지만 밀양에서는 공포의 대상에 그치지 않았다. 여러 민담에 우호적인 동물로 등장하거나, 읍내 무봉사의 산신탱화에도 위엄 있으면서도 친근감을 주는 모습을 띠고 있다. 특히 갈가지는 긴 송곳니에 비해 앞니가 짧아 마치 이 빠진 것처럼 보여 우스꽝스럽기조차 하다.

윤세주 생가는 하부구역에서는 드문 크기의 대택(1,017m^2)이었다. 다음 사진에서 생가의 구조를 엿볼 수 있다. 중앙부에 윗채의 기와지붕이 동쪽의 밀양관아 방향으로 앉았고, 그 앞에 중채가 나란히 있으며, 거기에 직각 방향으로 사랑채의 지붕이 보인다. 오늘날은 윗채만 남아 있다.

윤세주는 다섯 또는 여섯 살이 되자 사랑채에 불려 가서 아버지 또는 맏형의 훈계를 들었을 것이다. "글공부를 구경만 하는 때가 지났다. 이제 너도 배워야 한다."

그는 난생처음 먹 가는 법과 습자를 배웠다. 큰 붓으로 한 획, 한 획을 습자책에 따라 썼다. 하늘 天, 따 地, 검을 玄, 누를 黃, 집 宇, 집 宙『천자문』이란 한문책을 익히기 시작하였다. 물론 습자지로 몰래 제기를 만들어 차기도 하고, 연을 만들어 남강 강둑에서 날리기도 하였을 것이다.

다음으로 윤세주의 학력을 살펴보자. '석정 동지 약사'(김약산, 1943)에 따르면 그는 한동안 동화학교에 다녔다. 향리 출신들의 주도와 요호 부민층의 출연으로 군관청 자리(내일동 477번지 일원)에 설립된 사립학교(학제 불분명)이다. 관청의 등록요건을 갖추지 못했음을 구실로 1911년 늦가을에 폐교당하였다.

그의 재학 기간이나 수학 과목은 관련 서류가 남아 있지 않아 확인할 수 없다. 하지만 다음의 밀양공립보통학교 학적부에 따르면 윤세주(尹小用)는 동화학교同化學校를 1년 다니다가 1909년(융희 3년) 9월 1일에 편입하였다. 따라서 동화학교의 수학은 1908~1909년 사이 1년 이상이었을 것이다.

또한 '석정 동지 약사'에서 재학 중에 '위인 전기, 조선 역사, 지리 내지 육도삼략 등 서적'을 애독하였다고 하였으니 동화학교는 초등학교 또는 그 이상의 수준이었던 것으로 짐작된다. 그가 어린 나이에 동화학교에 입학할 수 있었던 것은 교장이자 무송윤씨 일문인 윤병연(윤치형의 조부) 또는 윤희영의 배려 때문이기도 하지만, 일찍이 『천자문』, 『동몽선습』, 『사자소학』四字小學 또는『사략』史略 등의 한문을 익힌 덕분일 수도 있다.

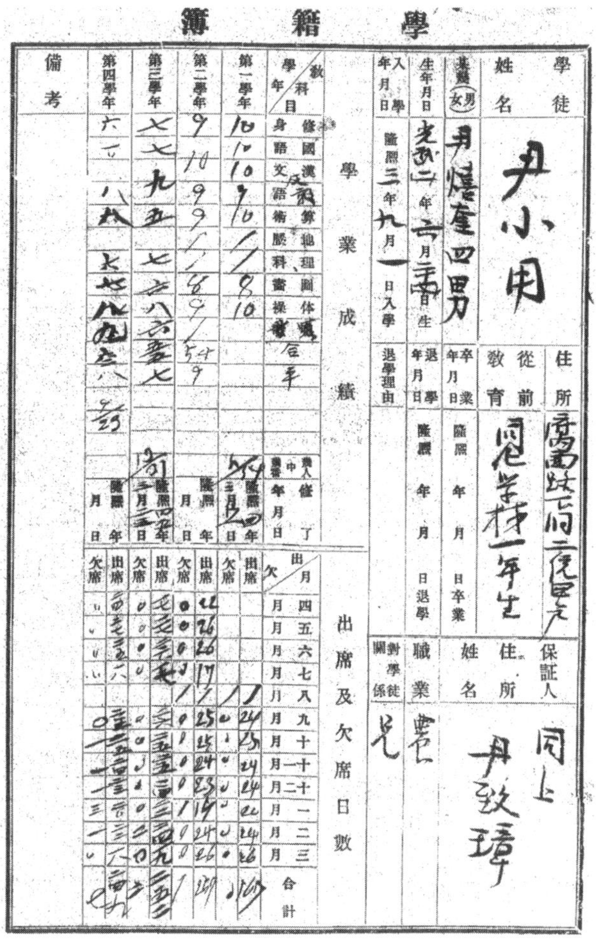
學籍簿

學徒 姓名: 尹小用

住所 / 從前教育 / 卒業年月日 / 退學年月日 / 退學理由

學業成績: 教科 / 學年 / 第一學年 / 第二學年 / 第三學年 / 第四學年 / 備考

出席及欠席日數

保證人 住所: 同上

保證人 姓名: 尹致璋

윤세주는 1909~1913년에 밀양공립보통학교를 다녔다. 이 학교는 밀양 최초의 4년제 초등학교이다. 호적과 재산문서의 사무를 맡았던 밀양관아의 부사府司 건물(내일동 583번지)을 이용한 개창학교(1897년 설립)에서 발전하였다.

그런데 보통학교 학적부를 들여다보면 신상정보가 대동보 또는 호적과 다소 다르다. 윤세주가 윤희규의 4남인 것은 맞으나, 성명이 집에서 부르는 이름인 윤소용尹小用, 생년월일은 1898년(광무 2년) 6월 27일로 적혀 있다.

이러한 오류는 보증인이 부친이 아니고 맏형 윤치장尹致璋이었던 것과 관련 있어 보인다. 주거지도 본가 주소가 아니라 맏형의 '부내면 노하리 2통 4호'이었다.

늦둥이 윤세주는 어린 시절 동안 부모보다도 맏형의 보살핌과 영향을 더 많이 받았을지도 모른다. 윤치장은 분가하여 부친과 같은 동네에 살았는데, 세 자녀 태선(1903년생), 경남(1906년생), 남수(1912년생)는 윤세주에게 손아래 조카이지만 비슷한 또래이어서 삼촌과 어울리기 쉬웠을 것이다.

윤세주는 10살 되던 해 1910년 8월 29일 경술국치(한일병탄)를 겪었다. 밀양관아와 부속건물이 점차 간판을 바꿔 달기 시작하였다. 수령의 집무처 아사衙舍는 밀양군청으로, 소송업무와 형벌 집행을 하던 형방소는 법원지청(부산지방법원 밀양지청)으로, 무기 관리를 하던 군기소는 헌병분견소로 바뀌었다. 나중에는 밀양읍성까지 철거되었다.

부친 윤희규는 망국에 뒤따른 실직의 고충을 뼈저리게 감내해야 했고, 어린 윤세주조차도 갑작스러운 변화에 당혹스러웠을 것이다. 그해 11월 3일은 메이지明治 천황의 생일이라 일본인들이 대대적으로 경축하였다. 윤세주는 몇몇 친구들과 어울려 일장기를 학교 변소의 똥구덩이에 꽂아 넣어버렸다. 일본인 교장이 학생들에게 자백을 강요하였지만, 모두가 함구하고 실토하지 않았다고 한다.

보통학교 시절 그는 수신修身, 국어, 한문, 일본어 등 10과목 중에서 어학에 탁월한 평가를 받았으며, 한문은 늘 상위그룹에 속하였다. 체조 및 예능에도 우수했다. 세 살 아래의 장조카 윤태선(=윤치암)이 남명학교(경상북도 경주시 양북초등학교)에서 음악선생으로 교직을 시작한 것도 윤세주의 영향이 아니었을까?

윤세주는 보통학교 졸업 후 1913년(대정 2년) 9월 30일에 밀양공립간이농업학교(6개월 과정)로 진학하였다. 그것이 밀양에서 유일한 상급학교인 탓이 크지만, 1910년의 국권피탈 이후 장래의 직업으로 관직을 기대할 수 없게 되었으니 평범한 농부의 삶을 도외시할 수 없었기 때문이리라.

그는 청소년으로 성장하자 주소지를 맏형 댁에서 본가로 옮겼다. 보통학교 시절과 달리 보증인이 부친 윤희규로 바뀌고 주소도 부친이 살았던 '부내면 노하리 3통 9호'이었다. 간이농업학교 학적부에 기재된 성명은 호적의 윤소룡尹小龍이며, 생년월일은 족보의 1900년(명치 33년) 6월 24일로 바르게 되어 있다.

그는 간이농업학교 학적부 성적으로 보아 작물, 토비土肥, 양잠, 양축養畜, 삼림 등 새로운 농법을 배우는 데 열성을 보인 것 같지 않다. 부친은 윤세주에게 농업학교 진학을 요구 또는 강요하였으나, 신식학문에 대한 그의 열망을 외면하기 어려웠을 것이다.

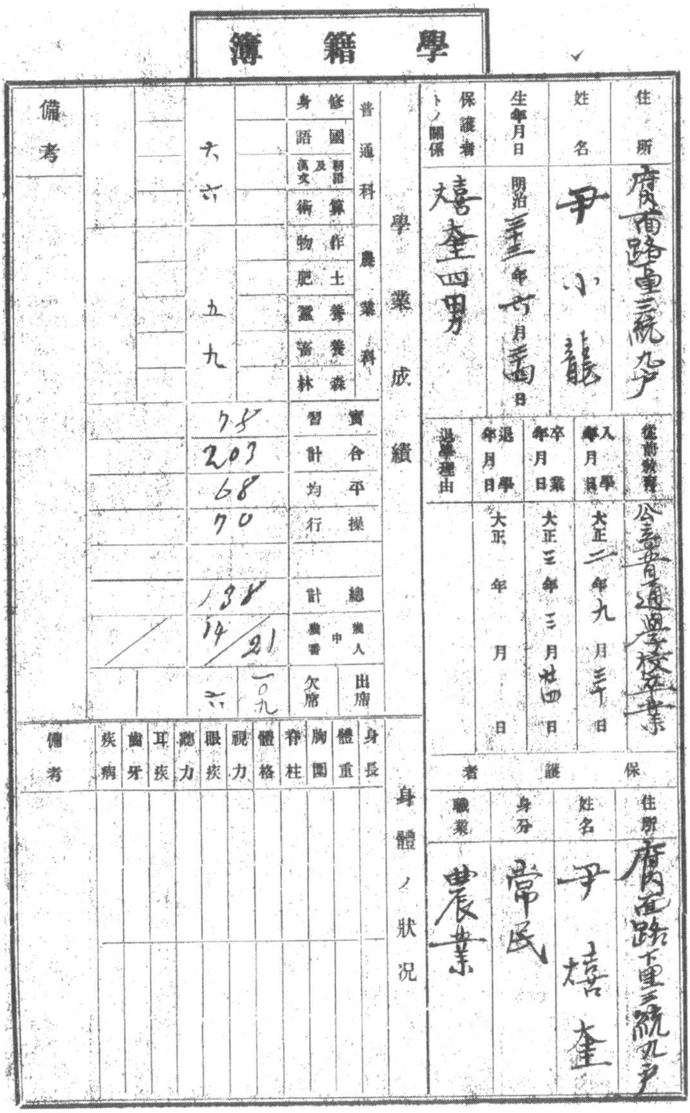
學籍簿

住所: 廣南路重三統九戶
姓名: 尹小龍
生年月日: 明治三十一年六月二十四日
保護者トノ關係: 禧奎四男
從前ノ敎育: 公立普通學校卒業
入學年月日: 大正二年九月三十日
卒業年月日: 大正三年三月卅四日
退學年月日: 大正 年 月 日
保護者 住所: 廣南路重三統九戶
保護者 姓名: 尹禧奎
保護者 身分: 常民
保護者 職業: 農業

윤세주는 자신의 꿈을 서울(경성)에서 찾기로 하였다. 부모 · 형제의 영향에서 벗어나 새로운 세계를 경험하는 설렘에 흠뻑 젖었다. 종묘 인근의 낙원동 28번지 오성학교(3년제 중등과정)를 1914년 4월에 입학하여 1917년 3월에 졸업하였다.

오성학교는 어떤 학교이었는가? 1908년에 설립된 서북협성학교의 후신이다. 이 학교의 모체인 서북학회가 일제에 의해 강제로 해산되면서 학교도 박해받아 몇몇 유지가 인수하여 교명만 바꾸었을 뿐 일본을 배척하는 분위기가 강하였다.

윤세주는 거기에서 무엇을 배웠을까? 학교가 설립 후 폐교, 화재와 건물 이전 과정에서 학적부가 소실되어 어떤 과목을 공부했는지 알 수 없다. 그때 많은 사립학교가 그랬듯이 주로 서양의 학문과 사상, 우리나라의 역사와 지리 등을 배웠을 것이다.

그의 집안에 전하는 한문의 문헌류 40여 점 중에 『서유기』, 『수호전』, 『봉신연의』, 『창선감의록』 등 소설이나 『허부인난설헌집』, 『두율분음』, 『풍요속선』 등의 시문집이 많은 것을 보면 윤세주가 문학을 좋아하고 즐겼을지도 모르겠다.

주요 강사진이던 최창식, 유근, 주시경, 한용운 등에 대해서는 뒤에서 상세히 언급할 것이다. 만해 한용운은 기미독립선언서에 서명한 민족대표 33인에 속한다.

졸업생의 다수가 독립운동에 뛰어들었다. 1915년에 5회로 졸업한 최팔용은 1919년 도쿄에서 2·8독립선언을 주도하였고, 1916년에 6회로 졸업한 한위건은 3·1운동의 학생시위 지도자였으며, 이어서 1917년에 7회로 졸업한 윤세주는 밀양에서 3·13만세운동을 일으켰다.

오성학교는 한때 폐교된 후 1921년에 오성강습소로 재기하고 1940년에 광신상업학교로 변경하였으며 3년 후 동대문구 회기동으로 건물을 이전하였다. 오늘날 관악구 신림동의 광신방송예술고등학교로 남아 있다.

윤세주는 오성학교를 졸업한 후 당시의 결혼 풍습[早婚]에 따라 1918년 9월 1일 하소악(1901년생)과 결혼하였다. 그녀는 창녕군 창녕읍 술정리 하동윤의 딸이다. 조혼의 경우 신랑은 신부집에서 혼례식을 올린 며칠 후 홀로 본가로 돌아가고 신부는 몇 달 또는 1년 이상 친정에 묵혔다.

신부를 묵히는 동안 그는 처가댁을 그리 자주 방문하지는 못했을 것이다. 창녕읍으로 가려면 밀양읍을 나서서 부북면에서 종남산(664m) 자락의 고개를 넘고 청도면에서 다시 천왕산(619m)의 고개를 넘어 창녕군에 들어와서도 화왕산(757m) 기슭을 빙빙 돌아가야 한다. 거리가 32킬로미터 이상이므로 하루 꼬박 걸어야 한다.

혼례식 이후 반년 만에 윤세주는 밀양에서 3 · 13만세시위를 주도하였다. '신부 묵히기'가 그 이전에 끝나 신부를 창녕에서 본가로 직접 데려왔는지 아니면 신랑이 일본 경찰에 쫓기는 신세였으므로 신부가 그냥 친정에 머물렀는지는 알 수 없다. 어느 쪽이든 하소악은 신랑 없이 눈물로써 결혼생활을 시작해야 하였다. 고의는 아닐지라도 그가 아내를 저버린 첫 번째 경우이었다.

2. 밀양 3 · 13만세운동 주도

윤세주는 오성학교 졸업(1917년)에 즈음하여 장래의 직업에 대해 진지하게 생각하였을 것이다. 단순히 밀양에서 농부의 삶을 꿈꾸었을까? 아마도 한동안 서울 낙원동의 오성학교를 맴돌며 어떤 직장을 모색하였을 것이다. 고심하던 중 고종 황제의 인산일(장례일)이 1919년 3

월 3일로 정해지자 그는 참례를 위해 일찌감치 윤치형과 함께 상경하였다.

윤세주는 오성학교 인근의 탑골공원(파고다공원)에서 만세시위가 있을 것임을 알았고, 3월 1일 오후 2시의 시위에 참여하여 선언서 삐라를 받아 읽고 또 읽으면서 되뇌었다.

그렇지, 한일합병은 천부당만부당해.
조선인은 자유로운 민족이며
자신의 운명을 스스로 결정할 권리를 가졌지.

그는 시위 대열에서 '대한독립만세'를 목 놓아 외치고, 삐라 뭉치를 받아 행진하면서 선언서를 마구 뿌렸을 것이다. 학생을 비롯하여 많은 사람이 체포되었지만, 만세시위는 전국적으로 번져갔다.

기미독립선언서에 무슨 말이 담겨 있길래 사람들이 그토록 열광하였을까? '선언서'는 꽤 장문(1,762자)인 데다가 국한문 혼용이어서 오늘날의 우리는 해독하기 어렵다. 여러 현대문 중에서 정승교 역(http://db.history.go.kr)을 보자. 첫 부분에 '독립'이 자주 나온다.

우리들은 지금 우리 조선이 **독립**한 나라이고 조선 사람이 **자주**적인 국민이라는 것을 선언하노라. 이러한 사실을 세계 여러 나라에 알려서 인류 평등이라고 하는, 사람이라면 마땅히 지켜야 할 도리를 분명히 밝히고, 이러한 사실을 후손들에게 대대로 전하여 민족의 독자적 생존이라고 하는 정당한 권리를 영원히 누릴 수 있도록 하는 바이다.

5천 년 역사의 권위에 의지하여 **독립**을 선언하는 것이며, 이천만 민중의 충성을 한데 모아서 **독립국**임을 널리 밝히는 것이다. 영원하고 한결같은 민족의 **자유** 발달을 위하여 **독립**을 주장하는 것이며, 인류의 양심이 드러남에 따라 일어난 세계 개조의 좋은 기회와 운세에 순응하여 함께 나아가기 위하여 이것을 제기하는 것이다. 조선의 **독립**은 하늘의 밝으신 명령이고 시대의 추세이며 모든 인류가 공존하면서 함께 살아가야 한다는 정당한 권리를 발동한 것이니, 세상의 무엇이라 할지라도 우리의 주장을 가로막거나 억눌러서 그치게 할 수 없을 것이다.

그때 사람들에게 '독립'이 얼마나 절실하였는가는 선언서의 중간 부분에 잘 드러나 있다.

아! 과거로부터 내려온 억울함을 드러내어 세상에 널리 알리려고 하려면, 현재 겪고 있는 고통에서 벗어나려고 하려면, 장래의 위협을 일찌감치 무찔러 없애버리려고 하려면, 억눌리고 사그라진 민족의 양심과 국가의 염치가 다시금 북받쳐 일어나 마음껏 뻗어날 수 있도록 하려면, 각자의 인격이 정당한 발달을 이룰 수 있도록 하려면, 가엾은 아들과 딸들에게 괴롭고 부끄러운 현실을 물려주지 않도록 하려면, 만대에 이르는 자손들을 인도하여 영구적이고 완전한 행복을 맞이할 수 있도록 해 주려면, 무엇보다 시급한 일은 민족의 **독립**을 확실하게 하는 것이다.

'자유'가 인간 고유의 그리고 최고의 가치임은 선언서 끝부분에 강조되어 있다.

우리가 본디 지녀온 **자유권**을 온전히 보호하여 **자유**로운 삶의 기쁨을 맘껏 누릴 것이며, 우리가 스스로 갖춘 독창적인 힘을 발휘하여 봄기운 가득한 온 세상에서 민족적 정화를 맺게 해야 할 것이다.

우리나라의 수난기를 돌이켜 보면 나당전쟁(670~676), 대몽항쟁(1231~1273), 임진왜란(1592~1598) 동안은 중국이나 일본으로부터 주권 또는 국토를 그나마 지켰지만, 일제강점기(1910~1945)에는 나라를 빼앗긴 데다가 나중에는 우리의 성씨와 이름도 일본식으로 갈아야 했다. 그리하여 나라 잃은 사람의 심장을 후비는 울분과 원한이 선언서와 3·1운동을 통해 터져 나온 것이다.

그 암울한 시대에 독립운동가는 별처럼 어둠을 밝혀 주었으니, 이육사(1904~1944)의 '한 개의 별을 노래하자'(1936)에는 윤세주의 절규가 메아리치는 듯하다. 시의 여덟 연 중에서 제3연을 소개하면 다음과 같다.

> 한 개의 별을 가지는 것은 한 개의 지구를 갖는 것
> 아롱진 설움밖에 잃을 것도 없는 낡은 이 땅에서
> 한 개의 새로운 지구를 차지할 오는 날의 기쁜 노래를
> 목안에 핏대를 올려가며 마음껏 불러보자

밀양에서 만세시위가 처음 시작된 곳은 밀양관아 앞 시장터 일대이다. 앞의 사진의 표지석이 관아 정문 앞쪽에 세워져 있는데, 윤세주 등이 1919년 3월 13일 밀양의 만세운동을 주도하였음을 적고 있다.

> **3 · 13 밀양면 만세운동**(1919. 3. 13. 음력 2월 12일)
>
> 이곳은 일제의 무단통치에 항거하여 수천의 밀양인이 만세운동을 일으킨 곳이다. 고종의 인산에 참여하기 위해 상경한 윤치형, 윤세주는 탑골공원에서 전개된 3 · 1만세운동에 참여한 후 돌아와 스승인 을강 전홍표와 논의 후 밀양만세운동을 계획하였다. 밀양면과 부북면의 인쇄기를 훔쳐 아북산에서 병풍으로 빛을 가린 뒤 인쇄하고, 윤세주의 경제적 지원으로 밀양교회 여신도를 중심으로 태극기 수백 매를 만들어 김병환과 윤세주 집에 보관하였다.
>
> 시위 당일은 밀양의 장날로 윤치형 · 윤세주 · 권재호 · 김상득 · 김상이 · 김소지 · 노재석 · 박만수 · 박소종 · 박작지 · 설만진 · 양쾌술 · 윤방우 · 윤보은 · 이장수 · 정동준 · 최종관 등과 여성 기독교인들(김시악 · 김영수 · 이복수)이 장터의 수많은 사람들에게 독립선언서와 태극기를 나누어 주고, 선언서 낭독을 마친 윤세주의 선창에 따라 '대한독립만세'를 목이 터져라 불렀다. 영남지방에서 큰 규모로는 최초로 일어난 이 만세운동은 밀양지역에 면면히 내려오고 있는 충절의 정신과 개창학교, 동화중학 등을 통한 민족교육, 그리고 일합사 등 비밀단체를 통한 항일의식이 표출된 저항이었다.

밀양 3 · 13만세운동은 도장관道長官 보고철에 따르면 오후 2시에 처음 시작되었다. 수백 명의 군중이 큰 깃발을 앞세우고 시가지를 행진하다가 인근의 헌병분견소가 주모자 열 명을 체포하면서 해산되었다.

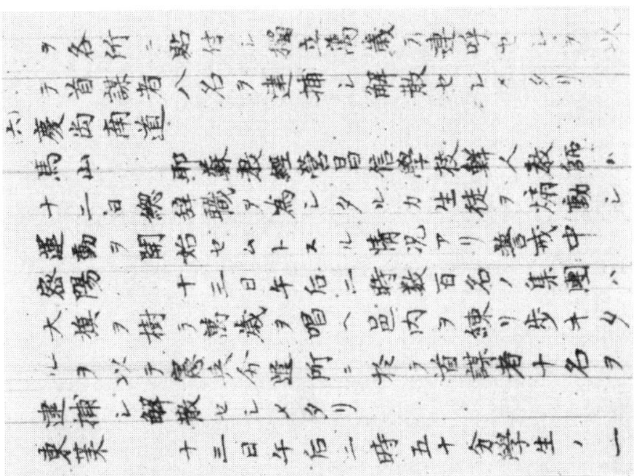

출처 : 국사편찬위원회 한국사 데이터베이스.

헌병분견소(1911. 11. 7. 설치)는 시장에 바로 인접한 곳이다. 다음 지도(1917년 제작)의 중앙 상단에 밀양군청郡廳과 부산지방법원 밀양지청, 즉 법원지청法院支廳이 있다. 중앙 하단부에 헌병분견소憲兵分遣所(내일동 174번지)는 1919년 8월 21일자로 밀양경찰서로 개칭되었고, 밀양공립보통학교普通學校는 나중에 인근의 삼문동으로 옮겨졌다. 헌병분견소와 보통학교를 포함하는 넓은 터는 오늘날 밀양아리랑시장이 되었다.

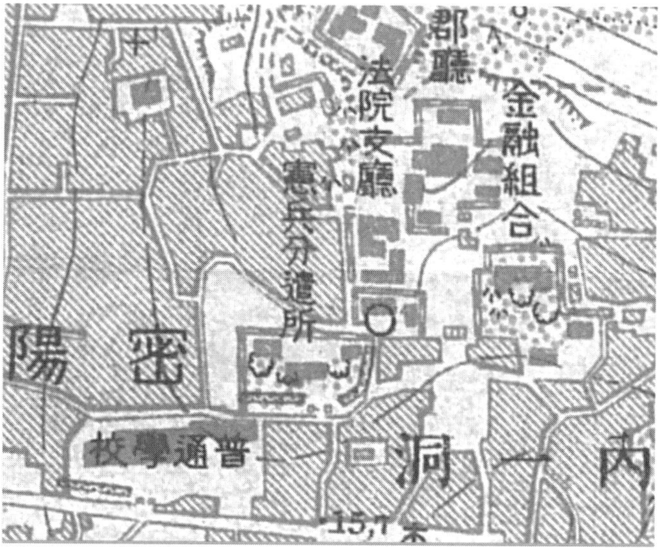

출처 : 국사편찬위원회.

읍내의 만세시위 참가인원은 '조선소요사건 일람표'에 따르면 3월 13일 1,000명, 3월 14일 100명이었다. 3월 14일의 시위는 밀양공립보통학교 학생만세운동을 일컫는다.

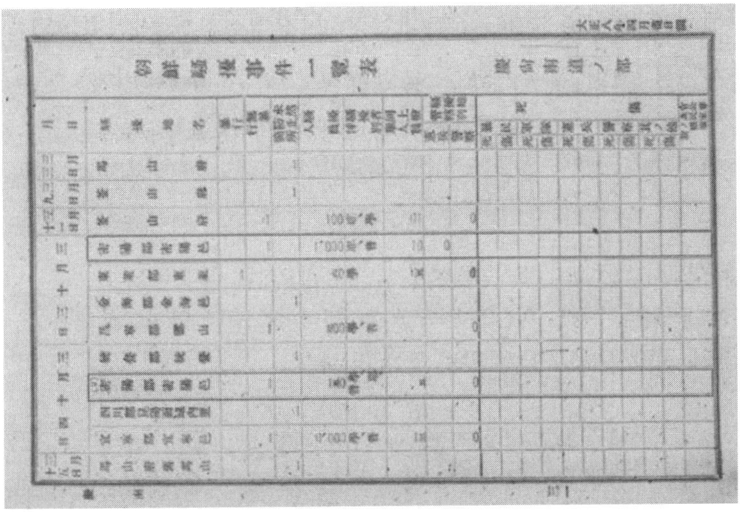

출처 : 국사편찬위원회 한국사 데이터베이스.

밀양 3 · 13만세운동은 비폭력 시위였다. 3월 14일 조선총독부 내각 총리대신에게 발송된 긴급 전보문은 "또한 (3월) 13일 충청남도 전의, 예산, 전라북도 전주, 경상남도 밀양 및 동래에서 다소 불온한 행동이 있었으나 큰일에 이르지 않고 진정되었다"고 하였다.

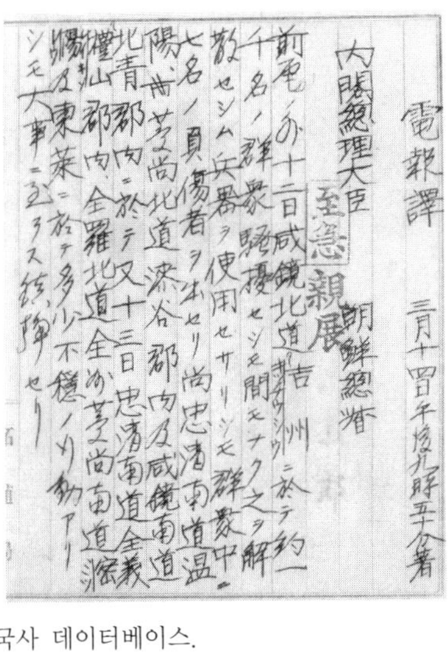

출처 : 국사편찬위원회 한국사 데이터베이스.

만세시위는 선언서 낭독, 만세삼창, 시가행진으로 이어졌으며, 시위 참가자들은 어떤 운동가요를 불렀을지도 모른다. 〈독립가〉, 〈무궁화 노래〉 등을 들 수 있지만, 밀양에서 확인된 바가 없다.

〈독립가〉

터젓고나 터젓고나 조선독립성 / 십년을 참고참아 이제 터졌네
삼천리의 금수강산 이천만 민족 / 살아고나 살아고나 이 한소리에
만세 독립만만세 / 만세 만세 조션만만세

만세시위 주도자에 대한 검사의 구형은 4월 11일에 있었고, 4월 13일 다시 재판이 열려 다음 날 판결이 내려졌다.

〈매일신보(1919. 4. 15.)〉

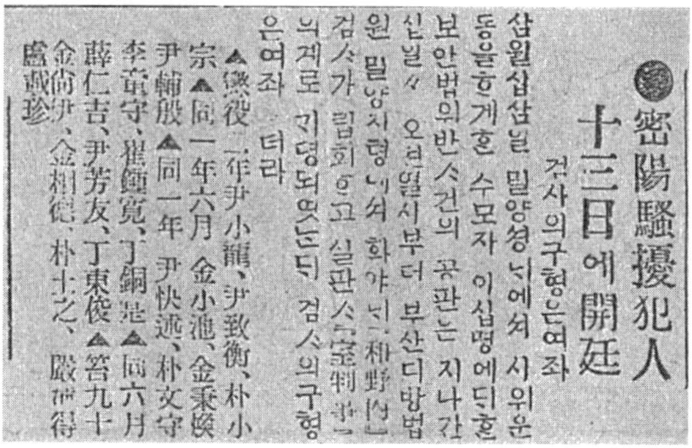
◉密陽騷擾犯人 十三日에開廷
검사의구형은여좌
삼월십삼일 밀양셩닉에셔 시위운동을ᄒᆞ게ᄒᆞᆫ 수모자 이십명에딕ᄒᆞᆫ 보안법위반ᄉᆞ건의 공판는 지나간 십일〻 오젼열시부터 부산디방법원 밀양지텽닉셔 화야닉(和野內) 검ᄉᆞ가 립회ᄒᆞ고 실판ᄉᆞ(宮判事)의계로 긔뎡되엿는딕 검ᄉᆞ의구형은여좌 ᄒᆞ더라
▲懲役一年 尹小龍、尹致衡、朴小宗▲同一年六月 金小池、金秉煥、尹輔般▲同一年 尹快述、朴文守、李萬守、崔鍾寬、丁銅甚▲同六月 薛仁吉、尹芳友、丁東俊▲笞九十 金尚尹、金相德、朴士之、殷福得、盧載珍

출처 : 대한민국 신문 아카이브.

밀양소요범인
13일에 개정
검사의 구형은 아래와 같음

3월 13일 밀양성내에서 시위운동을 하게 한 수모자 20명에 대한 보안법위반사건의 공판은 지난 11일 오전 10시부터 부산지방법원 밀양지청에서 화야내(和野內)

검사가 입회하고 실판사室判事의 계로 개정되었는데 검사의 구형은 아래와 같다. ▶징역 2년 윤소룡, 윤치형, 박소종 ▶징역 1년 6월 김소지, 김병환, 윤보은 ▶징역 1년 윤쾌술, 박문수, 이장수, 최종관, 정동식 ▶징역 6월 설인길, 윤방우, 정동준 ▶태90(대) 김상이, 김상덕, 박토지, 엄청득, 노재진

1919년 4월 14일 부산지방법원 밀양지청이 내린 판결은 피고인 20명에 대하여 징역 1년 6개월(윤소룡, 윤치형 2명), 징역 6개월(7명), 징역 4개월(3명), 징역 3개월(1명), 태 90대(7명)이었다.

지금까지 정동찬과 엄청득을 제외한 18명은 대한민국 정부로부터 서훈을 받았다. 의열투쟁 부문에서 윤세주(윤소룡)는 독립장을, 윤치형과 김병환은 애국장을 받았으며, 나머지 15명은 3·13만세의거로 대통령표창을 받았다.

이제 판결문을 읽어보자. 일반인에게 다소 따분하게 여겨질 수 있으므로 최소한 부분을 읽으면서 다음 질문의 괄호 속에서 적절한 하나를 골라보자. (→ 답은 42쪽)

1. 밀양 3·13만세시위 피고인의 대부분은 나이가 (20대, 30대)이다.
2. (박소종, 윤세주)과/와 (윤치형, 김병환)의 지휘 아래에 대오를 짜고 독립만세를 외치면서 시장의 군중 속으로 행진하였다.
3. 윤세주는 김소지에게 (생황, 나발)을 주어 그것을 불며 큰 깃발을 뒤따르게 하였다.
4. 김상득은 (대한독립신문, 조선독립신문)이라는 표제가 붙은 문서를 군중에게 나누어 주었다.
5. 차압 물건 중에 '선언서' 삐라가 (있었다, 없었다).

◈ 밀양 3 · 13만세시위 주도자 판결문[1]

대정 8년(1919년) 4월 14일 나 제승

판결

경상남도 밀양군 밀양면 내일동 547번지
고용 권호, 즉
대정8년 형제149호 피고인 권재호(22세)

동도 동군 동면 동동 140번지
음식점영업 설인길, 즉
동 제150호 동 설만진(26세)

동도 동군 동면 동동 162번지
고용 김상덕, 즉
동 제151호 동 김상득(19세)

동도 동군 동면 동동 88번지
자전거 수리공
동 제154호 동 박작지(23세)

동도 동군 동면 동동 287번지
요리업
동제155호 동 엄청득(22세)

동도 동군 동면 동동 171번지
농업 노재진, 즉
동제 156호 동 노재석(20세)

동도 동군 동면 동동 543번지
농업
동 제157호 동 김상이(22세)

동도 동군 동면 동동 186번지
농업
동 제158호 동 김소지(22세)

동도 동군 동면 내이동 937번지

---

1) 원본은 국가보훈처 홈페이지(https://e-gonghun.mpva.go.kr)에서 찾아볼 수 있다.

농업

동 제163호 동 박만수(23세)

동도 동군 동면 내이동 981번지

농업

동 제164호 동 정동찬(22세)

동도 동군 동면 내이동 991번지

농업

동 제 165호 동 윤방우(24세)

동도 동군 동면 동동 1045번지

농업

동 제166호 양쾌술(24세)

동도 동군 동면 내이동 848번지

미곡상

동 제167호 동 김병환(30세)

동도 동군 동면 내일동 516번지

농업 이장長수, 즉

동 제168호 동 이장章수(23세)

동도 동군 동면 내이동

농업

동 제169호 동 최종관(21세)

동도 동군 동면 동동 954번지

농업

동 제170호 동 정동준(22세)

동도 동군 동면 동동 990번지

농업

동 제171호 동 윤보은(22세)

동도 동군 동면 동동 780번지

농업

동 제173호 동 박소종(23세)

동도 동군 동면 동동 880번지
농업
동 제175호 동 윤소룡(20세)
동도 동군 동면 동동 977번지
농업
동 제176호 동 윤치형(27세)
상기의 사람들에 대한 보안법 위반사건 검사사무취급 조선총독부재판소 서기 이이야마 토미카즈飯山豊和 간여 판결함에 아래와 같다.

주문主文

피고인 윤소룡, 윤치형은 각 징역 1년 6개월에 처하고, 피고인 정동찬, 김병환, 김소지, 박만수, 이장수, 최종관, 박소종은 각 징역 6개월에 처하며, 피고인 권재호, 설만진, 정동준은 각 징역 4개월에 처하고, 피고인 윤보은은 징역 3개월에 처하며, 피고인 김상득, 박작지, 엄청득, 노재석, 김상이, 윤방우, 양쾌술은 각 태90에 처한다. 차압 물건 중 대기(큰 깃발), 소기(작은 깃발) 및 조선독립신문이라 제목 붙은 문서는 몰수하고 기타는 소유자에게 반환한다.

이유理由

피고인 윤소룡, 윤치형은 평소에 조선 통치에 관하여 불만의 뜻을 품고 있던 참에 대정 8년(1919년) 3월 조선 각지에서 조선독립 시위운동을 하는 자들이 빈번함에 따라, 이에 밀양에서도 이 운동을 할 것을 꾀하여, 윤소룡은 주로 동지의 규합을, 윤치형은 주로 준비를 하기로 분담하였다.

윤소룡은 동월 11일 및 12일에 피고인 정동찬의 위에 적힌 주소에서 여러 번 동 피고 및 피고인 정동준, 김소지, 박만수, 이장수, 최종관, 정동준, 윤보은 및 박소종 등에게 대하여, 조선에서의 정치는 심히 불만족스러워 바야흐로 각지에서 조선독립 시위운동이 일어나니 밀양에서도 그 운동을 하기 위해 오는 13일이 성내의 장날에 해당하므로 정오부터 대오를 지어 조선독립만세를 외치면서 시내를 행진할 것을 선동적으로 발의하였다.

위의 정동찬 이하 8명은 모두 찬동하여 함께 이를 실행하기로 결의하고, 권재호, 최종관, 정동준, 윤보은 및 박소종 등은 윤소룡이 제출한 위 실행에 대한 연판장[서

약서]에 압인하였고, 윤치형은 조선독립만세라고 크게 쓴 큰 깃발 1개와 작은 구한국기 수십 매를 만들어 이것을 피고인 김병환에게 교부해 두었다.

위 계획이 성립되자, 동월 13일 오후 1시경에 이상 피고인들 중 윤보은, 김병환을 제외한 11명은 동면 내일동에 있는 김병환의 가게 및 그 부근에 모였고, 윤치형은 앞에 제시한 대기大旗를 박만수에게 주고, 박만수는 이것을 받아 이장수, 최종관 등과 함께 이것을 내세우고 선두가 되었고, 윤소룡은 **나발**을 김소지에게 주었고, 김소지는 이것을 불며 대기에 뒤따르고, 박소종은, 앞에 제시한 작은 구한국기를 동지들에게 배부하였으며, 나머지 피고들은 이것을 받아 각기 흔들고, **윤소룡, 윤치형**의 지휘 아래에 대오를 짜고 독립만세를 일제히 고창 연호하면서 내일동 시장 군중 속을 줄지어 갔다.

피고인 김상득, 박작지, 엄청득, 노재석, 김상이, 윤방우, 양쾌술 등은 위의 정사政事에 관하여 불온한 언동을 할 목적을 가지고, 김상득은 당일 권문득이라는 자로부터 받은 **조선독립신문**이라는 표제가 붙은 문서(이 문서는 윤치형이 윤차암에게 주고, 윤차암*은 권문득에게 준 것임)를 군중에게 반포하였고, 또, 박작지 이하 6명과 조선독립만세를 연호하면서, 위의 대오에 참가하여 시장을 줄지어 감으로써 아울러 치안을 방해하였다. (*윤차암은 윤세주의 3살 아래 장조카이다)

윤보은은 앞에 판시한 바와 같이, 본건 치안방해 행위를 실행하기로 다른 피고와 공모하여 연판장에 날인하였으나, 아버지가 말림으로써 그 실행에 참가하지 않았고, 또, 김병환은 동월 중에 위의 피고의 상점에서 윤치형과 본건 치안방해 행위를 감행할 것을 모의하고, 그 분담으로서 위의 대기, 소기 등을 보관하고, 또한 위에 표시한 피고의 상점을 위 행위의 출발소로 충당하고, 굳이 일을 핑계로 실행에 참가하지 아니하였다 할지라도, 윤보은, 김병환은 공동 피고 등의 실행에 의하여 소기의 목적을 달성하고, 세상 사람에게 두려운 마음을 일으켜 치안의 방해를 한 것임.

이상의 사실은 아래의 증빙에 의거하여 인정함.

1. 피고인 권재호의 당 법정에서 한 '대정 8년(1919년) 3월 12일 피고 정동찬의 집에서 동인 및 윤소룡, 윤보은, 정동준, 박소종 등과 모였을 때 윤소룡이 일동에게 조선의 현대 정사가 심히 불만족스러워 근래 각지에서 조선독립 시위운동이 일어나니 밀양에서도 이 운동을 해야 한다고 발의하여 부추기자 일동이 이에 찬동하여 다음 날 13일 장날 정오를 기하여 운동을 개시하기로 결의하였다. 그때 윤

소룡은 실행을 위해 연판장을 꺼냈고, 피고들은 이것으로 압인한 바 윤소룡이 압인한 후 익일의 시위운동에 반드시 참가해야 한다고 하였고, 다음 날 13일 대기를 앞세우고 나발을 불고 작은 구한국기를 각자 흔들며 밀양군 밀양면 내일동의 시장을 행진할 때, 피고는 서문 근처에서 이에 참가하여 같이 조선독립만세를 외쳤다'는 공술.

2. 피고인 설만진의, 당 법정에서 '동월 13일 같은 곳에서 다른 피고들의 대오에 참가하여 조선독립만세를 외치면서 행진하였다'는 공술.
3. 피고인 김상득의 당 법정에서 '같은 날 같은 곳에서 권문득이 조선독립신문, 두께 한치 정도의 얇은 것을 피고에게 건넬 때, 만세 고창을 하면서 줄지어 오는 사람들이 그것을 군중에게 나누어 주라고 명하였으므로 그 대오에 참가하여 그 신문을 군중에게 배부하였다'는 공술.
4. 피고인 박작지의 당 법정에서 '같은 날 같은 장소에서 조선독립운동이 있음에 따라 피고는 동동 밀양공립보통학교 뒤편에서부터 참가하여 함께 만세를 외치면서 시장을 행진하였다'는 공술.
5. 피고인 노재석의 당 법정에서 '같은 날 같은 장소에서 조선독립운동이 있어 피고도 도중에서 그 대오에 참가하여 함께 만세를 외치면서 시장을 행진하였다'는 공술.
6. 피고인 김상이의 당 법정에서 '같은 날 같은 장소에서 윤소룡 등이 조선독립운동을 하고 다수의 사람이 대기를 앞세우고 나발을 불며 소기를 들고 만세를 부르면서 줄지어 감에 따라 피고도 이에 참가하여 시장에서 같은 피고들과 함께 조선독립만세를 외쳤다'는 공술.
7. 피고인 김소지의 당 법정에서 '동월 11일, 정동찬과 정동준, 윤보은 및 피고와 집합하여 있을 때, 윤소룡이 와서 정동찬 기타의 사람들에게 대하여, 현재 조선 정치제도는 심히 불만족스러워 각지에서 독립운동을 하고 있으니, 밀양에서도 우리는 이것을 해야 한다고 하여, 피고 등도 현대의 정치에 불만이므로 이에 찬성하여 동월 13일 밀양면 내일동 김병환의 쌀가게 부근에서 윤소룡으로부터 나발을 받아, 박만수가 조선독립만세라고 대서한 대기를 앞세우고 선두가 되어 피고는 나발을 불고, 이것에 이어 그 외의 사람들은 작은 한국기를 흔들며 만세를 외치면서 내일동 시장 군중 속을 줄지어 갔다'는 공술.
8. 피고인 박만수의 '동 12일 밤, 정동찬의 집에서 윤소룡, 윤보은, 정동준과 집회하

였다는 취지 및 동 13일 김병환의 쌀가게에 모였을 때, 윤치영이 김병환의 집에서 대기를 가져와서 피고에게 주었으므로, 피고는 이것을 앞세우고 선두가 되고, 김소지가 나발을 계속 불고, 이것에 이어 다른 동지들은 소기를 들고 집단을 이루어 서문에서 시장으로 조선독립만세를 외치면서 행진하였다'는 공술.

9. 피고인 정동찬의 당 법정에서 '동월 11일에 같은 피고들이, 피고의 집에 출입하였으나 그 이름이 누구누구인지 기억나지 않으며, 동월 12일에는 윤소룡, 권재호, 박만수 등 피고들이 왔다, 동 13일에는 윤소룡 등과 함께 선두에 조선독립의 대기를 앞세우고 나발을 불고, 조선독립신문을 배부하는 대오에 가담하여 조선독립만세를 외치면서 시장을 행진하였다'는 공술.
10. 피고인 윤방우의 '동 13일 같은 장소에서 같은 피고들의 조선독립운동을 하는 도중에 참가하여 공동의 행동을 하였다'는 당 법정에서의 공술.
11. 피고인 양쾌술의 당 법정에서 '동 13일에 독립운동이 있다는 소문이 일반에게 있어, 젊은이들이 김병환의 쌀가게에 가기 때문에 피고도 가보았더니, 박소종이 김병환의 가게에서 구한국기를 약 30매쯤 가지고 나와 그곳에 있던 사람들에게 나누어주고, 피고에게도 1장 주었으므로, 같은 피고들과 함께 그것을 흔들며, 선두의 대기 뒤를 따라가며 조선독립만세를 외치면서 시장을 행진하였다'는 공술.
12. 피고인 김병환의 당 법정에서 '동월 12일에 윤치형이 피고가 경영하는 쌀집에 왔고 다음 날 13일 아침에 정동찬이 왔다는 취지, 증 제1호의 조선독립만세라고 적힌 대기, 증 제3호의 경고문이 윤치형의 필적이라는 취지'의 공술.
13. 피고인 이장수의 당 법정에서 '동월 13일 동 독립만세할 때에 참가하여, 박만수가 가지고 있던 대기를 빼앗아 그것을 앞세워 선두에 서서 조선독립만세를 외치면서 시장을 행진하였다'는 공술.
14. 피고인 최종관의 당 법정에서 '연판장에 압인했다는 취지, 동월 13일 위 피고인들과 함께 무리를 지어, 피고는 박만수로부터 조선독립만세라 크게 쓴 대기를 받아들고 이장수, 박만수와 교대로 이것을 앞세우고 선두에 행진하면서 만세를 부르고 시장을 행진하였다'는 공술.
15. 피고 정동준의 당 법정에서 '동월 12일, 정동찬의 집에서 윤소룡, 박만수, 정동찬, 박소종, 윤보은 등의 집회석상에서 윤소룡이 피고 및 6명에게 대하여, 현재 조선의 정치는 심히 불만족스러워 각지에서 독립시위운동이 빈번히 일어나고

있다. 밀양에서도 그 운동을 해야 하겠으니, 내일 13일이 장날이므로 정오부터 운동을 개시하자고 하여, 피고는 이에 찬성하고 다음 날 13일에 김병환의 쌀집에 모여 대기를 앞세우고 나발을 불며, 소기를 흔들고, 다른 피고들과 함께 조선독립만세를 외치면서 시장을 행진하였다'는 취지의 공술.

16. 피고인 윤보은의 당 법정에서 '동월 11일, 정동찬의 집에서 피고 및 김소지, 정동준, 윤소룡이 모여, 동월 12일 정동찬의 집에 피고 및 정동준, 권재호, 박소종, 설만진, 윤소룡, 박만수 등이 모인 석상에서 다음 날 13일 장날을 기하여 독립운동을 하자고 윤소룡이 발의하여, 일동이 좋다고 찬동했다는 취지, 윤소룡이 제시한 연판장에 압인한 취지, 다음 날 13일에 아버지 윤점득에게 제지당하게 되어 시위운동에 참가하지 않았다'는 취지의 공술

17. 증인 최무원의 '증인은 피고 등의 보안법 위반사건에 연좌하여, 피고인으로서 밀양헌병분견소에 구류된 동료 설만진, 김상득, 이장수, 정동준, 박작지, 엄청득, 윤방우, 최종관, 노재석 등과 같은 장소에 있었고, 13일에 대기는 김병환 쌀집에서 나왔다'는 취지의 공술.

18. 피고인 엄청득에 대한 검사사무취급의 심문조서 중에 '나는 시장에서 해산할 때까지 수행했으나, 그것은 청년의 의무로서 다른 자의 배척을 면하기 위하여 참가하였습니다', '독립만세라고 하는 소리를 듣고 심중 크게 기뻐서 참가했습니다'라는 피고 공술의 기재.

19. 피고인 정동찬에 대한, 검사 제2회 심문조서 중 '대정 8년(1919년) 3월 12일 저녁에 피고의 집에 모인 것은 설인길, 권호, 윤소룡 및 박만수 등이라는 것, 우리가 지금까지 일본의 속국으로서 일본인이 정치하는 것을 분하게 여겨 조선이 독립선언을 하여 독립한다는 것을 유쾌히 느껴 시위운동에 참가했다'고 하는 피고 공술의 기재.

20. 피고인 양쾌술에 대한 검사의 제2회 심문조서에 대해, '동일(대정 8년 3월 13일) 아침에 김병환 댁 부근에 갔더니, 박소종은 김병환으로부터 한국국기를 30매 정도 가지고 와서 각자에게 주었으므로 이것을 들고 박만수, 노재진, 김소지, 정동찬 등과 만세를 연창했다'고 하는 피고 공술의 기재.

21. 참고인 김덕준에 대한 검사심문조서 중 '3월 12일 윤치견, 윤치형 등이 와서 고용주 김병환 등과 이야기하고 있었고, 그날 밤에는 윤치형이 와서 13일 장날에 오전 10시부터 11시쯤 사이에 시장에서 돌아와, 정동찬, 박만수, 박상오

등이 고용주 김병환과 무언가 이야기하고 있었는데, 그때 윤치형도 와 있었다'는 공술의 기재.

22. 증인 하야시 미노스케林實之助 심문조서 중, '3월 13일 오후 1시경에 김병환의 집으로부터 이장수가 독립만세 대기를 들고 나왔다는 것, 당일 오후에 박소종에게, 이 운동이 멈추었는가 물으니, 앞으로 더한층 대대적으로 개시한다고 답했다'는 공술의 기재.
23. 증인 나가미쯔 하루스케長光春介 심문조서 중, '3월 13일 장날에 자신은 아침부터 가게 앞에 있었는데, 김병환은 쌀가게임에도 아침부터 폐점하여 영업을 시작하지 않으므로 이상히 여기고 있던 차에, 오후 1시경에, 주소 성명을 모르는 조선인 남자가 그 집에서 조선독립만세의 대기를 들고 나왔다'는 공술의 기재.
24. 증인 상야권사랑上野權四郎의 심문서 중 '3월 13일 아침부터 가게 앞에 있었는데, 오후 1시경에 내이동 쪽에서 구한국 소기를 든 청년 두세 명이 왔습니다. 그와 동시에 김병환 집에서 조선독립만세라고 쓴 대기를 들고 나와 조선독립만세를 고창하고, 그로부터 보통학교 앞에 나와 남문을 일주하고 되돌아갔으므로 내가 공포감을 느껴 폐점했다는 것, 위 집단의 많은 사람이 김병환의 집에 출입하는 자이나 그 외에 가입자가 있었고 어쨌든 김병환의 집은 청년 클럽이다'는 공술의 기재.
25. 증인 지오오 토오스케兒王遠助 심문조서 중 '3월 13일 오후 1시 지나서 자택의 앞을, 조선독립만세의 대기를 앞세우고 청년단이 수십 명 통과하여 꽤 시끄러웠으며, 그때 조선인, 중국인 상인들이 모두 폐점하고 있었다'는 공술의 기재.
26. 피고인 권문득 심문조서 중, '3월 13일 조선독립신문을 윤차암에게서 받아서 김상득에게 건네었다'는 공술의 기재.
27. 피고인 윤차암 심문조서 중 '3월 13일 만세운동이 시작되기 전에 내일동 김병환의 집 앞에서 윤치형이 두루마기 속에서 꺼내어 건네기에 그것을 권문득에게 건네었다'는 공술의 기재.
28. 양인수梁仁守 청취서 중 '3월 13일 오전 6, 7시경에 나의 가게 문을 열 때 윤치형이 신문지로 싼 것을 가져와서 그것을 맡아두었다가 나중에 김병환에게 보내달라'고 한 공술.
29. 김상이 청취서 중 '윤소룡이 가담하라고 제의하였고, 연명부에 권호, 윤보은, 이장수의 서명 날인이 있는 것을 보았다'는 공술의 기재.

30. 다음의 차압 물건

1) 조선독립만세라고 크게 쓴 깃발	1매
2) 구한국 깃발	18개
3) 경고문	2매
4) 조선독립신문	22매
5) 상동	93매
6) 면도칼	1개

31. 김병환의 집에서 조선독립신문 차압 조서 중에 그러한 내용의 기재법을 살펴보건대 피고인들의 행위는 모두 보안법 제7조에 해당하며, 피고인 윤소룡, 윤치영, 정동찬, 김병환, 김소지, 박만수, 이장수, 최종관, 정동준, 윤보은 및 박소종은 공범이므로 형법 제8조 제60항에 의하여 정범으로서 처분해야 하며, 차압 물건 중 범죄에 사용된 대기, 소기 및 조선독립신문은 형법 제8조 제19항에 의해 이를 몰수하고 기타는 형사소송법 제202조에 따라 소유자에게 반환키로 한다. 따라서 주문과 같이 판결한다.

대정 8년(1919년) 4월 14일
부산지방법원 밀양지청

조선총독부 판사	미야 키이치로오 宮 喜一郎
조선 총독부 재판소 서기	이혁

피고인 윤소룡, 윤치형은 이 판결에 불복할 수 있으며, 그 기간은 3일로 한다.

소화 2년 칙령 제11호에 의해,
권재호, 설만진, 김상득, 박작지, 엄청득, 노재석, 김상이,
김소지, 이장수, 박만수, 정동찬, 윤방우, 양쾌술, 김병환,
최종관, 정동준, 윤보은, 박소종, 윤소룡, 윤치형을 사면한다.
조선 총독부검사 [인]

- 번역 : 정세영.

33쪽 질문의 〈답〉 1. 20대 2. 윤세주, 윤치형 3. 나발 4. 조선독립신문 5. 없었다.

윤세주는 밀양 3·13만세운동을 주도하여 1919년 4월 14일의 궐석 재판에서 피고인 20명 중에서 형량이 가장 높은 징역 1년 6개월을 선고받았다. 엎친 데 덮친 격으로 장조카 윤태선(윤차암)도 밀양소년단 만세운동(1919. 4. 2.)을 일으켜 1919년 5월 5일에 징역 1년에 집행유예 3년을 받았다.

윤희규에게 1919년 봄날은 악몽이었다. 막내아들 세주와 장손 태선이 죄다 처벌되었으니 앞으로 닥칠 일에 잠을 설치지 않을 수 없었다. 경찰이 윤세주를 잡으려 혈안이었으므로 부모와 형제는 그에게 도피자금을 마련해 주면서 해외로 피신하도록 재촉하였다.

혈육은 그렇다 치더라도 하소악은 남편 윤세주를 어떻게 여겼을까? '나를 평생 고생시킬 사람인 것 같아'라며 미워하였을까? '그는 과연 책임감이 있는 남자인가, 내가 그를 믿고 따라도 되는가'라며 의심하였을까? '결혼이란 아무리 발버둥쳐도 바꿀 수 없는 숙명이야'라며 체념하였을까? 어쩌면 '그는 똑똑하고 정의로운 사람이야. 일단 한번 믿어보자'라고 하였을 수도 있겠다.

3. 의열단 창립과 밀양폭탄사건

일제의 감시를 피하여 잠시나마 숨 돌릴 수 있는 곳은 북방의 만주뿐이었다. 만주는 중국의 동북지역(랴오닝, 지린, 헤이룽장)을 중심으로 하는 일대를 일컫는다. 1919년 7월경 윤세주는 같은 처지의 윤치형, 그리고 창원에서 만세시위를 주도한 배중세와 어울려 경부선(부산–서울)과 경의선(서울–신의주), 만주의 안봉선(안동–봉천)에 올랐다. 안동은 신의주에서 압록강 건너 중국 랴오닝성에 있는 국경도시로서 오늘날 단둥丹東이며, 봉천은 중심도시 선양瀋陽의 옛 이름이다.

윤세주는 겨울이 다가오도록 '이제 나는 무엇을 해야 하지?' 하며 생각을 굴려보았지만 좀처럼 해답을 얻을 수 없었다. '만세운동으로 무엇이 달라졌나? 구호나 선언만으로 세상이 바뀔까? 아무리 옳은 생각일지라도 그것을 실현하는 행동이 없다면 무슨 소용일까?' 그는 인생의 막다른 길에서 주저앉거나 끙끙 앓아누울 지경에 이르렀다.

그는 선양瀋陽(랴오닝성)과 지린吉林(지린성) 등을 떠돌다가 지린에서 황상규(내이동 957)와 그의 처조카 김원봉(내이동 901) 등 동향인을 만날 수 있었다. 특히 김원봉은 윤세주의 바로 이웃이자 죽마고우였다. 그때 조선독립군정사는 항일무장투쟁을 준비하는 중이었는데, 재무책임자(회계 과장) 황상규(1890~1931)가 난징南京의 금릉대학 예비반에 다니던 김원봉을 불러들여 '의열단'을 조직하게 하였다.

의열단義烈團은 '천하의 정의로운 일을 맹렬히 실행'하기 위해 1919년 11월 10일 중국 지린성 지린시 교외의 파호문 밖 중국인 반씨潘氏의 집에서 창립된 항일비밀결사이다. 공약 10개조를 보면 조선의 독립과 세계의 평등을 내걸고 급진적 투쟁과 희생정신을 강조하고 있다.

① 천하의 정의로운 일을 맹렬히 실행하기로 함.
② 조선의 독립과 세계의 평등을 위하여 몸과 목숨을 희생함.
③ 충의의 기백과 희생정신이 확고한 자라야 단원이 됨.
④ 단의 뜻을 우선하고 단원의 뜻을 실행하는데 속히 함.
⑤ 의백[단장] 한 명을 선출하여 단체를 대표하게 함.
⑥ 언제 어디서든지 매월 한 차례 사정을 보고함.
⑦ 언제 어디서든지 모이도록 요청하면 꼭 응함.
⑧ 죽음을 피하지 않고 단의 뜻을 이루도록 함.

⑨ 하나가 아홉을 위하여 아홉이 하나를 위하여 헌신함.

⑩ 단의 뜻에 배반한 자는 처살함.

윤세주는 충북 청주에서 3·1운동을 주도했던 곽재기 등과 더불어 의열단 창립에 가세하였다. 약산 김원봉(단장, 1898~1958)은 처음에는 그의 합류를 말렸다.

> 석정 동지는 당시 불과 19세로 우리 단에서 제일 나이 어린 동생이었으나, 그는 수창(권총)과 폭탄을 휴대하고 국내에 가서 파괴공작을 진행할 것을 자원하였다. 우리들은 그의 연령이 너무 어리므로 가지 말라고 권하였다. 그러나 그는 우리를 향하여 열렬히 말하기를, "나는 다른 사람보다 더 묘한 방법으로 적탐의 주의를 능히 피면할 수 있고, 만일 불행히 피포된다 하더라도 나는 의지가 견결하므로 우리의 비밀을 누설하지 아니하겠다"고 하였다. 그의 열정에 감동된 우리들은 다시 만류하지 못하였다.
>
> – 김약산(1943), '석정 동지 약사'.

윤세주는 창립 단원 중 가장 어리지만, 학업을 마치고 결혼하였으므로 나이가 결격사유일 수 없었다. 투사鬪士로서의 자질이 미흡하다거나 밀양 3·13만세운동을 주도하여 수배 중인 점이 약산에게 부담으로 작용하였을 것이다.

그러나 정의를 실행하고자 하는 윤세주의 열정을 누구도 막지 못하였다. 사필귀정事必歸正이란 가만히 있어도 '모든 일이 바른 데로 돌아간다'는 뜻은 아니다. 그는 '우리 조선이 독립한 나라이고 조선 사람이 자주적인 국민'이라고 외치는 데 머물지 않았다. 백 마디 말보다 한 번의 실행이야말로 세상을 바꿀 수 있다고 믿었다. 마침내 윤세주는 '선언'宣言에서 '의열'義烈로 행로를 바꾸었다.

의열단은 '소수정예의 결사대를 조직해서 폭탄을 사용해 적의 요새를 부수는 작탄 투쟁으로 일제 통치기관과 그 요인을 타격, 섬멸'하고자 하였다. 제1차 국내특공거사가 바로 '밀양 · 진영 폭탄반입사건'이다. 단원들은 조선총독부, 동양척식회사, 매일신보사를 폭격하고 사이코 마코토 총독을 비롯한 식민통치 수뇌부의 주요 인물을 잡아 죽이기로 하였다.

단장 김원봉과 강세우는 중국에서 후방지원과 사후 처리를 맡고, 국내에서는 부단장 곽재기가 준비와 실행을 지휘하였다. 무기와 폭탄은 중국에서 구입 또는 제조하여 경상남도 밀양과 진영으로 몰래 반입되었다.

곽재기는 한봉근, 신철휴, 윤세주, 김상윤 등에게 투탄 임무를 맡겼다. 하지만 계획이 사전에 발각되는 바람에 6월 중순부터 서울에서 윤세주, 황상규, 이성우 등, 부산에서 곽재기, 김기득 등 20명이 체포되고 말았다.

〈매일신보(1920. 7. 30.)〉

主要大官을暗殺하고 官公署를破壞코저한 爆彈犯人逮捕

七月廿九日 警務局發表

무서운대규모의계획이다 폭탄세기는밀양에서발견

흉포잔학

무력침입

독립운동

지나길림

폭탄세기

폭탄던질

일면으로

支那學生 徹夜大騷動

출처 : 대한민국 신문 아카이브.

이 대담무쌍한 사건의 전말을 조선총독부 경무국이 7월 29일 발표하였고, 신문사들은 '밀양폭탄사건'이라는 이름으로 대서특필하였다.

주요 대관을 암살하고 관공서를 파괴하고자 한
폭탄범인체포 전말
무서운 대규모의 계획이다 폭탄 3개는 밀양에서 발견
7월 29일 경무국 발표

배일 조선인들은 당초에 독립운동을 다소 평화적 수단으로써 성취하려고 계획하였으나 대략의 계획이 모두 탐탁하지 않고 동지 사이에 미흡할 뿐이며 재력이 고갈 궁핍하여 극도에 이르렀으므로 여기에서 수단을 한번 바꾸어 무단파武斷派가 점점 머리를 들고 일어서서 독립단의 이상한 과격파와 연락하여

흉포잔학한 수단으로써 세상 사람의 이목을 놀라게 하여 만일의 요행을 바라려고 우선 칠가살七可殺의 선언을 발하여 충실한 관공리를 죽이고 또 부호가 중에 군자금 모집에 응하지 않는 자는 협박하여 금전을 강탈이라도 하려고 하였다. 그래서 이 목적을 관철하고자 평안북도에서는 성대히 배일적 문서를 배포한 후 육혈포로써 경관과 면리원을 침습하며 함경북도에서는

무력침입을 시험적으로 하여 보았다 하나 일본군의 경비가 지극히 엄하여 곳 두 곳의 화가 모두 멸식된 것은 평안북도의 치(사람을 낮잡아 부르는 말)는 근일 발표한 터이오, 함경북도의 치는 이미 발표한 바인데 자포자기로 들어가는 배일단은 최후의 노력으로써 중요한 일본 대관을 암살하며 관공서를 파괴하여 대대적으로 인심을 소요하게 하자고 비밀리에

상해방면으로부터 폭탄을 수송하여 온 고로 수사한○과 경기도 예심부는 경성에서 곽재기 외 6명을 체포하여 밀양에서 폭탄 3개를 발견하여서 사건의 진상을 탐구하고 이것을 검사국으로 송치하였는데 그런 말을 약술하면 대개 아래와 같다.

충북 청주군 강외면 상봉리 57
무직 곽재기(28세)

경남 밀양군 밀양면 내동 880
무직 윤소룡(21세)

함북 경원군 송하면 송하리
무직 이성우(21세)
경남 밀양군 밀양면 내이동
무직 황상규(30세)
함남 단천군 파도면 덕천리
무직 이낙준(30세)
경남 밀양군 밀양면 내이동 848번지
곡물상 김병환(31세)
경성부 수표동 43번지
무직 김기득(22세)

전기 피고 등은 김병환을 제외하면 일정한 직업은 없고 항상 배일적 사상을 가지고 있었는데 작년 삼월에 경성에서

독립운동이 일어나자 김병환과 윤소룡 등은 밀양읍에서 읍민을 선동하여 소요를 일으킨 까닭이라 하여 김병환은 징역 6개월에, 윤소룡은 징역 1년 6개월에 처하고, 곽재기와 김기득은 역시 독립운동에 참가하였으나 증거가 불충분하다고 하여 무죄 방면되었는데 황상규, 곽재기, 윤소룡, 김기득 등은

중국 길림성 동녕현 소유방에 가서 동지에게 거주하는 이성우 기타 배일 조선인과 교섭하여 황상규는 길림 군정서軍政署 회계과장으로 군자금의 출납사무에 종사하고 의열단을 조직하여 국권을 회복하고자 모의 획책한 결과 폭탄으로써 일본 중요한 대관을 암살함은 물론이고 조선총독부와 동양척식회사 경성지점 등의 저명 굉장한

대건축물을 파괴하여 13도의 민심을 자극하게 하고자 하여 길림에서 우선 폭탄제조방법을 습득하여 작년 9월 상순에 곽재기는 김기득 등과 같이 상해에 가서 폭탄을 사들이려고 부심초사하였으나 재력이 결핍한 까닭에 그 목적을 이루지 못하고 길림으로 돌아와서 다시 돈을 모으려고 주선한 결과 이성우와 같이 상해에 가서 금년 2월에 겨우

폭탄 3개와 이것을 사용함에 필요한 약품을 사 가지고 조현상과 공모하고 상해에서 중국 우편으로 안동(단동)현에 거주하는 어떠한 외국인에게로 소포로 발송하여 동지에서 모외국인은 동지에서 용이하게 이것을 평수하였고 황상규, 윤소룡 등과 같이 동지 이낙준의 집에서 체재하면서 밤낮을 물론하고 이것을 조선 내지로 수송할 방침과 또

폭탄 던질 곳의 상황 조사와 이것에 비용될 자금을 변통함에 대하여 평의하고 팔경 이낙준의 손을 거쳐서 폭탄은 경상남도 밀양군 청년단 김병환에게로 송치하였더라. 그리고 피고 등은 삼삼오오로 경성에 들어와서 날마다 각처로 전숙하며 또 비밀히 총독부와 동척회사 경성지점 등의 상황을 묘사하여 폭탄 던질 방법을 강구하며

일면으로는 자금을 변통하고자 분주한 때에 경기도 제삼부는 이것을 탐지하여 배일단을 체포하는 동시에 폭탄을 발견하여 배일단의 혹독한 계획을 미연에 막아버리게 된 것이다.

제1차 국내특공거사가 실패하자 의열단은 곧바로 반격에 들어갔다. '박재혁의 부산경찰서장 폭살의거'(1920. 9. 14.), '최수봉의 밀양경찰서 투탄의거'(1920. 12. 27.)가 실행되는 가운데 밀양폭탄사건의 예심이 종결되고 15명이 경성지방법원 공판에 붙여졌다. 6월 7일에 검사의 구형이 있었고, 6월 21일에 최종 판결이 내려졌다.

〈매일신보(1921. 6. 8.)**〉**

密陽爆彈事件
郭在驥等公判
방텽자는이번여명의만원
경비엄중리에공판이열더

출처 : 대한민국 신문 아카이브.

밀양폭탄사건 곽재기 등 공판
방청자는 이백여 명의 만원
엄중한 경계 가운데 공판이 개정

밀양폭탄사건으로 말하면 이미 세상에서 짐작하는 바인데 당시 밀양에 범죄가 발각된 수괴자 이성우, 곽재기 등은 그 후 밀양으로부터 경성지방법원으로 넘겨다가 동법원 예심계에서 영도永島 예심판사의 손으로 피고 16명에 대하여 지난 2월 28일까지에 예심을 마치고 피고 중 경상남도 창원군 동면 남산리 51번지 곡물상 강원석(32세)은 면소 방면되고 기타 곽재기 외 14명은 모두 동 법원공판에 부치기로 되어 본지에 이미 보도한 바와 같이 지난 7일 오전 10시 50분에 동 법원 제7호 법정에서 이동伊東 재판장의 손으로 태재太宰, 등촌藤村 양 판사가 배석하고 경境 검사정이 입회한 후 원부서기와 마장 통역으로 되었다.

그런데 위와 같이 피고 14명은 서대문 감옥 미결감방에 오랫동안 신산한 세월을 보내다가 어제는 공판 개일이므로 아침 8시부터 감방 문밖을 벗어나와서 간수의 엄중한 지휘를 받아 가면서 자동차로 곽재기를 위시하여 경성지방법원 7호 법정으로 들어오기 시작하여 동 9시까지 피고

열다섯 명은 몸에 벌고는 없이 깨끗이 다듬은 모시 두루마기를 입고 손에는 의례히 하는 수갑을 차고 한 걸상에 다섯 명씩 3열로 걸터앉히자 한편으로는 새벽부터 피고들의 부모형제와 고우친척들이 와서 법정으로 들어가는 모습을 정신없이 보고 있다가 순사들이 방청석으로 들어감을 허락하매 좁고 좁은 법정문이 무너지리만큼 바삐 들어가 자리를 차지하고 앉는데

이백여 명의 방청객들은 모두 수용될 수 없으므로 요행히 방청석에 들어온 남녀들은 입추의 여지 없는 곳에 일일총총히 더운 땀을 흘리고 앉았으나 그 나머지 사람들은 도달하지 못하고 겹겹이 문밖에서 주석하는데 아참으로부터 경비를 엄중히 하는 경관들은 동 법원 문간에 한 명이 수직하고 법정 밖에는 이삼명이 들러서서 방청석에 들어간 사람은 소변이 급하여도 나오지 못한다고 이미 주의를 시키며

법정 밖에는 잡인을 일제히 금지하여 엄밀한 경계 속에서 변호사로는 김우영, 목미木尾, 굴堀, 평산平山 성전星田 제씨가 출정한 후에 앞에서와 같이 오전 10시 50분에 재판장 이하가 법정에 나타나자 간수는 기립을 불러서

피고들로 하여금 법단을 향하여 예를 하게 한 후에 비로소 개정되었는데 이동 재판장은 먼저 마장 통역으로 하여금

피고 등의 본적, 주소, 씨명, 연령을 묻게 한 후 이것이 마치니 이제부터 폭발물취체위반 피고사건에 대하여 심리한다고 선언하매 경검사정은 기립하여 정당한 심판을 바란다고 진술하고 제일 먼저 이성우로부터 심리를 개시하였는데 이성우는 어렸을 때부터 로령 우스리에서 양육되어서 서빈리와 만주지방으로 다니던 청년인데

조선독립의 목적을 달성하자면 온화한 방침으로는 될 수 없고 무력으로써 하지 않으면 안 되리라고 하여 설립된 중국 통화현의 조선인 무관학교에 입학하여 졸업은 하지 않았으나 대정 8년(1919년) 9월에 동교가 폐교된 후 동지가 되는 이번 사건의 상 피고들과 공모하여 의열단을 조직하여 그 후 폭탄을 사용하기로 하여

곽재기 등의 일파가 단결된 후 조선에 건너와서 요로대관을 살해하고 친일 조선인을 살해하고 조선인에게 제일 방해되는 시내 동양척식회사와 기타 총독부를 위시하여 거대한 건물을 파괴하기로 폭탄 13개를 몇 번에 나누어서 중국 상해로부터 밀수입하여 장차 큰 계획을 달성하고자 하였으나 사실이 미연에 발각된 바인데 당시에도 사실이

발각되자 누구든지 경천동지할 만한 계획에는 놀랄 바이지만 공판 당일에도 경계가 엄중한 것을 보면 새삼스럽게 당시의 일이 연상되는데 심리는 금일까지 계속할 모양이다.

밀양폭탄사건의 피고인 15명 중에서 형을 선고받은 자는 12명이다. 징역 8년(곽재기, 이성우), 징역 7년(김기득, 이낙준, 황상규, 윤소룡, 신철휴), 징역 5년(윤치형), 징역 3년(김병환), 징역 2년(배중세), 징역 1년 집행유예 2년(이주현, 김재수)이다. 이 중에서 곽재기, 신철휴, 이성우, 윤세주(윤소룡)는 의열단의 창립 단원에 속한다. 이들 12명은 모두 대한민국 정부로부터 독립장(곽재기, 이성우, 황상규, 윤세주), 애국장(김기득, 이낙준, 신철휴, 윤치형, 김병환, 배중세), 애족장(이주현, 김재수) 등 건국훈장을 받았다.

다음의 판결문에서 [shaded] 부분을 유의하여 읽으면서 다음 질문의 괄호 속에서 적절한 하나를 골라보자. (→ 답은 65쪽)

1. 피고인은 15명이었는데, 그중 2년 이상의 형을 선고받은 자는 (7명, 10명, 12명)이었다.
2. 2년 이상의 형을 선고받은 자의 대부분은 나이가 (20대, 30대)이었다.
3. 피고인들은 조선의 (독립, 종속)을 바라고 (광복단, 의열단)이라는 비밀결사에 참여하였다.
4. 밀양의 곡물상이었던 (김병환, 배중세)은/는 폭탄을 자기 점포의 마루 밑에 숨겨 보관하였다.
5. (황상규, 윤세주)는 의열단 창립 모임이 있던 날 앓아누워 참석하지 못하였으나, 누차 창단을 협의한 인물 중 한 명이었다.

◈ 밀양 · 진영 폭탄반입사건 판결문[2)]

대정 10년(1921년) 형공 제254, 255, 256, 257호

판결

충청북도 청주군 강외면 상봉리 75번지.
무직 곽경(통명) 본명 곽재기(29세)

중국 길림성 동녕현 소완분8리평 거주, 함경북도 경원군 송하면 송하리 출생.
무직 이성우(22세)

경성부 수표동 43번지 3 재적, 당시 동부 사직동 94번지 김세희방 동거
김태희(통명) 본명 김기득(23세)

함경남도 단천군 파도면 덕천리 65번지 재적. 현주소 부정.
농업 안종묵(통명) 본명 이낙준(31세)

2) 원본은 국가보훈처 홈페이지(https://e-gonghun.mpva.go.kr)에서 찾아볼 수 있다.

경상남도 밀양군 밀양면 내이동 957번지 재적 및 현주소.
농업 황상규(30세)
경상남도 밀양군 밀양면 내이동 880번지 재적 및 현주소 부정.
농업 윤세주(통명) 본명 윤소룡(22세)
경상남도 밀양군 밀양면 내이동 848번지 재적 및 현주소.
곡물상 김병환(32세)
경상북도 고령군 고령면 고아동 5번지 재적 및 현주소.
농업 신철휴(24세)
경상북도 고령군 고령면 중성동 95번지 재적 및 현주소.
피고용인 이주현(30세)
경상남도 밀양군 밀양면 내이동 재적 및 현주소 부정.
농업 김시화(통명) 본명 윤치형(29세)
경상남도 창원군 동면 무점리 51번지 재적 및 현주소.
농업 강상진(35세)
경상북도 상주군 상주면 인봉리 77번지 재적 및 현주소.
은행원 김재수(34세)
경상남도 창원군 동면 남산리 329번지 재적 및 현주소.
농업 최성규(34세)
경상남도 창원군 동면 남산리 38번지 재적. 동리 51번지 현주소.
농업 곽영조(31세)
경상남도 창원군 상남면 토월리 993번지 재적 및 현주소.
농업 배중세(27세)

우(상)에 대한 폭발물취체벌칙위반 피고사건에 관하여 조선총독부검사 사카히 초사부로境長三郎 간여 병합심리를 완수하고 다음과 같이 판결한다.

주문主文

피고 **곽재기, 이성우**를 각각 징역 8년, 피고 김기득, 이낙준, 황상규, 윤소룡, 신철휴를 각각 징역 7년, 피고 윤치형을 징역 5년, 피고 김병환을 징역 3년, 피고 배중세를 징역 2년, 피고 이주현, 김재수를 각각 징역 1년에 처한다.

미결구류일수 중 피고 곽재기, 이성우, 김기득, 이낙준, 황상규, 윤소룡, 신철휴, 김병환에 대하여는 각 200일, 피고 윤치형에 대하여는 150일, 피고 배중세에 대하여는 100일을 전항의 각 본형에 산입한다. 단, 피고 이주현, 김재수에 대하여는 각 2년간 그 형의 집행을 유예한다.

압수물건 중 대정 9년(1920년) 영치 제920호의 1 내지 4의 탄피, 그 부속품, 폭탄 장전용 약품, 도화선 및 대정9년 영치 제1207호의 2, 4, 5, 6의 폭탄, 도화선, 폭탄용 약품, 동 부속품은 모두 이를 몰수하고, 기타는 소유자에게 환부한다.

공소소송 비용 중 증인 박수원, 박충목에게 지급한 분은 피고 김병환이 부담하며, 감정인 니시무라 후쿠마츠西村福松에게 지급한 분은, 피고 김재수, 이주현을 제외한 앞에 든 유죄의 각 피고가 연대 부담한다. 피고 강상진, 최성규, 곽영조는 각각 무죄로 한다.

이유理由

피고 등은 모두 조선의 독립을 희망하고, 미리 그 목적을 달성할 수단을 고려하고 있었던 바, 피고 이성우는 대정 8년(1919년) 6월경 중국 길림성 통화현 흡니하에서 조선독립운동의 무관 양성을 목적으로 하는 신흥학교 학생 김원봉, 양건호, 서상락, 김옥 등과 함께, 오늘날의 상태는 신흥학교의 교육을 받는데 만족할 만한 때(가을)가 아니며, 조선**독립**의 목적 달성을 촉진함에는 급격한 직접행동을 취할 수 있는 **의열단**이라고 칭할 결사를 조직하여 활동할 필요가 있다고 하였다.

일동은 길림에 모여 더욱 열심히 의논할 것을 약속하고, 동년 10월 중순까지 계속하여 길림에 갔고, 거기에서 피고 곽재기, 신철휴, 윤소룡은 김원봉의 권유로, 또 피고 이낙준은 곽재기의 설득에 의하여 모두 그 동지가 되고, 드디어 동월 하순 길림성 파호문의 중국인 반모씨 집에서 피고 이성우 · 곽재기 · 신철휴 · 윤소룡은 김원봉 · 양건호 · 서상락 · 김옥 · 강세우 · 한봉근 등과 회합하고, 조선독립의 목적 실현을 촉진하기 위해 많은 폭발물, 총기 등을 조선 내에 반입하고, 이를 사용하여 조선총독부 요로의 대관, 친일 조선인의 중요인물을 살해하고, 중요 관공서 및 조선인에게 불리한 동양척식회사 등의 건물을 파괴하여서 조선인 일반의 심정을 자극하여 조선독립에 경주하도록 하고, 또 친일자에게 위협을 가하도록 폭탄류를 입수한 후 동지 일동은 조선에 침투하여 그 목적을 수행토록 결의하였다.

김원봉은 동지同地에서 피고 황상규 및 이일몽 등에 그 계획을 알리고 원조를 구하였으며, 피고 윤치형은 당시 동지에서 이일몽으로부터 앞의 계획을 들었고, 피고 황상규, 윤치형은 각각 그 거사에 찬동하였다. 특히 피고 윤치형은 실행에 드는 자금으로 1,000원을 조달 제공할 것을 맹세하였으며, 동년 11월 초순에 피고 이성우는 김원봉과 함께 봉천(선양)에 거주하는 구영필로부터 피고 윤치형이 맡겨놓은 돈 중 300원을 받아 여비로 하여 동지同地를 출발하여 동월 중순 상해로 갔으며, 피고 곽재기 등도 계속 상해로 가서 폭탄류를 입수하는 데 분주하였다. [일제강점기에 1,000원의 가치는 얼마였을까? 1910년에 쌀 한 가마(80kg)에 7원이었으니 140가마에 해당된다. 또는 1930년대에 철도부설 노동자의 일당이 1.5원이었으므로 거의 2년치 수입에 가깝다.]

대정 9년(1920년) 3월 중에 피고 곽재기는 김원봉과 함께 폭렬탄 3개를 만들 수 있는 철제 및 황동제 탄피 3개 및 이에 장진할 약품 부속품을 중국인 모씨로부터 구입하여, 동지 프랑스 조계 보창로 보강리 60호 김대지 방에서 피고 곽재기, 이성우, 김기득은 김원봉과 함께 이 폭탄을 포장하고, 피고 김기득은 동지에서 김원봉 등으로부터 전시계획을 청취하고 그 동지가 된 것으로서, 상기자들로부터 동지의 잠칭 가假정부 외무차장이라고 칭하는 장건상에게 의뢰하여 중국 안동(단둥)현 세관 영국인 '에스. 포-인' 앞으로 중국 소포우편으로 그 폭탄을 보냈다.

또 피고 곽재기로 하여금 조선 내로 폭탄반입의 임무를 맡기기 위하여 안동현에 파견하고, 피고 곽재기는 동년 4월 초순경 안동현에 도착 '포-인'으로부터 그 소포우편을 수령하여, 미리 김원봉으로부터 의뢰를 받고 있는 동지 원보상회주 이병철에게 교부하여 조선 내에 반입할 업무를 담당케 하였다.

이병철은 동월 12일 그 폭탄을 고량 20가마니에 포장하여 안동현 역전의 운송점 의신공사를 통하여, 경상남도 밀양군 역전 대운송점의 김인출 앞으로 운송을 위탁하였으며, 이병철은 동월 15일경 밀양에 와서 대운송점으로부터 폭탄이 들어있는 고량 20가마니를 받고 이것을 밀양면 내일동의 피고 김병환 점포로 운반하고, 그날 밤 가마니 안에서 폭탄을 들어내어 동점포의 마루 밑에 숨겨놓은 후, 피고 김병환에 대하여 폭탄 3개가 동소同所에 숨겨있음을 알리고, 동지가 올 때까지 이를 보관할 것을 의뢰하였는데, 피고 **김병환**은 이 폭탄은 조선독립의 목적을 달성할 한 수단이며 또 치안방해를 위하여 이병철 등이 조선 내에서 사용하려는 것을 알면서도 승낙하고 이후 동년 7월 8일까지 이를 숨겨 두었다.

피고 곽재기는 동월 중순 경성을 경유하여 밀양에 가서 이일몽에게 김원봉의 뜻을 전하고 동지 한봉근 집에서 동인 및 피고 신철휴, 윤소룡 등과 회견하고, 위의 폭탄을 반입하여 이미 밀양에 도착되었다는 사실을 알리고, 피고 신철휴, 윤소룡은 시기를 살펴 협력, 실행의 임무를 수행함을 약속하고, 피고 곽재기는 동월 중 다시 경성에 가서 동지 서상락, 김옥 등과 만나 그들에게도 앞에 말한 폭탄의 도착을 알리고 실행의 준비를 명하고, 곧 상해에 이르러 김원봉에 대하여 위와 같은 전말을 보고하였다.

피고 이성우는 김원봉과 함께 계속하여 상해에 있으면서 폭탄의 입수에 부심한 결과 동년 4월 초순 동지 중국인 은익삼殷益三이란 자로부터 폭렬탄 13개(그중 7개는 도화선용, 기타 6개는 수류탄)를 만들 수 있는 탄피 및 약품, 부속품, 미국제 권총 2정, 탄환 약 100발을 구입하고, 이를 중국제 상자 안에 포장하고, 피고 이성우는 중국인으로 변장하여 동월 하순 바닷길로 안동(단둥)현에 이르러 전기 이병철에게 위 폭탄 13개 및 권총 및 탄환을 교부하여 조선에 몰래 반입할 것을 의뢰하고, 이병철로 하여금 고량 20가마니 안에 넣어 동월 하순 기차편으로 부산 거주 피고 배중세에게 보냄으로써 폭발물 13개의 반입을 완수하였으며, 동시에 행정관청의 허가 없이 권총 2정, 탄환 100발의 반입을 수행하였다.

그 이래 피고 곽재기, 이성우의 두 사람은 상해, 길림, 안동현, 경성 간을 왕래하였으며, 동년 6월 중까지 소재 동지에 대한 연락을 꾀하고, 조선에 있는 동지로 하여금 전시한 폭탄 사용의 목적을 수행할 준비를 하게 하고, 피고 김기득은 또 동년 4월 중 상해에서 김원봉으로부터, 폭탄을 안동현으로부터 조선 내의 반입방인 이병철과 협력하고 또 그것을 사용할 때 이에 참가할 것을 명받아 바닷길로 안동현에 도착한 바, 이미 폭탄의 반입을 마쳤음을 알고 경성의 자택에 돌아가 있던 중, 경성에서 이병철과 만나 폭탄반입의 사실을 확인하고 피고 황상규와 함께 그 실행의 기회를 살피고 있었다.

동년 6월 19일경 피고 이낙준은 김원봉의 명을 받아 경성에 와서, 인사동 서상락 방 및 서대문정 정태준 방 등에서 피고 곽재기, 이성우, 황상규, 김기득, 이낙준 등과 회합하고, 피고 이낙준으로부터 신속히 폭탄 사용을 실행해야 할 뜻의 김원봉의 명령을 전하였으며, 피고 김기득은 그 사명을 띠고 동월 20일 부산에 이르러 이일몽과 회견하고 이를 전한 바, 동인은 수일 후 자신이 폭탄을 휴대하여 입경해야 한다는 것 때문에 경성으로 돌아간 것으로서, 피고 김기득, 이낙준, 황상규, 윤소룡, 신철휴, 윤치형은 경성에서 폭탄을 사용할 것으로 공모함에 그치고, 아직 실행의 기회가 오지 않았는데 일이 발각되어 다른 피고 등과 함께 체포되었다.

피고 배중세는 동년 4월 하순 경성부 공평동 전동여관에서 이병철과 회견하고 동인으로부터 가까운 장래에 부산을 향하여 고량 20가마니 안에 폭탄 13개 및 권총 탄환을 포장하여 보내려고 이일몽과 협의하고서 적의한 장환방(숨겨줄 쪽)으로 간청되었는 바, 이 물건은 조선독립의 목적을 달성하는 방법에 사용되는 사실을 알면서도 이를 승낙하고, 곧 부산에 이르러 동년 5월 중 사역인使役人인 피고 이주현이 그 화물을 운송점으로부터 받아, 경상남도 창원군 진영 역전의 강원석 방에 옮기도록 명령하였다.

동월 중순경 피고 **배중세**는 위 강원석 방에 가서 그곳에 도착해 있는 고량 20가마니 중 폭탄이 들어있는 5개를 받아 인부를 고용하여 창원군 동면 무점리 강상진 방에 운반하여, 사정을 잘 모르는 동인同人을 이용하여 그 창고 안에 폭탄이 든 가마니를 숨겨 보관하고, 더구나 동년 5월 중에 다시 그곳에 가서 창고 안의 폭탄 권총이 들어있는 고량 가마니 5개 중의 폭탄 13개를 같은 가마니 2개에 옮겨 넣어 이것을 다른 곳에 두고, 동월 중 부산부 영주동 정만기 방에서 피고 윤치형 및 이일몽과 회견하여 이 물건의 보관 사실을 알렸으며 사용 시기가 오기를 기대함으로써, 이상의 각 피고는 정치의 변혁을 목적으로 하는 앞에 든 행동을 하고 아울러 안녕질서를 방해하려고 한 것이다.

피고 이주현은 동년 7월 20일경 앞에 든[前示] 진영역전 강원석 방에 잠복해 있었던 피고 배중세를 만나고, 동인으로부터 전에 부산에서 진영으로 송부된 고량 가마니 안에는 폭탄이 있고, 이를 숨겼기 때문에 관헌의 수색을 받고 있다는 말을 듣고, 비로소 그 폭탄은 치안방해를 위해 이일몽 등이 사용하는 것으로서, 더구나 배중세는 그 기장자寄藏者를 알면서도 이를 경찰관리에게 고지하지 아니한 것이다.

피고 김재수는 동년 8월 6일 당시의 주소인 경상남도 동래군 구포면 구포리에서 피고 배중세로부터 앞에 든 폭발물 사용을 꾀한 범인인 이일몽 및 피고 윤치형의 두 사람을 숨겨주도록 간청받았고, 이일몽은 동월 7일 윤치형은 동월 8일 각기 도착한 바, 피고 김재수는 동인 등이 전시 범죄자로서 이미 관헌의 감시를 받고 있는 사정을 알면서도 자택에 숨겼고, 동월 9일 경기도 제3부 순사 미나미 추헤이三並忠平가 체포하기 위하여 동가同家를 감시 이일몽, 윤치형을 발견 체포하려고 하자, 피고 김재수는 동 순사에 대하여 이일몽은 자신의 친족인 김기동이라고 사칭하고 체포를 면하게 하여 이를 숨겼고, 또 동일同日 동리同里 김수현 방에 잠복하고 있었던 피고 배중세에 대하여 자택에 경찰 관리가 와서 이미 윤치형은 체포되었으므로 조속히 이곳을 떠나도록 주의를 주고 동인을 은피하게 하였다.

피고 김병환은 대정 8년(1919년) 4월 16일 부산지방법원 밀양지청에서 보안법 위반죄로 징역 6월에 처해져 그 형의 집행을 받은 후 전시前示 범행이 있었던 것이다.

이상의 사실(*피고 성명이 통명通名으로 된 곳이 있음)

— 당 법정에 있어서의 피고 이성우의 최초 의열단 조직에 대하여 협의한 장소는 흡니하洽泥河가 아니고, 봉천성 용하현이다. 길림에서 동단同團의 활동에 대하여 협의한 때에는 피고 윤소룡은 참회[참여]하지 않았다고 말하며, 또 대정 9년(1920년) 5월 이후는, 피고는 폭탄 사용에 관한 사항에 관여하지 않았다고 변소하는 외에 판시에 응당하는 취지의 사실 공술.

— 동상 피고 곽재기의 안동현부터의 폭탄반입 방법은 이병철에게 맡겨진 것이기 때문에, 피고는 상세하지 않다. 밀양에서 이일몽과 회견 협의한 것은 사실이지마는 그 장소는 한봉근 방인지 모른다. 동소에서 피고 신철휴, 윤소룡은 회견하지 않았다. 또 대정 9년 5월 경성에 온 것은 폭탄 용건이 아니라고 말하는 외에 판시와 같은 취지의 자공自供.

— 동상 피고 신철휴가 길림에서 의열단 활동을 협의할 때에, 피고 윤소룡 및 강세우는 모임에 참석하지 않았다. 또 밀양에서 곽재기 등과 회견하게 되고 경성에서 상피고相被告 등과 회견한 것은 사실이지만 폭탄 사용에 대하여 모의 계획한 일이 없다고 변소辯疏하는 분分이 판시와 같은 취지의 자공.

— 위와 같은 피고 김기득의 판시 동지의 자백.

— 위와 같은 피고 배중세가 경성에서 이병철과 회견하였을 때 고량 가마니 안에 폭탄을 숨겨 보내는 취지를 명백히 말했다. 단지 다시 밀송물密送物[몰래 감추어 보낸 물품]은 다섯 가마니에 넣어 이중 새끼로 묶어 다른 가마니와 한눈에 판별할 수 있게 하여 보낸다는 말이라고 하는 분分 판시에 적응하는 취지의 사실의 공술.

— 사법경찰관의 피고 이성우에 대한 제3회 조서 중, 피고가 폭탄 13개, 권총 2정, 탄환을 안동현에 지참하여 이병철에게 교부할 때, 동인은 그 비밀물은 가까운 장래에 조선 안에 보내도록 하며, 조선의 취급인은 부산의 이일몽이므로 동인으로부터 받으라고 말하며, 또 피고보다 먼저 폭탄 3개를 가지고 들어와 있는 곽경(곽재기)은 길림에 있다고 듣고, 피고는 안동(단둥)현부터 길림에

가서 동영객잔(여관 이름)에서 곽경 및 안종묵(이낙준)과 만나고, 그후 양력 5월 중순경 곽경과 피고가 안동현을 경유하여 경성에 들어와 전동여관에서 투숙하였다.

그 도중 안동현에서 이병철로부터 폭탄류는 이미 안전하게 조선에 보냈다. 수취할 부산 이일몽의 주소는 곽경이 안다고 말하며, 그때 또 피고는 동소同所로부터 김원봉 앞으로 시기가 점점 늦어지므로 자신이 휴대한 물품으로 실행해야 하므로, 뒷일은 곽경과 상담하라, 동인同人은 조선에서 모금하여 다시 물품을 구입하기 위해 해외에 나갈 계획이라고 알리고 경성에 들어왔다. 피고의 생각으로는 경성의 조용한 곳에 옮겨 이일몽부터 물품을 가져와서 약품의 장전을 하고, 동지를 모아 결행할 예정이었으나, 이일몽으로부터 아직 폭탄을 받지 아니한 중에 일이 발각된 내용을 공술 기재供述記載.

— 동 제4회 조서 중 폭탄의 사용은 자금의 조달이 되지 않아 지연된 것으로서 곽경은 그 때문에 두 차례나 대구에 갔으나 부조不調에 그쳤다. 만약에 자금 조달이 되었다면 피고와 곽경은 동지인 신우동(신철휴), 한봉근, 김태희(김기득), 서상락, 김옥 등을 경성에 불러 결행할 예정이었던 내용을 공술 기재.

— 동상. 피고 곽재기에 대한 제2회 조서 중 대정9년(1920년) 3월 중에 안동현을 경유하여 왔고, 동월 20일경 부산에 가서 배행농(배중세)을 방문하여 이일몽의 주소를 물었던 바 마산이나 밀양에 있다고 하며, 4일 후 밀양에 가서 한봉근 집에 머물고 그 이튿날 이일몽. 이병철과 만나 김원봉의 명령을 전하고, 또 신우동, **윤세주(윤소룡)** 등도 만나, 동인들에 대하여 폭탄은 이일몽이 소지하고 있으므로 결행할 때에는 신우동, 윤세주, 한봉근의 3인과 김옥까지 모두 4인으로 실행하라고 말하고, 그리고 안동현, 봉천 등을 경유하여 4월 초순 상해로 가서 김원봉에게 보고하다.

그 후 길림에서 이성우와 만났을 때 동인은 폭탄 10개와 권총 2정을 이병철에게 건넸다고 말하였고, 5월 중순 이병철, 이성우가 경성에 왔고 피고만이 밀양에 가서 이일몽을 만나고 그 후 경성, 대구, 청주 등을 왕래하고, 경성에서 신우동, 이일몽과 만나 폭탄의 실행을 조속히 하라고 말한 바, 이일몽은 잠시 시기를 기다리라고 하였다. 그 이유는 실행 전에 재산가로 하여금 자금을 내게 하여 결행과 동시에 반포할 격문을 인쇄하지 않으면 안 되었기 때문이다.

6월 23일 대구에 가 있었는데 경성의 안종묵(이낙준)으로부터 곧 상경하라는 편지가 있어 익일 입경하고 서대문정 일정목 정태준 방에서 동인. 김태희(김기득) 등과 회견하였는데 그 용건은 북경의 김원봉으로부터 조속히 실행하라는 말이 있었음을 전해 들은 것이며, 그 익일 동소同所에 위에 든 사람 외에 황상규 등 모두 네 사람이 모여 타협한 결과, 김태희를 이일몽이 있는 곳으로 파견하여 취지를 전하고 또 폭탄을 경성으로 가져올 것을 명하였다.

그다음 5월 5일경 동인은 부산에 갔고 곧 동인의 편지가 왔으며, 폭탄은 자신이 지참할 것이며, 이일몽도 1주일 내에 입경하도록 되어 있었다. 그러나 김태희 출발 후 피고와 황상규는 상담하여, 경성은 근래 경찰이 긴장하고 있기 때문에 폭탄을 경성에 지참하지 않는 것이 좋다는 통지를 황상규가 할 예정이었다. 이어서 안종묵은 안동현으로 가고, 피고는 황상규와 함께 마포에 숨고 이어서 청주, 마산으로 가서 이일몽과 만나 경찰이 엄중하기 때문에 1개월 후에 실행할 것을 타합하고 밀양에 왔는데, 경성으로부터 경찰관이 수사를 위해 와 있는 것을 듣고 놀라, 삼랑진으로 피하고 부산의 복성여관에 갈 틈에 체포된 내용을 공술기재.

— 동상同上 피고 신철휴에 대한 제1회 조서(종로경찰서에서의 분分) 중 대정 8년(1919년) 8월 중 봉천(선양)에서 김원봉과 알게 되고, 얼마 후 길림에 가서 대정 9년 음1월까지 그곳에 있으면서 독립운동을 하는 사람과 행동을 같이 하였다. 그 사람들은 김원봉, 곽경, 양건호, 서상락, 한봉건, 김옥(김상윤), 이성우, 황상규, 강세중, 윤소룡 등이다.

대정 8년 9월경 피고 등이 의열단을 조직하였으며, 김원봉이 주관하고 다음 수반은 곽경이었다. 그 목적은 조선의 독립을 꾀한 것으로 폭탄을 사용하여 조선에서의 요로인물要路人物을 죽이고, 중요 건물을 파괴하여 민심을 교란시켜서 독립을 꾀하는 데 있다. 그 후 폭탄 구입 때문에 김원봉, 이성우, 곽경 등이 상해에 가고, 피고는 대정 9년(1920년) 1월 하순 경성에 오고 이어 밀양에 갔으며, 음2월 초경 동소에서 곽경을 만나 폭탄 3개를 구입하여 이미 조선 내에 보냈다는 말을 들었다.

동인과 한춘옥 방에서 만난 것으로서 그때 곽경, 한봉근 피고는 둘러앉아 피고가 3인으로서 빨리 실행하자고 말한 바, 곽경은 무엇인가 사정이 있어 자신은 결행에 참가하지 못할 듯이 보였다. 따라서 피고는 자신과 윤소룡, 한봉근 3인으로 실행하고자 상담하였다. 그러나 그때 윤소룡은 부재중이었으므로 그 다음날 밤에 윤소룡을 만나 그 취지를 말한 바 윤소룡은 찬성하고 실행할 수 있으나 시기가 아직 빠르다고 말하였으며, 그후 이일몽을 만난 바 그는 실행할 수 있으나 동지는 밀양뿐만 아니라 경성에도 김옥, 서상락 등이 있으므로 그들과도 상담하라고 말하였으므로, 음2월 중순 경성에 와서 서상락 등과 만났는데 동인 등도 아직 시기가 빠르다고 하며 급거 실행에는 찬성하지 않았다. 이어 이일몽도 입경하여 아직 준비가 되어 있지 않으므로 잠깐 기다리라 말함으로 그 의견에 따른 내용을 공술 기재.

— 동 제2회 조서 중 **황상규**는 의열단원이 아님에도 동단同團의 취지 목적에는 크게 찬성하였다. 그러나 동인이 언제부터 피고 등의 폭탄 계획에 참가했는지는 불명하지마는 폭탄 사용에 관계가 있는 것은 확실하다는 내용의 공술기재.

— 동 피고 **윤소룡**에 대한 제1회 조서 중 대정 8년(1919년) 음9월 하순 조선으로 돌아오기 전 약 1개월 길림에 체재하였는데 동소同所에서는 서간도 방면에서 온 이성우, 신철휴, 곽경, 황상규 등과 왕래하고 있었으며, 신철휴가 모임을 조직한다고 말하고, 그 취지는 정의돈목情義敦睦[정과 의리가 두텁고 화목함], 화란상구禍亂相救[어려운 일이 생겼을 때 서로 도움], 위국진력爲國盡力[나라를 위해 있는 힘을 다함]의 세 강목이며, 피고도 이에 찬성한 내용의 공술 기재.

— 동 제3회 조서 중 의열단 창설 때는 병으로 협의의 자리에 임하지 않았으나, 피고도 창설에 찬성하고 있었으므로 동단원에 틀림없는 내용의 공술 기재.

— 동 제4회 조서 중 피고는 신우동으로부터 곽경이 이미 폭탄을 가지고 왔다고 듣고 있으며 이를 독립운동에 사용할 것으로 알며, 인심을 동요시키는 점으로서는 가장 좋은 수단으로 생각하여 독립운동에 이를 사용하는 것을 찬성한다는 내용의 공술 기재.

— 동상 피고 이낙준에 대한 제1회 조서 중 피고는 안동(단둥)현에 거주하며, 독립운동 조선인의 여행 증명을 받는 일 및 숙박소를 주선하는 것을 담당하는 연락 기관으로서, 상해와 조선 간의 연락교통주임인 이병철과는 극히 가까운 사이이다.

대정 9년(1920년) 6월 중 상해의 약산(김원봉)으로부터 편지가 있고 내용은 지금으로부터 20일 이내에 결행하라, 실행 인물에게는 결행의 일시를 통지하라고 하였으므로, 곽경에게 이를 알리기 위하여 경성에 오고, 서대문정 정태준 방에 숙박하고 동지들에게 연락하였다. 곽경이 폭탄 3개를 조선에 반입한 것은 이병철로부터 들었으며, 조선 내에서 이를 사용함은 곽경, 이일몽 등이 주로 결행하도록 되어 있다. 이성우가 따로 10개를 입수하여 이병철의 손을 거쳐 부산에 가져간 것도 알고 있다. 이 폭탄 관계의 음모자는 이병철, 곽경, 신철휴, 김인식, 서림, 약산(김원봉), 이일몽, 황상규, 윤세주 및 피고인 내용의 공술 기재.

— 동 제4회 조서 중 6월 21일 밤 서대문정 정(鄭)방에서 곽경, 피고 황상규, 김인식(김기득)의 4인이 회합하여 폭탄에 대하여 협의하고, 곽경은 김인식을 부산의 이일몽 방에 보내도록 하였다. 이 협의에는 황상규도 참가하여 찬성함에 틀림없고, 또 피고는 정(鄭)방 문전에서 김인식에게 여비 약간을 교부하였다는 내용의 공술 기재.

— 동상 피고 **윤치형**에 대한 제1회 조서 중 대정 8년(1919년) 음8월 길림에서 이일몽을 알았고, 그는 조선의 독립도 수단 방법을 느슨하게 행한다면 가능하다고 말하였다(독립운동에 있어서의 천박한 행위에 대한 경고와 그 역설적 표현). 그러나 김원봉과 상담한 결과 폭탄을 총독부 기타의 관서에 투척하여 인민에게 일대 경성警醒[타일러 깨우침]을 주는 것이 가장 강한 책략이라고 결정하고 이미 준비하고 있는 중이다. 그러나 자금의 조달이 되지 않아 실행할 수 없으니 1,000원을 조달해 달라는 이야기에 피고는 이에 찬성하고 자금 조달을 약속하였다. 그 동지는 누구인지 그 당시는 몰랐다.

대정 9년(1920년) 4월 부산에서 이일몽과 회견할 때 폭탄 사용의 임무를 맡는 자는 곽경, 이성우, 김태희, 한봉근, 신우동 등이며, 또 경성에서 폭탄을 투척할 장소는 총독부, 동양척식회사 등의 대건축물 등이라고 말하였다. 동년 5월 부산 영주동 정만기 방에서 배중세, 이일몽과 만났을 때 배중세가 권총을 가지고 있었고 또 동인이 폭탄을 보관하고 있음을 들었다. 동년 8월 7일 구포의 김재수 방에 간 것은 잠복하기 위한 것이며 동인에 대하여는 도망갈 곳이 없기 때문에 숨겨달라고 의뢰한 내용을 공술 기재.

— 동 제2회 조서 중 대정 8년(1919년) 음8월 친형에게 상담하고 만주에 토지를 구입한다고 말하여 4,000원을 얻어, 이를 봉천(선양)의 삼광상회주 구영필에게 보내고, 그중 2,000원으로 길림성 영고탑에 토지를 구입하게 하고 남은 2,000원은 공중을 위하여 사용해 달라고 하였는데, 그 뜻은 독립운동을 위하여 사용하라는 취지였다. 김원봉 등이 상해에 폭탄 구입 때문에 갈 때 여비

300원을 건넨 사실을 후에 구영필로부터 듣고 안 내용을 공술 기재.

— 동상 피고 김병환에 대한 제3회 조서 및 제5회 조서 중 동 피고에 관한 부분에 대하여 판시 동취지의 자백 기재.

— 동상 피고 배중세에 대한 조서 중 대정 9년(1920년) 음3월 경성 공평동 전동여관에서 이병철을 만난 바 곡물을 보내니 맡아달라는 이야기이며, 그 곡물은 비밀물건이라고만 말하였으며, 동인이 출발하는 밤에 실은 폭탄이나 권총임을 밝혔으나 거절할 수도 없고 승낙하였다. 그로부터 10일쯤 후에 운송점으로부터 물건 도착의 통지가 있었고, 이를 진영으로 보내고 이어 창원군의 친척 강상진에게 맡겨 두었던 바 당국에 발견되었으므로 도주한 내용의 공술 기재.

— 동상 피고 이주현에 대한 제2회 조서 중 판시 범죄사실의 자인自認 기재.

— 동상 피고 김재수에 대한 제1, 2회 조서 중 판시 범죄사실의 자인 기재.

— 감정인 니시무라 후쿠마츠西村福松 작성 감정서 중(기록 1374쪽 이하) 대정 9년령 제920호의 1, 2, 3, 4를 재료로 하여 폭렬탄을 구성하는 것을 이해토록 하는 것으로, 즉 적색약은 초석, 유황, 계관적말(광석분말)의 혼화물이며, 백색약은 염산카리이다. 위의 적, 백약은 통상 폭발적 성상을 나타내지만 두 가지를 합성하면 폭약의 성능을 완비하고 도화선에 의하여 점화 폭발하도록 적색약 6, 백색약 4의 비율로 재료의 탄피에 충전하여 전비탄량全備彈量 약 653몸메(刃=일본 무게 단위, 1刃=0.2666그램)의 폭탄을 만들고 도화선을 사용하여 점화 폭발할 수 있으며, 그 위력을 실험한 바 (1) 단편斷片은 30m 안에 있는 인축人畜에 대하여 살상 효력이 충분하다. (2) 단편은 150m 부근에 있는 인축에 대하여 상해력傷害力이 있다. (3) 단편은 6개 중 2m의 거리에 세운 두께 1촌寸의 송판을 관통할 수 있는 것 1개이며, 나머지는 전부 심도深度 약 3분 내지 8분에 구멍을 뚫었으나 파괴하지는 못하였다. 때문에 목조 건물에 대하여는 이에 근접하여 폭발할 경우에는 파괴적 효력이 약하지만, 그러나 일본가옥에 대하여는 때로 소실적燒失的 효과가 야기될 때도 있다. 요는 본건 합성 제諸재료 및 위력과 폭발 물건으로서의 성능을 완비하는 내용의 기재.

— 동상 감정서(기록 1367쪽 이하) 중 대정9년령 제1207호(제920호는 본 감정서의 표제 및 말엽부도末葉附圖를 참조하고 또 동 감정인 심문조서 중의 감정명령사항을 참작하여 제1207호의 2, 4 내지 6을 재료로 한 오기誤記라고 인정함)의 2, 4 내지 6의 재료는 폭렬탄을 구성한다. 그 위력 실험으로 보면 인축에 대한 살해 효력은 근접거리에 있어

서는 확실하지마는, 목조건물에 대하여는 단순히 약간의 파괴효력을 가지는 것으로서 위의 합성 제 재료 및 위력은 폭발 물건으로서의 성능을 완비하고 있다는 내용의 기재.

— 압수된 대정 9년령 제920호의 탄피, 탄피부속물, 폭탄장전용약품, 도화선의 현재.

— 동상 대정 9년령 제1207호의 2 폭탄, 4의 도화선, 5의 폭탄 약품, 6의 폭탄 부속품의 현재.

이상을 종합하여 이를 인정하는 데 필요한 증빙이 충분하다. 또 피고 김병환의 수형 사실은 동 피고의 당공정當公廷에 있어서의 그 내용의 자공自供에 의해 이를 인정한다. 법률에 비추어 보니 피고 등의 소위중所爲中 피고 이주현, 김재수를 제외한 타의 각 피고는 정치의 변혁을 목적으로 하고 안녕질서를 방해하려는 점은 대정 8년 제령制令 제7호 제1항에 해당한다.

피고 곽재기, 이성우의 폭발물을 반입한 점은 각 폭발물취체벌칙 제3조에, 피고 김기득, 윤소룡, 신철휴, 이낙준, 황상규, 윤치형의 폭발물을 사용하려고 하여 공모에 그친 점은 모두 동칙同則 제4조에, 피고 김병환, 배중세의 폭발물을 기장한 점은 모두 동칙 제5조에, 피고 이성우의 총기를 반입한 점은 총포화약류취체령 제3조, 제15조 제1항에 각각 해당하고, 위 제령 제7호 위반과 폭발물취체벌칙위반 및 총포화약류취체령 위반과는 하나의 행위로서 수통數箇의 죄명에 접촉되기 때문에 형법 제54조 제1항 전단前段 제10조에 의하여 각 파고에 대하여 가장 무거운 폭발물취체벌칙 위반죄의 형에 처하며, 피고 김병환은 재범이므로 형법 제56조, 제57조, 제14조에 의하여 가중하고, 피고 이주현의 판시 소위는 폭발물취체벌칙 제8조에, 피고 김재수의 판시 소위는 동칙 제9조에 각각 해당함으로써 전시前示 소정 범위에서 각각 양형 처단할 것이며, 피고 이주현, 김재술을 제외한 타의 제 피고에 대하여는 형법21조를 적용하여 미결구류일수 중의 일부를 각 본형에 산입한다. 피고 이주현, 김동수의 두 사람에 대하여는 그 정상에 따라 형의 집행을 유예함을 인정하는 동법 제25조, 형법 시행법 제54조를 적용하여 상당 기간 그 형을 유예한다.

압수물건 중 주문主文 제4항 전단前段표시의 물건은 전시前示 범죄조성물로 하고 범인 이외의 자에 속하지 아니하기 때문에 형법 제19조에 따라 이를 몰수한다. 나머지는 몰수에 관계없기 때문에 형사소송법 제202조에 따라 처분

한다. 공소 소송비용에 대하여는 동법 201조 제1항 형사소송비용법 제7조를 통용하고 각각 부담을 정하는 것으로 한다.

본건 공소사실 중 피고 강상진이 대정 9년(1920년) 4월 중 배중세로부터 치안방해의 목적으로 사용하는 것을 알면서 폭발물을 받아 자택 창고 안에 숨겨 보관한 점, 피고 최성규, 곽영조의 두 사람이 동년 9월 21일 강상진 방 창고 안에서 그 이웃집 서두용 방에 폭탄이 든 고량 가마니를 운반하고, 강상진 등의 형사피고사건의 증빙을 인멸하려고 한 점은 모두 이를 인정할 증빙이 충분하지 못하여 따라서 형사소송법 제235조, 제224조에 따라 위의 피고 3인에 대하여 각 무죄를 언도한다. 따라서 주문主文과 같이 판결한다.

대정 10년(1921년) 6월 21일

경성지방법원 형사부

재판장	조선총독부판사	이토 준키치伊東淳吉
	조선총독부판사	타자이 아키라太幸明
	조선총독부판사	후지무라 히테廣村英
	조선총독부재판소 서기단	츠카사 고이치部私一

- 번역 : 정세영.

52쪽 질문의 〈답〉 1. 10명 2. 20대 3. 독립/의열단 4. 김병환 5. 윤세주

결심공판에서 윤세주가 던진 최후진술은 '석정 동지 약사'(김약산, 1943)에 따르면 다음과 같다.

> 우리의 제1차 계획은 불행히도 파괴되고 무수한 동지들이 피포 판죄判罪되었지만 피포되지 않은 우리 동지들은 도처에 있으니 반드시 강도 왜적을 섬멸하고 우리의 최후 목적을 달도達到할 날이 있을 것이다.

좀처럼 꺾이지 않는 그의 항일 기개가 여실히 드러난다. 위 문장의 현대문이 〈윤세주열사 어록비(독립기념관, 2011)〉에 새겨져 있다.

인류 역사에서 의열투쟁의 원형은 어디에서 찾을 수 있을까? 사마천(c.145~c.86 BC)의 『사기』는 '자객 열전'에서 5명의 자객을 소개하였는데, 이 중의 백미는 형가荊軻이다. 때는 중국 전국戰國시대(403~221 BC) 말이었다. 형가는 연나라 태자 단丹을 위하여 진시황을 시해하는 장도에 올랐다.

> 태자와 빈객은 모두 흰색 옷과 모자를 쓰고 그를 전송했다. 역수易水 가에 이르러 도로 신에게 제사를 지낸 후 고점리가 축을 타고 형가는 곡조에 맞추어 노래를 불렀다.
>
> 바람 소리 소슬하고
> 역수는 차갑구나.
> 장사가 한번 떠나면
> 다시는 돌아오지 못하리.

전송객이 흰색의 옷을 착용하고, 형가가 '장사가 한번 떠나면(壯士一去兮 장사일거혜) 다시는 돌아오지 못하리(不復還 불부환)'라 하였으므로 그들 모두는 자객이 임무 수행 중 죽을 운명임을 알고 있었다. 형가는 성공할 뻔하였으나 결국 붙잡혀 처형되었다. 1920년 이래 해마다 이어진 의열단의 의거에서도 미수에 그친 일부를 제외하면 모두가 죽음을 면하지 못하였다.

제2장

항일 언론인

〈청년기의 윤세주〉

정장 차림의 유일한 초상사진이다. 앞표지의 〈무장한 윤세주〉와 함께 중국 한단邯鄲의 좌권장군기념관에 전시되어 있다.

윤세주는 1920~1927년 동안 투옥되었으며, 출옥 후 5년간 재향 민족운동과 항일언론에 투신하였다. 이 시기의 국내와 해외 정세를 훑어보자. 국내의 경우 3·1운동 이후 무단통치에서 유화적인 문화통치로 바뀌면서 동아일보(1920년), 조선일보(1920년), 시대일보(1924년), 중외일보(1926년) 등의 창간이 가능하였으나 삭제·압수·정간이 끊이지 않았고, 집회·결사의 허용도 친일 단체를 조직하는 데 이용되었다.

해외에서는 임시정부가 중국 상하이上海 프랑스 조계지에서 수립(1919년)되어 강대국에 외교관을 파견하여 승인받고자 하였다. 사회주의 계열 인사가 적극적인 무장투쟁을 주장하면서 노선 갈등이 생겼다. 임시정부는 만주사변(1931년)이 터지자 비로소 무력투쟁 노선을 따르기 시작하였다.

1. 옥중생활과 출옥

윤세주는 1920년 6월 16일 서울에서 체포되어 경성지방법원에서 징역 7년을 선고받았다. 그는 판결에 항소하지 않고 수인번호 제592호를 달고 수형생활에 들어갔다.

그의 항일 기개는 경성형무소에서도 휘거나 굽지 않았다. 죄수는 날마다 기상 후 점호 때 간수에게 경례하는 규칙이 있었다. 윤세주는 강박에 의한 것이야 어쩔 수 없어도 스스로 경례하는 일이 없었다.

> 원래 감옥규칙은 죄수로 하여금 매일 기상 후 간수를 향하여 경례를 하게 하는 법이지만, 그는 이 규칙에 항거하여 적에게 경례를 하지 아니하니, 무치無恥한[부끄러워할 줄 모르는] 간수들은 석정 동지의 두 손을 붙잡고 머리를

내리누르면서 강박적으로 경례를 시켰다. 그러나 그는 차라리 매일 강박에 이기지 못하여 '절'을 할지언정 자동경례를 하지는 아니하였다. 이렇게 1개월을 상쟁하다가 간수들도 하는 수 없이 다시는 석정 동지의 경례를 받지 못하였다 한다.

– 김약산(1943), '석정 동지 약사'.

다른 한편 윤세주는 옥중의 다른 죄수를 부단히 교육하여 독립사상을 불어넣었다. 다수가 그의 말에 감동하여 출옥 후 먼 곳에서도 찾아와 독립운동에 가담하였다고 한다.

그는 옥중에 있으면서도 강도, 살인, 스리掏手범 등에까지 부단히 교육하며 독립사상을 관수灌輸하는[불어넣는] 일편一便[한편], 자기 자신도 각종 어학과 과학을 열심히 학습하였다. 그가 출옥 후, 옥중에서 그에게 훈련된 '죄수'들이 원지방遠地方[멀리]에서 그를 찾아와 그의 지도를 받아 혁명공작에 참가한 사람이 불소不少하였다[적지 않았다].

– 김약산(1943), '석정 동지 약사'.

이러한 교도가 가능했던 것은 독립운동에 대한 그의 확고한 신념 이전에 모든 중생이 본래부터 불성佛性을 가졌다는 믿음이 있었기 때문 아닐까?

갇힌 몸으로 윤세주가 할 수 있는 일은 주로 독서와 사색이었을 것이다. 그는 와세다대학 통신강의록을 구독하였다. 이것은 정치경제과, 법률과, 문학과, 중학과, 상업과, 고등 어학과 등 다섯 학과에 걸쳐 1년 6개월 과정으로 제공되었는데, 그는 문학과를 선택하여 1923년 4월부터 1924년 9월까지 꾸준히 구독한 것으로 보인다.

일련의 『와세다대학 문학과 강의』 중 유족이 보관하고 있는 것은 1923년(다이쇼 12년)의 7권이다. 다음 표지 사진의 우측 상단에 형무소의 '간독허가증'看讀許可證이 붙어 있다. 감방번호는 '3익翼 28방房'이고,

수감자는 윤세주의 수인번호인 '제592호'라고 적혀 있다. 통신강의록의 내용은 아직 학자들의 연구가 없어 구체적으로 알지 못한다.

	서명	제호	발행 연월일
1	와세다대학 문학과 강의	제1호	1923년 4월 8일
2	와세다대학 문학과 강의	제2호	1923년 4월 23일
3	와세다대학 문학과 강의	제3호	1923년 5월 8일
4	와세다대학 문학과 강의	제4호	1923년 5월 23일
5	와세다대학 문학과 강의	제5호	1923년 6월 8일
6	와세다대학 문학과 강의	제6호	1923년 6월 23일
7	와세다대학 문학과 강의	제7호	1923년 7월 8일

윤세주는 무엇보다도 의열투쟁에 대해서 깊이 생각하였을 것이다. '강도 왜적을 섬멸하는 것은 우리의 정당한 실력행사이다. 그렇지만 언제까지 암살이나 파괴를 계속해야 하는가? 과연 그것이 독립과 자유를 되찾는 유효한 방식일까? 의열투쟁은 결국 민중을 동원한 혁명으로 나아가야 하지 않을까?'

한편 시댁에서 독수공방한 하소악의 심정은 어떠하였을까? 북쪽으로 화악산 너머 서울 쪽으로 바라보며 눈물 훔치는 날도 있었겠고, 남강 강둑에 올라 요란스레 밀양철교를 지나는 기차를 바라보며 서울로 달려가고 싶은 충동도 있었을 것이다. 또는 인근의 무봉사舞鳳寺에서 남편의 안녕과 무탈을 기원하기도 하였을 것이다.

그녀는 남편이 선택한 길을 이해하고 그를 정신적으로 지지하면서 강한 여성으로 성장하였다. 질녀 윤남수(1912년생)에 따르면 하소악은 부북면 감천리의 시집에서 읍내를 오가며 야학夜學에서 글을 익혔는데, 옥바라지할 때 서툰 글씨로 편지를 써서 그것을 가늘게 말아 들키지 않도록 솜옷 속에 구겨 넣어 남편에게 애틋한 심정을 전했다고 한다.

윤세주는 청춘의 6년 7개월 22일을 옥중에서 보냈다. 1927년 2월 7일 출옥하던 날의 모습은 어떠하였을까? 그날은 일왕日王 다이쇼 1주기를 맞아 특별 사면이 있었다. 살을 에는 추위였지만 서울의 서대문형무소와 경성형무소 앞에는 시국사범의 출감을 고대하는 친척과 친구가 해가 저물어도 흩어지지 않고 서성이고 있었다.

〈중외일보(1927. 2. 8.)〉

門前에 모인 親族의 面面

해가지도록 가지안코기다려

해가 거의서산을 바라게되엇슬 때까지 추위는살깁히 뼈까지스며들어도 자긔의관계자가 나오지못할것을 깨달은그들은 오히려 흣허지지안코 눈물어린눈으로붉은벽돌의 음침한형무소 안을 바라고섯섯다 물론이들의대부분은 시국(時局)에관한 중죄수혹은 미결수등의 친척지구이엇스니서대문 형무소에는 저유명한 의렬단(義烈團)사건,○○○사건,허무당(虛無黨)사건,학생만세사건(學生萬歲事件),보합단(普合團)기타의 다른만흔사건관계자의 일족과지구가 만핫스며 경성형무소에는 대동단사건(大同團事件) 전협(全協)의부인 변화(卞和)(五二) 씨를비롯하야 밀양폭탄사건(密陽爆彈事件)의 리성우(李成宇) 윤소룡(尹小龍) 강서 폭탄사건(江西爆彈)의 리치모(李致謨) 제령위반(制令違反) 사건의 리호원(李浩源)해삼위 공산당사건의 전일(全一) 평양폭탄사건의 정찬도(鄭燦道)고창(高昌)은률군수살해사건(殷栗郡守殺害事件)의 김란섭(金蘭涉)은률서순사하동일(河東一)모살사건의 백최헌(白最憲)등의 부형친척지구가전부이엇다

출처 : 대한민국 신문 아카이브.

문전에 모인 친족의 면면

해가 지도록 가지 않고 기다려

해가 거의 서산을 바라게 되었을 때까지 추위는 살 깊이 뼈까지 스며들어도 자기의 관계자가 나오지 못할 것을 깨달은 그들은 오히려 흩어지지 않고 눈물 어린 눈으로 붉은 벽돌의 음침한 형무소 안을 바라고 섰었다.

물론 이들의 대부분은 시국에 관한 중죄수 혹은 미결수 등의 친척 · 친구이었으니 서대문형무소에는 저 유명한 의열단사건, ○○○사건, 허무당사건, 학생만세사건, 보합단 기타의 다른 많은 사건 관계자의 일족과 친구가 많았으며, 경성형무소에는 대동단사건, 전협의 부인 변화(52세)씨를 비롯하여 밀양폭탄사건의 이성우, 윤소룡, 강서폭탄사건의 이치모, 제령위반사건의 이호원, 해삼위 공산당사건의 전일, 평양폭탄사건의 정찬도, 고창 은율군수 살해사건의 김난섭, 은율서 순사 하동일모살사건의 백최헌 등의 부형 · 친척 · 친구가 전부이었다.

경성형무소에서는 윤세주(윤소룡)가 유일한 특사출감자였으며, 어둠이 짙게 내린 밤 7시에야 풀려났다. 맞아주는 누구도 없이 홀로 마포구의 형무소를 나서서 서울역에서 밤차를 탔다. 그때 서울-부산이 빨라도 8시간 안팎 걸렸으니 다음 날 새벽 이후에야 밀양역에 도착하였을 것이다. 관련 기사는 매일신보, 동아일보, 조선일보 등에서 볼 수 있다.

〈매일신보(1927. 2. 9.)〉

京城刑務所엔

尹小龍一人만恩赦

보안법위반한밀양사람

출처 : 대한민국 신문 아카이브.

경성형무소엔

윤소룡 1인만 은사

보안법 위반한 밀양사람

서대문형무소에서 은사로 출옥한 분은 전기 세 사람이어니와 경성형무소에서도 역시 경상남도 밀양 사는 윤소룡 씨가 보안위반으로 복역 중에 은사가 되어 7일 밤 7시에 맞이하는 이도 없이 출감되어 당일 밤 막차로 즉시 밀양으로 향하였다.

그가 가족을 만난 곳은 4대에 걸쳐 살아온 밀양면 내이동 881번지의 본가가 아니었다. 자신이 7년이나 옥살이하면서 '불령선인'으로 낙인찍혔고, 부모와 형제들은 지척에 있는 밀양경찰서에 밤낮으로 시달렸으니, 어찌 본가를 지킬 수 있었겠는가? 불령선인不逞鮮人이란 일제 통치에 반감을 품고 저항하거나 소요를 일으키는 조선인을 의미한다.

그동안 가세가 기울어 본가의 사랑채와 중채를 조금씩 떼어 팔면서 버티다가 마침내 윗채까지 넘기고는 부모와 아내는 인근의 부북면 감천리 195번지로 옮겨 맏형(윤치장) 가족과 함께 살고 있었다. 자신이 걷는 험준한 길은 스스로 택한 바이니 어쩔 수 없지만, 집안사람에게 이런 고초를 안겨주었으니 얼마나 송구스러웠을까?

부모와 아내, 형제와 조카들이 반갑게 맞아주었다. 어느새 고희를 앞둔 윤희규는 돌아온 막내아들을 다독거렸을 것이다. "너는 충실히 너의 길을 걸어왔다. 나는 너를 믿는다. 용기를 내라." 윤세주는 1919년에 만주로 피신하였으므로 부친의 회갑연을 차려드리지 못하였다. 그러나 2년 후의 칠순 잔치만은 꼭 챙겨드려야지 다짐하고, 이제부터라도 안정된 가정생활을 약속하지 않았을까? 물론 아내의 시집살이와 옥바라지에 대해서도 더없는 연민과 감사를 표현하였을 것이다.

2. 재향 민족운동 참여

윤세주는 한동안 밀양에 머물면서 먼저 출옥한 김병환, 윤치형, 황상규와 재회의 기쁨을 나누었다. 이들은 밀양청년회를 이끌고 있었는데, 이 단체는 지역의 청년 유지를 주축으로 야학운영, 체육행사, 문화

공연, 각종 사회문제 해결 등을 주도하였다.

밀양청년회는 서무부 · 문예부 · 체육부 · 사회부 등의 부서를 두었다. 총회는 할 때마다 별도의 임시의장이 사회를 맡았고, 진행 순서는 회장 또는 위원장 개회사, 이전의 회의록 낭독, 각종 경과보고와 부서별 보고, 규칙 및 세칙 수정통과, 집행위원 및 인원 선정, 기타 안건토의 등이었다.

밀양청년회 제13회 정기총회가 1927년 3월 21일 청년회관에서 개최되었다. 의장은 김병환, 서기는 박고지이었다. 청년회는 임원을 새로 뽑았는데, 집행위원은 윤치형, 황상규, 윤세주(윤소룡) 등을 포함한 9명이었다. 김병환(1889~1947)과 윤치형(1893~1968)은 3 · 13만세운동과 의열단의 밀양폭탄의거에 줄곧 동참하였던 더없이 든든한 동지이었다.

〈매일신보(1927. 3. 27.)〉

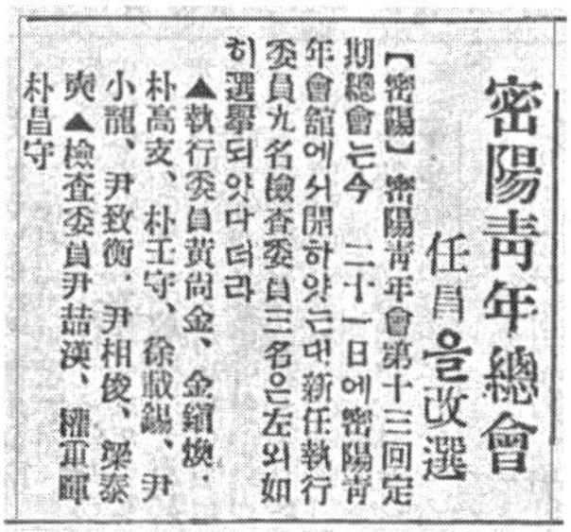

密陽青年總會 任員을改選

【密陽】密陽青年會第十三回定期總會는今二十一日에密陽青年會舘에서開하얏는데新任執行委員九名檢查委員三名은左와如히選擧되얏다더라 ▲執行委員黃尙金、金縉煥、朴高支、朴玉守、徐載錫、尹小龍、尹致衡、尹相俊、梁泰奭▲檢查委員尹喆漢、權重暉、朴昌守

출처 : 대한민국 신문 아카이브.

밀양청년총회
임원을 개선

밀양청년회 제13회 정기총회는 이번 달 21일에 밀양청년회관에서 열렸는데 신임집행위원 9명, 검사위원 3명은 아래와 같이 선거되었다. ▲집행위원 : 황상금(황상규?), 김진환(김병환?), 박고지, 박임수, 서재석, 윤소룡, 윤치형, 윤상준, 양태백 ▲검사위원 : 윤철한, 권중휘, 박창수

반년 후 제14회 정기총회(1927. 10. 23.)는 위원장이 황상규이었고, 임시의장 박태원이 사회를 보았다. 황상규는 만주에서 발표된 대한독립선언서(1919년)에 서명한 39인에 속하며 그 역시 밀양폭탄의거로 5년 4개월의 옥고를 치렀다.

그날 총회는 전국적 추세에 발맞춰 회원의 나이 제한을 논의하였다. 당시의 회원은 20대, 30대 혹은 40대까지 끼어 있어 일정하지 않았다. 토의 결과 연령 범위가 20~30세로 바뀌었고, 서른 살을 넘는 황상규, 김병환, 윤치형 등 간부는 사퇴하였다. 신임집행위원으로 윤세주(윤소룡), 박고지, 서재석, 박임수, 윤상준 등 5명이 재선되고, 강덕○, 정광호, 표문칠, 이건희 등 4명이 새로 선출되었다.

청년회 활동은 야학夜學이 가장 활발하였다. 대다수 사람이 보통학교만으로 근대교육을 습득할 수 없었기 때문이다. 야간학교는 농번기인 6월경 쉬었다가 9월경 개학하였다. 소풍·견학·운동회 등 행사를 통해 기부금을 받아 운영하였다.

친목·친선을 위해 체육행사도 주최하였다. 해마다 '춘계 시민 대운동회'가 읍내의 공설운동장 또는 밀양공립보통학교에서 열렸는데, 축구·야구·마라톤 등 수십 종목에 이르렀다. 밀양시민대운동회(1928. 5. 27.)는 밀양상우회가 주최하고 밀양청년회, 밀양소년회, 동아일보 밀양지국 등이 후원하여 초유의 대성황을 이루었다.

또한 청년회는 연극·영화를 유치하여 수익금을 활동 자금에 보탰다. 1923년 3월 27~28일 소인극素人劇을 공연하였을 때 밤마다 관중이 500여 명에 달했고, 유지들의 기부금이 잇달았다. 소인극은 전문적인 배우가 아닌 아마추어[素人]가 하는 연극을 일컫는다.

1923년 9월에는 통영청년단의 활동사진대가 보통학교에서 3일간

영화를 상영하였는데, 관중이 매일 1,000여 명에 달하였다. 그때 영화(예를 들어, '월하의 맹서' 또는 '춘향전')는 모두 무성영화였다. 녹음된 소리, 특히 대사가 없었으므로 변사가 배우의 대사를 대신해 주었다.

나운규 감독 · 주연(1926년)의 '아리랑'이 밀양에서 개봉되었을 때 윤세주는 변사로 활동한 적이 있다. 이 영화는 상영되자마자 전국적인 갈채를 받았는데, 왜였을까? 그 줄거리는 대략 이렇다.

> 김영진은 3 · 1운동의 충격으로 실성하였다. 그가 친구 윤현구를 알아보지 못하자, 동생 영희가 대신하여 친구를 맞이한다. 현구와 영희는 사랑에 빠진다.
>
> 풍년의 농악제가 열린 날 악덕 지주의 머슴이자 왜경 앞잡이인 오기호가 영희를 범하려 하였다. 이때 윤현구가 나타나 오기호와 싸움을 벌이고, 김영진은 낫으로 오기호를 찌른다. 유혈낭자한 시신을 보는 순간 김영진은 충격을 받아 정신을 되찾는다. 그는 일본경찰에 끌려가면서 외친다.
>
> "여러분, 울지 마십시오. 이 몸이 삼천리강산에 태어났기에 미쳤고 사람을 죽였습니다. 지금 이곳을 떠나는, 떠나려는 이 영진은 죽음의 길을 가는 것이 아니라 갱생의 길을 가는 것이오니 여러분 눈물을 거두어주십시오."

> 아리랑 아리랑 아라리오 아리랑 고개로 넘어간다
> 나를 버리고 가시는 님은 십 리도 못 가서 발병 난다

영화가 막을 내리면서 주제가 〈아리랑〉이 흘러나오자 관객들은 눈물을 쏟으며 노래를 따라 불렀다. 변사 윤세주는 사람들의 가슴마다 민족혼을 한껏 불어넣었다.

밀양청년회는 출범한 지 8년 만에 큰 변화에 직면하였다. 1924년에 조선청년총동맹이 전국의 청년운동 지도기관으로 결성됨에 따라 밀양에서도 지역의 여러 청년단체를 연합하고자 하였다. 청년회는 1928년

7월 20일 제15회 정기총회(임시의장 조용숙)에서 18인의 위원을 선정하여 청년동맹의 창립 준비를 일임하였다.

〈중외일보(1928. 7. 25.)〉

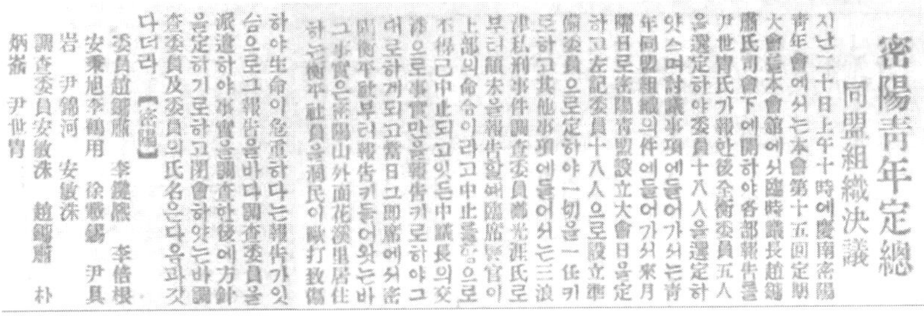

密陽青年定總
同盟組織決議

지난二十日上午十時에慶南密陽青年會에서는本會第十五回定期大會를本會舘에서臨時議長趙鏞肅氏司會下에開하야各部報告를尹世胄氏가報한後全衡委員五人을選定하야委員十八人을選定하얏스며討議事項에들어가서는青年同盟組織의件에들어가서來月曜日로密陽青盟設立大會日을定하고左記委員十八人으로設立準備委員으로定하야一切을一任키로하고其他事項에들어서는三浪津私刑事件調査委員鄭光涯氏로부터顚末을報告할때臨席警官이上部의命令이라고中止함으로不得已中止되고잇든中議長의交涉으로事實만을報告키로하야그대로하게되고當日그卽席에서密陽衡平社부터報告가들어왓는바그事實은密陽山外面花溪里居住하는衡平社員을洞民이毆打致傷하야生命이危重하다는報告가잇슴으로그報告를바다調査委員을派遣하야事實을調査한後에方針을定하기로하고閉會하얏는바調査委員及委員의氏名은다음과갓다더라【密陽】

委員趙鏞肅　李鍵熙　李倍根
安秉旭李鶴用　徐戰錫　尹具
岩　尹錦河　安敏洙
調査委員安敏洙　趙鏞肅　朴
炳崙　尹世胄

출처 : 대한민국 신문 아카이브.

밀양청년 정총
동맹조직결의

지난 20일 오전 10시에 경남밀양청년회에서는 본회 제15회 정기대회를 본회관에서 임시의장 조용숙 씨 사회 아래에 열어 각부 보고를 윤세주 씨가 보고한 후 전형위원 5인을 선정하여 위원 18인을 선정하였으며, 토의사항에 들어가서는 청년동맹조직의 건에 들어가서 다가오는 월요일로 밀양청맹설립대회일을 정하고 아래의 위원 18인으로 설립준비위원으로 정하여 일체를 일임하기로 하고 기타사항에 들어서는 삼랑진 사형사건 조사위원 정광애 씨부터 전말을 보고할 때 임석경관이 상부의 명령이라고 중지시키므로 부득이 중지되고 있던 중 의장의 교섭으로 사실만을 보고키로 하여 그대로 하게 되고 그날 즉석에서 밀양 형평사부터 보고가 들어 왔는 바 그 사실은 밀양 산외면 화계리 거주하는 형평사원을 동민이 구타치상하여 생명이 위중하다는 보고가 있으므로 그 보고를 받아 조사위원을 파견하여 사실을 조사한 후에 방침을 정하기로 하고 폐회하였는데 조사위원 및 위원의 씨명은 다음과 같다.

▶위원 : 조용숙, 이건희, 이배근, 안병욱, 이학용, 서재석, 윤구암(윤차암?), 윤금하, 안민수

▶조사위원 : 안민수, 조용숙, 박병륜, 윤세주

며칠 후 밀양청년동맹이 1928년 7월 29일 창립되었다. 집행위원은 윤세주, 조용숙, 박고지, 이건희, 안민수, 이재근, 이배근, 안병욱이었고, 부서는 이전보다 세분되어 서무부·조직부·교양부·체육부·경리부·여자부·악대부·조사부로 늘었다.

1929년 청년동맹은 한해이재동포구제를 위해 성냥 행상까지 하면서 경남청년연맹과 함께 구제방책을 고민하였다. 하지만 경찰은 청년단체가 이 문제를 논의하는 것을 경계하고 회의에 안건으로 상정하는 것을 금지하였다. 정기대회를 개최할 수 없어 서면으로 업무를 처리하는 지경에 이르렀다.

그나저나 윤세주는 2년여 만에 활동을 접어야 하였다. 청년동맹 임시회의(1929. 7. 29.)가 회원의 나이 상한을 25세로 대폭 낮추었기 때문이지만, 지역문제의 해결에 의욕적인 청년이 많으므로 자신이 거기에 더 머물러 있을 수도 없었을 것이다. 새로운 집행위원장으로 안병욱, 집행위원은 이건희, 이재근, 박태수, 최원택, 안민수, 이상수, 형수곤, 노구현, 김해룡, 한봉고, 방은수가 선출되었다.

윤세주는 신간회新幹會에도 관여하고 있었다. 이 단체는 비타협적 민족주의 세력과 사회주의 세력의 민족협동전선으로 출발하였다. 3·1운동 이후 친일 세력이나 일부의 민족주의 세력이 식민통치의 틀 안에서 조선인의 정치적 권리를 일정 부분 확보하려는 타협적 방향으로 나아갔다.

이에 반대하여 민족해방운동 세력들은 절대독립의 원칙 아래 비타협적 정치투쟁을 전개하는 민족단일전선을 형성해야 한다는 인식을 공유하였다. 그 결실이 1927년 2월 15일에 창립된 신간회이며, 전국에 149개 지회, 4만 명의 회원을 가진 대규모 단체로 성장하였다.

윤세주는 신간회 밀양지회 창립에 적극적이었다. 1927년 12월 11일 지역유지 20여 명이 청년회관에 모여 지회설립을 가결하였다. 창립위원 16명은 다음과 같다(강민길, 2003).

윤치형, 박임수, **윤세주**, 정광호, 김병환, 황상규, 안병희, 윤상준, 박병기, 한일근, 김희지, 이건희, 조용숙, 이종하, 강덕수, 안준

드디어 1927년 12월 19일 신간회 밀양지회 제1회 정기대회가 임시의장 황상규의 사회로 회원 130명이 모인 가운데 개최되었다. 본부에서 온 정헌태가 신간회 취지를 설명한 후 본부 간사회의 승인을 얻은 회원 51명의 입회원서를 받았다.

이어서 신간회 본부 규약이 낭독되고, 지회 규칙이 통과되었다. 윤세주는 창립과정에 대한 경과보고를 하였고, 집행부는 다음의 임원을 선출하였다. 이들은 3 · 1운동, 의열단, 또는 밀양청년회에 관련된 인물이다.

(회장) 황상규 (부회장) 김병환
(총무간사) 안병희, 박임수, **윤세주**, 정광호, 박병기, 박도원, 김희지

그날의 토의사항은 두 가지였는데, 하나는 재만在滿동포옹호동맹을 만드는 일이었다. 무슨 일인가 하면, 1927년 12월에 일본이 만주滿洲의 모아산시에 안동(단둥)현 일본총영사관 본관을 설치하려 하였을 때, 이에 자극받은 중국인과 관원이 일본을 배척하는 운동의 하나로 조선인을 몰아내는 사태가 벌어졌다. 밀양지회는 재만동포옹호를 위한 상설조직을 결성하려 하였으나, 경관의 제지로 논의조차 못 하였다.

다른 하나는 밀주유림친목회 대책이었다. 밀주密州는 밀양의 옛 이름이다. 유림친목회는 봉건 구습을 옹호하고 친일로 기울어진 단체이

었으므로 4명의 조사위원(김병환, 윤세주, 손영도, 손기영)으로 하여금 12월 28일까지 철저히 조사하여 박멸하기로 하였다.

신간회 밀양지회는 며칠 후 1927년 12월 22일에 월례 간사회를 열어 3가지 사안을 결정하였다. 첫째, 본부대회 출석 대표 5명(황상규, 김병환, 안병희, 윤치형, 정광호)을 선정하였다. 윤세주와 박임수는 후보로 지정되었다. 둘째, 밀양군의 각 면에 선전대를 파견하여 본회 강령에 합치되는 여러 단체를 적극적으로 원조하기로 하였다. 셋째로 부서별 총무간사를 다음과 같이 선임하였다. 그들은 이틀 후 총무간사회가 각부 예산안을 편성하였는데, 회원 회비로는 충당할 수 없어 일반 사회의 찬조에 기댈 수밖에 없는 형편을 토로하였다.

(서무부) 박임수 (재정부) 윤치형 (출판부) 정광호,
(조사연구부) 김병환 (조직부) **윤세주** (선전부) 김희지

1928년 2월 들면서 신간회 밀양지회는 대외활동에 간부를 파견하거나 전국대회에 상정할 의안을 마련하였다. 윤세주가 부산에서 개최된 경남기자동맹 정기대회에서 신간회 홍보를 펼친 것에 대해서는 나중에 다룰 것이다. 본부에 상정할 안건으로는 다음 두 가지를 확정하였다.

1. 전 민족 각층 각 계급의 기성단체 가입을 실현함으로써 민족적 통일당이 됨을 구체적으로 완성할 것
2. 지회연합기관을 설치하여 각 지회와 본부 사이의 연락 관계를 한층 민활하게 할 것

창립 1주년 기념을 겸한 전국대회는 경찰의 금지로 열리지 못하고, 경남신간지회 설립도 무산되었다.

하지만 밀양지회는 4월 들어 지역 현안에 대해 적극적 해결을 모색

하였다. 첫째 현안은 국농소 소작쟁의였다. 국농소國農所는 낙동강변의 초동면과 하남면에 걸쳐있는 160여 정보의 미개발지를 일컫는다. 처음에는 일본인 두산만頭山滿에게 불하되었는데 그가 지방의 대지주였던 민병석에게 되팔았다. 인근 주민이 참여하여 개간했지만, 새로운 지주가 소작료를 징수하고 소작인을 변경하자 1927년에 기존 및 신규 소작인이 진정서를 제출하면서 분쟁이 일어났다. 신간회 밀양지회는 조사연구부(총무간사 김병환)의 조사·보고 후 해결하도록 방침을 정하였다.

둘째 현안은 신간회 경남도지회를 결성하는 일이었다. 황상규 회장은 4월 20일 경남지역의 8개 지회와 접촉하여 도지회를 결성하려 하였으나 경찰의 저지로 좌절되었다. 그 대신 울산, 양산, 밀양의 3개 지회가 소구회小區會를 조직하여 황상규가 의장을 맡았다. 이처럼 작은 구역 회의는 다음 해 신간회 복대표를 선출하는 기초가 되었다. 즉, 개개 지회마다 전국대회에 대표를 보내지 않고, 도내에서 인접한 몇 개의 지회가 소구회를 구성하여 한 명의 복대표를 뽑아 보냈다.

〈중외일보(1928. 8. 18.)〉

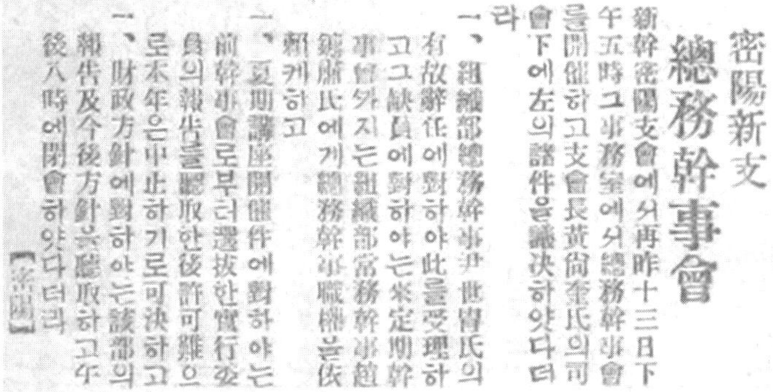

密陽新支
總務幹事會

新幹密陽支會에서再昨十三日下午五時그事務室에서總務幹事會를開催하고支會長黃尙奎氏의司會下에左의諸件을議決하얏다더라

一、組織部總務幹事尹世胄氏의有故辭任에對하야此를受理하고그缺員에對하야는來定期幹事會外지는組織部常務幹事趙鏞儞氏에게總務幹事職權을依賴케하고

一、夏期講座開催件에對하야는前幹事會로부터選拔한實行委員의報告를聽取한後許可難으로本年은中止하기로可決하고

一、財政方針에對하야는該部의報告及今後方針을聽取하고午後八時에閉會하얏다더라【密陽】

출처 : 대한민국 신문 아카이브.

신간밀양지회 총무간사회

신간밀양지회에서 지난 13일 오후 5시 그 사무실에서 총무간사회를 개최하고 지회장 황상규 씨의 사회 아래에 아래의 제건을 결정하였다.

— 조직부 총무간사 윤세주 씨의 유고사임에 대하여 이를 수리하고 그 결원에 대하여서는 다음 정기간사회까지 조직부 상무간사 조용숙 씨에게 총무간사직권을 의뢰하게 하고
— 여름철 강좌개최건에 대하여는 전 간사회로부터 선발한 실행위원의 보고를 청취한 후 허가가 어렵다 하므로 올해는 중지하기로 가결하고
— 재정방침에 대하여는 해당 부서의 보고 및 금후 방침을 청취하고 오후 8시에 폐회하였다.

윤세주는 신간회에 관여한 지 1년을 채우지 못하고 조직부 총무간사직을 그만두었다. 그 대신 부산에서 경남인쇄주식회사와 중외일보에 투신하여 항일언론에 본격적으로 전념하고자 하였다. 그의 사임에 따라 신간회 밀양지회는 1928년 8월 13일의 간사회에서 긴급 사안으로 간사 보선, 하기강좌 개최, 재정문제 등을 다루었다.

나중에 신간회는 창립 4년 만인 1931년 5월에 해산되고 말았다. 게다가 만주사변(1931. 9. 18.)의 여파로 1932년 초반까지 밀양지역은 밀양청년동맹을 비롯하여 사회운동계 전반에 몰아닥친 검거 열풍을 피할 수 없었다.

3. 항일언론의 봉화

언론 활동은 윤세주(윤소룡)가 오성학교 졸업 후 가장 하고 싶어 하던 일이었다. 그는 밀양 3·13만세시위를 주도한 다음 날 호외를 배포하였는데, 이것은 평소 준비해 두었기에 가능한 일이다. 다음의 신문

기사에서 '14일 장날에 보통학교 뒤에서 종이 깃발을 앞세우고'는 밀양공립보통학교 학생만세운동을 일컫는다. 이어서 '독립신문 남선지국장이라 자칭하는 윤소룡이 서명한 독립 호외를 만들어'라고 하였는데, 이 '독립 호외'는 무엇이며, 어떻게 만들어진 것일까?

〈매일신보(1919. 3. 17.)〉

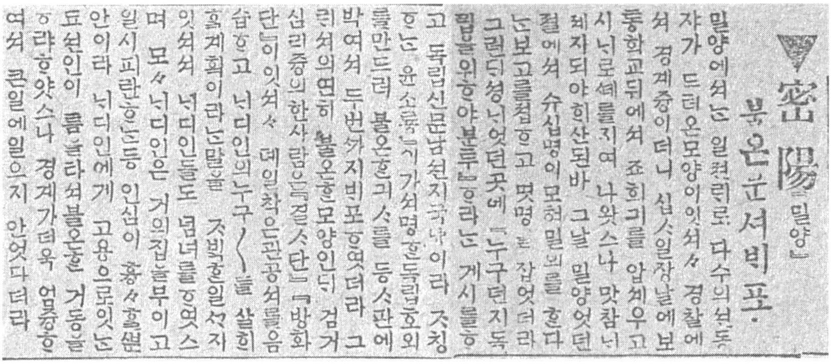

▼密陽「밀양」 불온문서비포

밀양에셔ᄂᆞᆫ 일젼릭로 다수의션동자가 드러온모양이잇셔々 경찰에셔 경계중이더니 십ᄉᆞ일장날에보통학교뒤에셔 죠희기를 압셰우고 시ᄂᆡ로떼를지여 나왓스나 맛참ᄂᆡ 졔지되야ᄒᆡ산된바 그날 밀양엇던 절에셔 슈십명이 모혀밀의를ᄒᆞᆫ다ᄂᆞᆫ보고를졉ᄒᆞ고 몃명을 잡엇더라 그런ᄃᆡ셩ᄂᆡ엇던곳에「누구던지독립을위ᄒᆞ야분투」ᄒᆞ라ᄂᆞᆫ 게시를ᄒᆞ고 독립신문남션지국댱이라 자칭ᄒᆞᄂᆞᆫ 윤소룡의 서명ᄒᆞᆫ독립호외를만드러 불온ᄒᆞᆫ긔ᄉᆞ를 등ᄉᆞ판에박여셔 두번ᄭᆞ지비포ᄒᆞ엿더라 그런셔의연히 불온ᄒᆞᆫ모양인ᄃᆡ 검거심리중의한사람은「결ᄉᆞ단」「방화단」이잇셔々 뎨일착은관공셔를음습ᄒᆞ고 ᄂᆡ디인의누구〳〵를 살ᄒᆡᄒᆞᆯ계획이라ᄂᆞᆫ말을 ᄌᆞᄇᆡᆨᄒᆞᆫ일ᄭᆞ지잇셔셔 ᄂᆡ디인들도 념녀를ᄒᆞ엿스며 모々ᄂᆡ디인은 거의집을부이고일시피란ᄒᆞᄂᆞᆫ등 인심이 흉々ᄒᆞᆯ뿐안이라 ᄂᆡ디인에게 고용으로잇ᄂᆞᆫ됴션인이 틈을타셔불온ᄒᆞᆫ 거동을ᄒᆞ랴ᄒᆞ얏스나 경계가더욱 엄중ᄒᆞ여셔 큰일에일으지 안엇더라

출처 : 대한민국 신문 아카이브.

불온문서 배포

밀양에서는 일전래로 다수의 선동자가 들어온 모양이 있어서 경찰에서 경계 중이더니 14일 장날에 보통학교 뒤에서 종이 기(깃발)를 앞세우고 시내로 떼를 지어 나왔으나 마침내 제지되어 해산된 바 그날 밀양 어떤 절에서 수십 명이 모여 밀의를 한다는 보고를 접하고 몇 명을 잡았다. 그런데 성내 어떤 곳에 '누구든지 독립을 위하여 분투'하라는 게시를 하고 **독립신문 남선지국장이라 자칭하는 윤소룡이 서명한 독립 호외를 만들어** 불온한 기사를 등사판에 박아 두 차례까지 배포하였다. 그래서 의연히 불온한 모양인데 검거심리 중의 한 사람은 '결사단', '방화단'이 있어서 제1착은 관공서를 엄습하고, 내지인의 누구누구를 살해할 계획이라는 말을 자백한 일까지 있어서 내지인들도 염려하였으며 모모 내지인은 거의 집을 비우고 일시 피난하는 등 인심이 흉흉할 뿐 아니라 내지인에게 고용된 조선인이 틈을 타서 불온한 거동을 하려 하였으나 경계가 더욱 엄중하여서 큰일에 이르지 않았다.

독립 호외는 조선독립신문, 독립신보, 대한독립신문 등 여러 지하신문에서 기사를 발췌하고 등사판에 박아 만들어진 간이신문이다. 1919년 만세시위가 서울에서 일어나자 조선독립신문이 시위 당일부터 6월 22일까지 제36호까지 발간되어 전국적으로 배포되었다. 이 지하신문은 밀양 3 · 13만세시위의 주요 압수 품목이기도 하였다.

윤세주는 어떻게 하여 호외號外형 간이신문을 제작할 기특한 생각을 가지게 되었을까? 아무래도 오성학교에서 비롯된 것 같다. 재학 기간 중 강사진에는 최창식 · 유근 · 주시경 등의 독립운동가가 있었다.

최창식(1892~1957)은 1918년에 재학생들에게 민족의식 · 독립주의 · 주인의식을 고취하다가 금고 1년 형을 선고받았고, 그 해 오성학교는 폐교당하였다. 모교가 강제로 문을 닫게 된 소식을 접하자 윤세주는 일제를 배척하는 사상에 더욱 젖었을 것이다. 최창식은 이듬해 3 · 1운동이 일어나자 학생들을 이끌고 탑골공원의 만세시위에 참여하였고 이때 윤세주도 가담하게 되지 않았을까?

독립 호외의 제작과 배포는 윤세주가 만세시위 이전에 일간신문이나 지하신문에 대해 상당한 정도 알고 있었음을 말해준다. 오성학교의 강사 중에는 그때 신문사에 몸담고 있었던 유근과 주시경이 있었다.

유근(1861~1921)은 1898년에 창간된 '황성신문'의 주필이었으며 세계의 강대국이 한국을 식민지 종속국으로 만들려고 하자 이에 대항하여 결성된 만민공동회 간부로 활동하였다. 주시경(1876~1914)은 현대 한글 체계를 정비하고 보급한 국어학자이며 '독립신문'(1896년 창간)에 소속되어 교보원校補員으로 일하였다. 윤세주가 능력을 발휘했을 등사기의 솜씨, 기사의 편집, 간이신문의 제작 등은 이때 익혔을 것이다.

윤세주는 만세운동의 지역적 확산을 위하여 1919년 3~6월의 수개월 동안 독립신문 경남지국장이 되어 3종 지하신문을 기사 편집 후 배포하는 방식으로 항일선전공작을 하였다(김영범, 2013 : 36-39).

언론 활동에 대한 윤세주의 관심은 출옥(1927. 2. 7.) 후 오래지 않아 재개되었다. 밀양에서 지역사회운동에 참여하는 한편 부산에서는 항일언론투쟁을 벌였다. 1928년 2월 4일 부산 대창정大倉町에 있는 국제관에서 70여 명이 참석한 가운데 경남기자대회 겸 경남기자동맹 제1회 정기대회가 열렸다. 그는 신간회 밀양지회 총무간사로서 이 대회에 참석하여 신간회 홍보를 펼치기로 하였다.

대회 이틀째 상정된 제3부 '당면문제'는 임석 경관의 "주의", "중지", "금지" 조치로 제대로 토의하지 못하였다. '신간회에 관한 건'(전민족적 총역량을 집중한 단일당 신간회를 적극적으로 지지할 것)이 토의 순서에 오르자 윤세주는 발언권을 얻어 '전 민족적 정치투쟁'에 관해 열변을 토하였다. 곧바로 경관이 제지하였고 그를 부산경찰서로 연행하였다. 대회 집행부가 교섭하여 그는 석방되었다.

하지만 삶이 아무리 힘들어도 좋은 일이 없지는 않았다. 윤세주는 1928년 12월부터 부산에서 경남인쇄주식회사 이사로 활동하였는데, 1929년 초 남선(용문)을 낳았다. 결혼 11년 만에 얻은 외아들이다. 남선의 출생일은 족보에 1월 14일, 호적에는 3월 11일로 기재되어 있다.

그 해에 부친의 칠순 잔치는 손주의 탄생으로 더욱 빛났을 것이다. 잔칫날 윤세주는 부친에게 권주가 〈잡으시오 잡으시오〉를 불러주지 않았을까?

잡으시오 잡으시오 이 술 한잔 잡으시오

이 술은 술 아니라 석달 열흘의 백하주요
이 술을 자시고 나면 늙도 젊도 아니 하고
만수무강 하옵소서

또한 모친은 깜찍한 손주를 어르면서 〈알강달강〉을 불렀을 것이다. 다음에서 '보늬'는 밤의 속껍질을 뜻한다.

알강달강 서울가서 / 밤 한 되를 얻어다가
단지 안에 넣놨더니 / 머리까만 생쥐가
들랑 날랑 다 까먹고 / 다만 한 개 남았는 거
껍데길랑 아비 주고 / 보늴랑은 엄마주고
알맹일랑 둘이 먹자 / 알강달강 알강달강

여기에서 '생쥐'의 소행이 예사롭지 않다. 당시는 국내 쌀생산량의 절반 이상을 일본으로 가져가고 부족한 식량을 만주에게 들여온 조, 수수, 콩 등 잡곡으로 메꾸던 눈물겨운 시절이었다.

윤세주는 1929년 9월부터 중외일보의 경영에 참여하였다(김영범, 2009). 3대 민족신문의 하나인 중외일보는 전년도 12월에 무기 정간을 당했는데, 그때 입은 재정적 타격으로 경남 의령의 부호 이우식(맏형 윤치장의 동서)에게서 15만 원을 출자받아 주식회사 체제로 개편되었다. 새로운 임원진을 구성하면서 사장에 부산의 안희제(1885~1943), 영업국장에 대구의 최윤동을 영입하였다.

윤세주는 영업국 서무부장직을 맡아 안희제의 대리인으로 실질적 경영자 역할을 하였고, 이육사는 최윤동의 추천을 받아 중외일보 기자로 활동하였다. 이 시기에 윤세주와 이육사는 돈독한 우정을 트고 항일투쟁 의지를 다졌을 것이다.

윤세주가 중외일보를 경영하며 항일의 필봉을 가다듬던 중 1930년

4월 12일 제5회 경남기자대회가 밀양읍성 내의 조일극장에서 개최되었다. 임시집행부를 선출한 후 축전과 축사를 이어갔다.

〈중외일보(1930. 4. 15.)〉

盛況으로 開幕된 慶南記者大會

—第一日의 經過—

◇…慶南記者大會會場光景

출처 : 대한민국 신문 아카이브.

성황으로 개막된 경남기자대회
–제1일의 경과–

제5회 경남기자대회를 경남의 명승인 밀양 영남루에 개최한다 함은 누누이 보도서항과 같거니와 예정과 같이 지난 4월 12일부터 밀양성내 조일극장(대회장소를 임시변경)에서 열게 되었다. 대회의 제1일인 12일 오후 3시가 되자 밀양악대의 청아한 주악으로 개회한 후 경남기자동맹 집행위원장 여해 씨의 개회사가 있고 준비위원 김귀동 씨로부터 대회의 경과보고가 있은 후 임시집행부로 의장 최천, 부의장 문석주, 서기 송빈우, 신주극, 사찰 정광호, 전이풍 등 제씨가 피선되어 각기 부서의 업무를 집행하게 되자 각지로부터 들어온 30여 통의 축문 축전을 낭독하였는데 부산청년동맹으로부터 발송한 축문을 비롯하여 4통의 축문 및 축전은 임석경관으로부터 압수당하였으며 내빈축사에 이르러 윤세주 씨의 의미 있는 축사는 중지를 당하고 노백용, 조형진, 박의정 씨 등의 열렬한 축사가 끝나자 최철용 씨로부터 전회록을 낭독하고 이어 각부의 보고가 있은 후 임원개선에 들어가 하진, 황웅도, 이종모, 최철용, 하청 등 5명을 선거위원으로 선거한 후 신재권, 조용수, 강대창, 이종모, 신주극 등의 의안작성위원을 선거하고, 오후 5시반이나 되어 제1일의 회의를 마친 후 밀양기자동맹, 밀양청년동맹과 근우밀양지회, 신간회밀양지회 등 각 단체의 초대로 성대한 연회가 있었으며 연회가 마친 오후 7시부터 밀양 각 단체와 ○○농악을 울리면서 밀양성내를 일주하였다. (경남기자동맹통신)

개선임원 : 강대창, 김장환, 황태도, 김귀동, 김희지, 여해, 하청, 신권○, 배종철 / 후보 : 김○, 이영만, 정순종

2년 전 부산대회에서 열변을 내뿜었던 윤세주는 이번에는 내빈으로서 '의미 있는 축사'를 하다가 임석경관에 의해 중지당하였다. 경남기자대회 또는 경남기자동맹(1928년)에서 발휘된 그의 변론과 웅변은 오성학교 시절부터 길러진 것이다. 그때 그는 토요일마다 변론실에서 웅변술을 연마하였고, 만해 한용운이 자주 찾아와 격려해 주었다고 한다.

그러나 불현듯 윤세주의 앞길에 불행의 그림자가 겹겹이 드리웠다. 1930년 9월 자신을 믿고 격려해 주던 부친 윤희규(1859~1930)를 여의었다. 부친은 관직을 선호하였으나 1910년의 국권 상실로 자신의 소망을 접었고, 만세운동과 밀양폭탄사건으로 장손과 막내아들이 체포되고 옥살이하는 것을 침통하게 지켜보지 않았나! 부친이 71세로 영면하자 윤세주는 그동안 끼쳐드린 심려를 뉘우치며 한탄하였다.

한 해 뒤 1931년 9월에는 황상규(1890~1931)마저 떠나보냈다. 그동안 의열단, 밀양폭탄의거, 청년회, 신간회에서 듬직한 후견인이 되어 준 분이 아니었나! 중앙의 신간회가 1931년 5월에 자체 결의로 해산된 데다가 만주사변(1931. 9. 18.) 후 모든 사회운동이 꽁꽁 묶이자 그는 병든 육신을 더 지탱하지 못하고 마흔의 짧은 인생으로 별세하였다. 윤세주는 의지할 곳 없는 외로움에 휩싸였다.

불행은 혼자 오지 않는 모양이다. 중외일보는 보급망의 확대와 항일 논조의 강화에 주력하였지만 1930년 1월부터 10월까지 110회나 기사 삭제 및 압수를 당하는 등 재정난이 좀처럼 호전되지 않았다. 1929년 이래 열정을 쏟았던 신문사가 1931년 9월 문 닫자 윤세주는 오열하고 말았다.

> "아, 절망의 수렁에서 마냥 허우적거릴 수는 없지.
> 어떻게든 빠져나와야 해!"

한편 중국 상하이上海에서는 한국독립당의 주석 김구가 한인애국단을 조직하여 1932년 4월 29일 윤봉길의 '홍커우공원의거'를 성사하였다. 윤봉길(1908~1932)은 '사기열전'의 형가가 그랬듯이 장부출가 생불환(丈夫出家生不還), 즉 '대장부가 집을 떠나 뜻을 이루기 전에는 살아

돌아오지 않는다'라는 글을 남긴 후 상하이로 망명하여 한인애국단에 가입하였다.

윤봉길은 "나는 적성赤誠[참된 정성]으로써 조국의 독립과 자유를 회복하기 위하여 한인애국단의 일원이 되야 중국을 침략하는 장교를 도륙하기로 맹서하나이다"라고 서약하고 사흘 후 의거를 감행하였다. 그것은 분명코 쾌거이지만 의열단이 과거 해왔던 그런 방식만으로는 민족혁명을 앞당길 수 없다는 것을 윤세주는 이미 깨닫고 있었을 것이다.

윤세주는 '아롱진 설움밖에 잃을 것도 없는 낡은 이 땅'에 더 머물 수가 없었다. 1932년 어느 봄날 홀로 중국 망명을 결심하였다. 노모에게 하직 인사를 올리면서 그는 속으로 기원하였다. '어머님, 만수무강하소서. 장사[대장부]가 한번 떠나면 다시는 돌아오지 못하리니(壯士一去兮 不復還), 무슨 일이 생기더라도 마음을 비우시고 덤덤하게 받아들이소서.'

무엇보다도 노모의 공양을 아내에게 맡긴 채 가족을 또다시 저버려야 했으니 가장 가슴 아팠을 것이다. 중국에서 생활 기반이 잡히는 대로 불러들일 것을 서약하면서 출옥 후 5년간의 '꽃 피고 바람 잔' 시절을 위안 삼을 뿐이었다. 그는 인천에서 배를 타고 중국 톈진天津으로 향하였다. 남편을 멀리 떠나보내는 하소악의 심금을 울려주는 밀양민요 〈기차 떠난 서울역에는〉이 있다.

> 기차 떠난 서울역에는 검은 연기만 남아 있고
> 배 떠나가는 인천 항구에 갈매기 부둣가 날아 든다
> 임이 떠난 밀양역에는 요내 모습만 울고 있네
> 가요 가요 나는 가요 당신을 따라 나는 가요

1937년 2월경 석정의 장조카 윤태선(윤차암)이 찍어준 사진이다. 하소악과 외아들 남선(용문)을 보여준다. 그때 남선(1929년생)은 보통학교 1학년이었다. 그해 봄 모자는 석정이 보내온 인편을 따라 중국 난징으로 들어갔다.

제3장

민족혁명의 길

〈윤세주열사 어록비(밀양 생가터, 2017)〉

밀양의 생가터(내이동 881번지)에 2017년 건립되었다. 의열단의 조선혁명간부학교 제2기 졸업식(1934. 4. 23.)에서 윤세주가 당부한 훈화가 새겨져 있다(본문 106쪽). 배경 왼쪽의 기와지붕은 윤세주 생가의 윗채이다.

조선 동포여, 그대들은 어이하여 유랑하며, 어이하여 망명살이하는가? 〈그리운 조선〉은 나라를 잃고 중국 대륙을 떠도는 수십만의 망명자가 부르곤 했던 노래이다.

조선 땅에 탯줄을 묻었건만
만리이역 중국 땅에서 자라났네
이역노두에서 유랑하는
겨레들의 처량한 모습
나라 잃은 가슴 찢는 설움이여

석정 윤세주는 망명자들을 거두어 항일투쟁을 이어가기 위해 1932년 봄 중국으로 건너갔다. 그가 어떤 방식으로 의열단에 복귀하였으며, 어떻게 민족연합전선을 구축하였는지 살펴보자.

1. 조선혁명간부학교 교관

석정은 중국 망명 이후 1932년 6~7월에 봉천(랴오닝성 선양)에서 이육사와 어울려 지냈고, 텐진天津과 베이징北京을 다녀오기도 하였다. 그런데 의열단 본부가 장쑤성 난징南京으로 옮아간 게 아닌가! 난징은 청나라가 신해혁명(1911. 10. 10.~1912. 2. 12.)으로 멸망한 후 새로 들어선 중화민국의 첫 수도이다. 장강(6,300km)을 통해 서쪽으로 내륙 깊숙이 우한武漢과 충칭重慶에 이르고, 동쪽으로는 상하이를 거쳐 바다로 진출할 수 있는 교통요지이다.

1932년 9월 이육사와 그의 처남 안병철과 더불어 석정은 난징에서 약산 김원봉을 만날 수 있었다. 그의 의열단 복귀는 제1차 국내특공거사(밀양폭탄사건)로 2년 이상의 실형을 받은 단원 10명 중 유일한 사례였다. 이때 석정이 약산에게 건넸다는 말은 다음과 같다.

> 나의 과거의 일생은 다만 나의 열정과 용기로써만 조선독립을 하려고 분투하여 왔었다. 그러나 현재는 나의 경험과 교훈에 근거하여, 단지 열정과 용기만으로는 목적을 도달하지 못한다는 것을 다시 각오하였다. 그러므로 지금 나는 나의 혁명적 인생관, 세계관 등 과학적 혁명이론으로 나의 두뇌를 재무장하여야 나아가 정확한 혁명운동을 추근推近[추진]할 수 있다.
>
> — 김약산(1943), '석정 동지 약사'.

이것은 '의열'에서 '민족혁명'으로의 궤도 전환을 말해준다. '식민지 조선의 민족문제를 세계사적 연관의 자본주의 경제체제 및 계급구조와 관련시켜 인식하고 분석하며, 민족독립운동도 그런 구도와 전망 속에서 거대 동력을 형성하여 혁명적 실천으로 나아가야 한다'는 사고를 담고 있다(김영범, 2013 : 81).

1932년 9월 25일 약산과 석정 일행은 난징 교외의 조선혁명간부학교로 이동하였다. 학교 운영은 의열단 간부가 주관하지만, 소요 경비와 장비는 중국의 지원에 의존하였다. 일제 추적을 따돌리기 위해 해마다 교실을 옮겼으며, 1935년까지 세 차례에 걸쳐 125명의 항일 투사를 양성하였다.

조선혁명간부학교		학교 위치	생도	비고
제1기	1932.10.20.~ 1933.4.20.	장쑤성 난징 교외 탕산 동쪽 선사묘 선수암	26	중국 국민당 군사위원회 간부훈련반이 있던 곳을 교사校舍로 써서 위장
제2기	1933.9.16.~ 1934.4.20.	장쑤성 강녕현 강녕진 증조사(해조사)	55	15명은 수료 직전에 김구의 요청으로 중앙군관학교 낙양분교로 전학
제3기	1935.4.1.~ 1935.9.30.	장쑤성 강녕현 상방진 천녕사 → 난징 중산문 밖 우수산	44	36명 졸업. 8명은 졸업 임박 시점에 이청천 휘하의 군관훈련반으로 보냄
	3년간	난징 교외	125	

출처 : 김영범(2013), 83쪽.

간부학교 제1기 개학에 앞서 교장 김약산은 석정에게 교관이 되어 줄 것을 요청하였으나, 그는 제2기 때부터나 그러자고 한사코 고사하였다.

> 조선(민족)혁명간부학교 제1기 개학 시에 교관이 되라는 우리들의 권고도 듣지 않고 자원으로 학생이 되었지만, 학생 시기에 그는 사실상으로 기타 학생을 영도하고 교육하는 공작을 하였다.
>
> – 김약산(1943), '석정 동지 약사'.

제1기의 교과목(담당교관)과 생도 명단은 다음 표와 같다. 정치과목은 김원봉의 철학, 한모의 정치학, 왕현지의 경제학, 김정우의 사회학 · 조직방법, 중국인 교관의 비밀공작법, 과외과목 등 일곱이었다. 왕현지와 김정우는 김원봉과 어울려 북경에서 레닌주의 정치학교를 운영했던 인물이다.

군사과의 경우 교관의 대부분은 황포군관학교를 졸업하였는데, 신악 · 김준 · 이동화 · 권준 · 노을룡 등은 난징지역의 중국군 부대의 장교였다. 교과목은 신악의 보병조전, 김준의 사격교범 등 11과목이었다.

조선혁명간부학교 제1기(1932. 10. 20.~1933. 4. 20.)		
	〈정치과〉	〈군사과〉
18과목 (13명 교관)	철학(진국빈=김원봉), 정치학(한모=안광천?), 경제학(왕현지=이영준), 사회학/조직방법(김정우=박건웅), 비밀공작법(중국인 협중용), 과외과목(중국어, 중국인 곽종령)	보병조전(신악), 사격교범(김준=김종), 진중요무령/측도/폭탄제조법/폭탄사용법/기관총조법/실탄사격(이동화), 축성학(권준), 부대교련(신악, 노을룡, 이명환=이철호), 위생학(이집중=이종희)
생도 26명 (다른 이름)	김공신(왕득해), 김대륙(양민산), 김세옥(김지광), 김수길(곽빈대), 김영배(박심룡), 김영재(김세일), 김천만(진암), 노석성(왕진명), 노철룡(최성장), 문길환(호영), 박준빈(한삭평), 신병원(류호), 신세철(조열), 안병철(서가중), 윤세주(석정), 윤익균(호평), 이무용(권병룡), 이복원(이상지), 이창하(진유일), 이화순(장진산), 이활(이육사), 정일명(정팔선), 지태선(진우삼), 최장학(진가명), ? (유복산), ? (장수정)	

출처 : 김영범(1997), 302, 304, 310, 311쪽.

생도는 26명이었다. 미국 육군사관학교를 졸업하였다는 이복원(1881~1950)이 가장 연장자였고, 다음이 석정이었다. 김영배, 문길환은 동래노동조합원이었고 신병원은 신간회 회원이었는데, 이들 셋은 김원봉의 처남 박문희가 모집한 인물이다. 이육사와 그의 처남 안병철은 석정의 권유로 함께 입학하였다.

1933년 4월 제1기의 생도는 모두 졸업하였고, 그중 7명은 간부학교에 교관 또는 교무보조원으로 남았다. 윤세주(석정), 김대륙(양민산), 김세일(김영재), 최장학(진가명), 이복원(이상지), 김세옥(김지광), 지태선(진우삼) 중에서 처음 4명은 제2기 또는 제3기의 교관을 역임하였다. 나중에 석정, 김대륙, 김세일, 최창학 등은 1938년에 창설되는 조선의용대의 기간요원으로 활동하였다.

이육사는 나머지 졸업생처럼 반일 조직을 세우는 임무를 띠고 파견되었다. 그는 상하이에서 헤어질 때 자기가 애지중지하던 도장[印]을 석정에게 주었다. 그 후 몇 해를 넘기면서 석정을 그리워하였는데[戀], 아래의 '연인기'戀印記를 읽으면서 이육사가 난징에서 어떤 재질의 도장을 구하였고, 거기에 무엇을 새겼으며, 자신의 분신처럼 여기던 그것을 왜 석정에게 주었는지 살펴보자.

◈ 연인기戀印記

이육사

옛날 글에 "인자仁者는 요산樂山[산을 좋아하다]하고 지자智者는 요수樂水[물을 좋아하다]"라 하였으나 내 일즉 인자仁者도 못 되고 지자智者도 못 되었으니 어찌 산수山水를 즐길 수 있는 풍격風格을 갖추었으리요만 무릇 사람이란 제각기 분수에 따라 기호나 애완愛翫하는 바 다르니 내 또한 어찌 애상愛賞하는 바 없으리요. 그러나 연기年紀장자丈者에 이르지 못하고 덕이 고인古人에 밎지 못함에 항상 신변쇄사身邊鎖事를 들어 사람에게 말하길 삼갔더니 이에 외람하게 내가 인印을 사랑하는 이유를 말하면 거기엔 남과 다른 한 가지 곡절이 있는 것이다.

그것은 인印이라고 해도 요즘 사람들이 관청이나 회사엘 다닐 때 아침 시간을 마쳐서 현관에 썩 들어서면 수위장守衛長 앞에서 꼭 찍고 들어가는 목각 도장이나 그렇지 않고 그보담은 한길 행세깨나 한다는 친구들이 약속수형約束手形에나 소절수小切手쯤에 찍어내는 상아나 수정에 새긴 도장도 아니다. 그렇다고 해서 옛날 사람들 같이 제법 수령방백守令方伯을 다녀서 통인놈을 다리고 다니던 인궤印櫃쪽이 나에게 있을 리도 만무한 것이라 적지않게 고이하기도 하나, 그보다도 이놈 인印이란 데 대한 풍속습관도 또한 여러 가지가 있었으니, 위선 먼데 사람들을 처보면 서양사람들은 '싸인'이란 것이 진작부터 유행이 되었는 모양인데 그것이 심하게 발달(?)된 결과는 소위 '싸인, 마니어'가 생겨서 유수한 음악가 무용가 배우 운동선수까지도 거리에 나서면 완전히 한 개 우상이 되는 것이지마는, 내가 말하려는 본의가 처음부터 그런 난폭한 아희兒戱[아이들의 장난]가 아니라 그렇다고 중국사람들처럼 국제간에 조약을 맺고 첨자簽字를 한다는 과도히 정중한 것도 역시 아니다.

일찍이 이 따에는 '수결'手結이란 형식으로 왼편 손에 먹을 묻혀서 찍은 일도 있고 '착함'着啣이라는 그보다는 매우 발전된 양식으로 성자姓字 밑에 자기 이름자를 대개는 어조魚鳥의 모양으로 상형화해서 그리는 법이 있었는데 이것은 가장 보편적으로 쓰였고 장구하게 쓰였으니, 이것보다도 앞에 쓰여지고 또는 문한文翰하는 사람들에게만 쓰여진 것 중에 '도서'圖書란 것이 있었으니, 그것은 글씨나 그림이나 쓰고 그리면 그 밑에 아호를 쓰고 찍었고 친우간에 시를 지어 보낼 때도 찍는 것이며 때로는 장서표로도 찍는 것이었다.

그런데 이 도서는 각수刻手나 도장쟁이에게 돈을 주고 새기는 게 아니라 시서화詩書畵를 잘하는 사람들이면 자기 자신이 조각을 한 개의 여발로서 하는 것이었으며, 사람에 따라서는 매우 정교한 조탁을 하는 이도 있었고, 또 이런 것이라야 진품이라고 하는 것인데, 그 시대에는 이런 풍습이 유행하기를 마치 구주歐洲[유럽]의 시인들이 한 가지 여기餘技로서 '데쌍' 같은 것을 그리는 게나 다름이 없었다.

그런데 이런 풍습이 성행하게 되면 될수록 인재의 선택이 매우 까다로웠다. 흔히는 박옥璞玉이라는 것이 많이 쓰였으나 상아나 수정도 좋은 것이고 아주 사치를 하려면 비취나 계혈석이나 분황석 같은 것이 제일 좋은 것인데 이것들 중에도 분황석은 가장 귀한 것으로 조선에서는 잘 얻지 못하는 것이다.

그런데 우리가 시골 살던 때 우리집 사랑방 문갑 속에는 항상 몇 봉의 인재印材[도장 재료]가 들어 있었다. 그래서 나와 나의 아우 수산군水山君과 여천군黎泉君은 그것을 제각기 제 호를 새겨서 제것을 만들 욕심을 가지고 한바탕씩 법석을 치면 할아버지께서는 웃으시며 "장래에 어느 놈이나 글 잘하고 서화書畫 잘하는 놈에게 준다"고 하셔서 놀고저운 마음은 불현듯 하면서도 뻔히 아는 글을 한번 더 읽고 글씨도 써보곤 했으나 나와 여천黎泉은 글씨를 쓰면 수산水山을 당치 못했고 인재印材는 장래에 수산水山에게 돌아갈 것이 뻔한 일이었다. 그래서 나는 글씨 쓰길 단념하고 화가가 되려고 장방에 있는 당화唐畫를 모조리 내놓고 실로 열심히 그림을 배워본 일도 있었다. 그러나 세월은 십이 세의 소년으로 하여금 그 인재印材에 대한 연연한 마음을 팽개치게 하였으니 내가 배우던 중용, 대학은 물리니 화학이니 하는 것으로 바꾸이고 하는 동안 그야말로 살풍경의 십 년이 지나갔었다.

그때 봄비 잘 오기로 유명한 남경의 여관살이란 쓸쓸하기 짝이 없는 것이라 나는 도서관을 가지 않으면 고책사古冊肆나 고동점古董店에 드나드는 것으로 일을 삼았다. 그래서 그곳서 얻은 것이 **비취 인장** 한 개였다. 그다지 크지도 않았건만 거기다가 **모시칠월장毛詩七月章** 한 편을 새겼으니, 상당히 섬세하면서도 자획이 매우 아담스럽고 해서 일견 명장의 수법임을 알 수 있었다. 나는 얼마나 그것이 사랑스럽든지 밤에 잘 때도 그것을 손에 들고 자기도 했고 그 뒤 어느 지방을 여행할 때도 꼭 그것만은 몸에 지니고 다녔다. 대개는 여행을 다니면 그때는 간 곳마다 말썽을 지기는 게 세관리들인데 모든 서적과 하다못해 그림 엽서 한 장도 그냥 보지 않는 연석들이건만 이 나의 귀여운 인장만은 말썽을 부리지 않았다. 그랬기에 나는 내 고향이 그리울 때나 부모형제를 보고저울 때는 이 인장을 들고 보고 칠월장七月章을 한 번 외워도 보면 속이 시원하였다. 아마도 그 비취인翡翠印에는 내 향수와 혈맥血脉이 통해 있으리라.

그 뒤 나는 상해를 떠나서 조선으로 돌아오게 되었고, 언제 다시 만날런지도 모르는 길이라 그곳의 몇몇 문우들과 특별히 친한 관계 있는 몇 사람이 모여 그야말로 **최후의 만향**晩餉[만찬]을 같이하게 되었는데, 그중 S에게는 나로부터 무엇이나 기념품을 주고 와야 할 처지였다. 금품을 준다 해도 받지도 않으려니와 진정을 고백하면 그때 나에겐 금품의 여유란 별로 없었고 꼭 목숨 이외에 사랑하는 물품이래야만 예의에 어그러지지 않을 경우이라, 나는 하는 수 없이 그 귀여운 비취인 한 면에다 "贈(증) S・一九三三・九・一〇・睦史(육사)"라고 새겨서 내 평생에 잊지 못할 하루를 기념하고 이 따를 돌아왔다.

몇 해 전 시골을 가서 어릴 때 문갑 속에 있던 인재印材를 찾으니 내 사백舍伯[맏형]께서 하시는 말씀이 "그것은 할아버지께서 일즉이 말씀하시길 너들 중에 누구나 시서화詩書畫를 잘하는 놈에게 주라 하였으나 너들이 모두 유촉遺囑을 저버렸기에 할 수 없이 장서인藏書印을 새겨서 할아버지가 끼쳐주신 서적을 정리해 주었다"는 것이다. 그리고 내 아우 수산은 그동안 늘 서도書道에 게으르지 않아 '도서'圖書를 여러 봉 작만했는데 그중에는 자신이 조각한 것도 있고 인면印面도 산고수장'山高水長'이라고 새긴 것과 '**五車書一爐香**'(오차서일노향)이라고 새긴 큰 인印은 거의 진품에 가까운 것이 있으나, 여천이 가졌다는 몇 개 안 되는 인印은 보잘 게 없어 때로 내형乃兄의 것을 흠선은 해도 여간해서는 제 소유를 만들 가망은 없는 것이고, 나는 아우 것을 흠선도 않으려니와 여간한 도서 개쯤은 사실로 내 눈에 띄우지 않는 것이나 화가 H군이 가지고 있는 계혈석에 반야경을 새긴 것은 여간 탐스러운 바 아니었지마는, H군으로 보면 그것은 세전지보世傳之寶라 나에게 줄 수도 없는 것이고 나는 상해에서 S에게 주고 온 비취인을 S가 생각날 때마다 생각해 보는 것이다.

지금 S가 어디 있는지 십 년이 가깝도록 소식조차 없건마는 그래도 S는 그 나의 귀여운 인印을 제 몸에 간직하고 천태산 한모퉁이를 돌아 많은 사람들 틈에 끼어서 강으로 강으로 흘러가고만 있는 것같이 생각된다. 나는 오늘밤도 이불 속에서 모시칠월장毛詩七月章이나 한 편 외워보리라, 나의 비취인과 S의 무양無恙을 빌면서.

출처 : 『조광』朝光 1941년 1월.

이육사는 난징의 골동품 가게에서 얻은 비취 도장에 '모시칠월장'을 새겼다. 그것은 『시경』詩經의 빈풍칠월편을 일컫는다. '빈'은 중국 주나라(1046~256 BC)의 조상이 살았던 땅이고, '빈풍'은 빈나라의 풍요, 즉 민요라는 뜻이다. '칠월편'은 매달의 농사일을 읊은 월령가이다. 석정에게 준 도장의 사면에는 다음의 글이 새겨져 있었을 것으로 짐작된다.

七月流火 (칠월유화)　칠월에는 대화성이 기울고
九月授衣 (구월수의)　구월에는 겨울옷을 준비한다네
一之日觱發 (일지일필발)　동지 되면 찬바람 불고
二之日栗烈 (이지일율렬)　섣달에는 추위 닥치니
無衣無褐 (무의무갈)　겨울옷 없다면
何以卒歲 (하이졸세)　어찌 해를 나겠는가
三之日于耜 (삼지일우사)　정월에는 보습을 닦고
四之日擧趾 (사지일거지)　이월에는 밭 갈러 가네
同我婦子 (동아부자)　아이를 데리고 아내는
饁彼南畝 (엽피남료)　남쪽 밭에 들밥을 내가니
田畯至喜 (전준지희)　농사짓는 이들은 이를 기뻐한다네

이것은 인생의 대단한 지혜나 교훈이 못 된다. 그저 봄이 오면 밭을 갈아 그해의 겨울을 준비한다는 농부의 소박한 일상이다. 그러나 1930년대 대공황의 여파로 빈곤에 시달리는 망국인에게는 꿈같은 소망이었을 것이다. 그들이 헤어지기 직전 '최후의 만향'[만찬]에서 이육사는 칠월장이 새겨진 비취 도장을 석정에게 선사함으로써 언젠가 이루게 될 소박한 꿈을 서로 나누었다. 이육사가 고향이 그리울 때 모시 칠월장을 외었다고 하니, 이것은 '고향의 봄'(1929년, 이원수 작사, 홍난파 작곡) 같은 것이었나 보다.

조선혁명간부학교 제2기는 1933년 9월 중국 장쑤성 강녕현 강녕진의 증조사曾祖寺(해조사海祖寺)에서 열렸다. 교실을 난징 교외의 다른 장소로 옮겨 일본제국의 추적을 따돌렸다. 교과목은 이전의 18과목에서 24과목으로 늘었지만, 교관은 13명에서 11명으로 오히려 줄었다.

조선혁명간부학교 제2기(1933. 9. 16.~1934. 4. 20.)		
24과목 (11명 교관)	〈정치과〉 *조선정세(김원봉), 경제학/*세계정세/당조직문제(왕현지=이영준), *유물사관/*각국혁명사/*중국혁명사/*조선운동사/*의열단사/당조직문제(석정=윤세주), 정보학(조빈=김병태), *삼민주의(유모), *변증법(?), 사회과학(?)	〈군사과〉 보병조전(신악), *전술학(김준=김종), 간이측량학/사격교범/축성학(이상지), 진중요무령/폭파교범(양진곤), *야간연습/기관총학(김세일), *교통교범(?), 담당과목 미상(진유일=이창하)
생도 55명 (다른 이름)	강영직(강영정), 김구영(김해철), 김기형(김창룡), 김낙제(김용수), 김방우(옥수산), 김성식(조용구), 김승곤(황민), 김애관(김상헌), 김영렬(백일정), 김영제(허금산), 김운도(김용도), 김일곤(문명철), 김재호(호건), 김찬서(김만종), 김홍도(석문룡), 박은석(신홍개), 변창유(송문욱), 서만성(박순호), 신성봉(장평산), 안세웅(류세영), 안정득(김용득), 오용성(왕위국), 윤공흠(이철), 이규열(이문화), 이무영(양휘), 이상훈(이지강), 이원대(마덕산), 이정순(왕현순), 이진영(우자강), 이창만(김창만), 전갑성(철주), 전형렬(왕남해), 정부은(정율성), 정해룡(노숭도), 채동룡(손정걸), 채문수, 천경이(조황), 최영석(유민), 최지영(정태원), 하봉우(하진동), 홍가륵(홍웅기), 홍순관(강진세), ?(관건), ?(김기정), ?(김천복), ?(반치중), ?(왕걸), ?(왕수의), ?(왕작림), ?(이명선), ?(주세민), ?(진명산), ?(진의산), ?(필영수), ?(오균)	

출처 : 김영범(1997), 302, 305, 311, 312, 313쪽.

정치과의 김원봉과 이영준, 군사과의 신악과 김종 등 4명만 남고 나머지 교관은 전원 교체되었다. 새로 합류한 정치과 교관은 조빈과 석정이다. 조빈은 와세다대학 출신으로 정보학을 맡았다. 석정은 신설과목(*표) 중 유물사관, 각국혁명사, 중국혁명사, 조선운동사, 의열단사, 당조직문제를 담당하였는데, 주로 혁명가의 정신 함양에 관련된 과목이다. 의열단사에서는 신채호(1880~1936)의 '조선혁명선언'(1923년)이 중요하게 다루어졌을 것이다.

김구金九의 요청으로 생도 55명 중 15명(밑줄 표시)을 수료 직전에 중앙군관학교 낙양분교(교장 장개석)로 전학시킨 것을 보면 우익진영과 협조 관계가 원만하였던 것으로 보인다.

석정은 졸업생 관리와 특파 공작원의 임무부여 등을 도맡았다. 제2

기 졸업식(1934년 4월 23일)에서 다음과 같이 훈화하였는데, ‘ ’ 부분은 〈윤세주열사 어록비(밀양 생가터, 2017년)〉에 새겨져 있다(본문 96쪽 참조).

> 지난 투쟁사를 돌이켜 볼 때 우리 동지들의 희생은 매우 큰 것이었습니다. 그 희생은 지도 및 투쟁 수단의 졸렬함에 기인한 바 많았으니, ‘제군의 선배 중에는 교수대의 이슬로 사라진 이 적지 않았고, 이들 선각자들은 우리 민족운동의 존귀한 희생자가 되었습니다. 이들 영령을 위로하는 의미에서도 몸을 던져 혁명운동에 매진할 각오와 신중한 수단이 요구되니, 제군은 동지를 위하여 혁명을 위하여 죽었다고 말해짐을 두려워하지 마십시오.’
>
> – 김영범(2013), 91쪽.

여기에서 ‘우리 동지들의 희생은 매우 큰 것’이라 함은 제1기의 26명 중에서 일본 경찰에 체포되지 않고 활동 중인 자가 10명에 지나지 않기 때문이다. 파견된 동지 중에서 노철룡, 김수길, 이창하, 정일명, 유복산 그리고 교관 또는 교무보조원이었던 김세일, 석정, 김대룩, 최창학, 이복원 등 손꼽을 정도였다(김영범, 1997 : 333쪽). 석정은 임지로 떠나는 졸업생에게 일일이 자중자애[자신을 소중히 여기고 아낌]를 훈시하였다.

> 각자 자중자애自重自愛하고, 단의 혁명공작에 신명을 바쳐 분투노력하라. 감정에 지배되지 말 것이며 경거망동해서도 안 된다. 희생을 크게 함은 단의 힘을 죽이는 것과 같다.
>
> – 김영범(2013), 92쪽.

제2기 졸업생 중 정율성(=정부은), 호건(=김재호), 이규열, 이상훈, 이정순, 최영석 등 스물두 명도 조선의용대에 입대하여 항일투쟁의 제1선에 섰다.

정율성(1914~1976)은 졸업 당시에 나이가 어려 배치를 받지 못하고 조선혁명단체 초대소에 잔류하였다. 그는 일찍부터 성악, 만돌린, 바이올린 등 음악에 재능을 보여 선율로써 민중의 심정을 그려내겠다는 의도에서 자신의 이름을 '부은'富恩에서 '율성'律成으로 고쳤다. 나중에 '옌안延安 송가'(1938년), '팔로군 행진곡'(1939년), '조선의용군 행진곡'(1943년) 등을 작곡하여 중국에서 숭앙받는 음악가가 되었다.

조선혁명간부학교 제3기는 교실이 중국 장쑤성 강녕현 상방진 천녕사天寧寺이었으며, 나중에 난징 중산문 밖 우수산으로 옮겼다. 학기 중에 의열단이 해체되고 민족혁명당이 창립(1935. 7. 5.)되자 반대 의사가 없는 의열단원은 민족혁명당원이 되고, 간부학교 학생도 당원으로 활동할 수 있었다.

조선혁명간부학교 제3기(1935. 4. 1.~1935. 9. 30.)			
	〈정치과〉	〈군사과〉	〈*자연과학과〉
36과목 (15명 교관)	경제학(왕현지=이영준), 유물론철학/사회학/*세계경제지리(석정=윤세주), 정치학/당 조직과 선전(양민산), *정치경제학(이명선), 정보학/중국혁명사(반해량=이춘암), 각국혁명사(김영주=김상덕), 유물사관/*한국역사(김두봉), *한글(김두환)	사격교범/전술학/*도상전술(김준), *군제학(신악), 보병조전/기관총해부학/야외연습(김세일), 진중요무령/실과교련(오균), 야간교육(하진동), *군대내무와 육군예식/*지형학/축성학/기관총학/군사간이측도(이모), *유격전술(?), *대외근무(?), *야간근무(?)	대수(방모), 기하(이모), 물리/화학(왕현지=이영준), 한국지리(김두봉), 만주지리(김영주=김상덕)
생도 44명 (다른 이름)	김근복(마륜), 김득수(왕인준), 김순곤(장경지), 김완식(등훈), 김창규(왕극강), 김탁(왕통), 김규칠(한성국), 박성률(료천택), 송은산(여승삼), 신해룡(장원복), 안순영(방천민), 안이돌(유영청), 오형모(장태명), 이성근(조소향), 이정순(한대성). 이호석(장작민), 임봉순(송광), 임인준(진원중), 장도성(서각), 장지갑(마세달), 전영길(김영길), 최경응(진경광), 한석규(무호), 함영식(왕춘수), ? (대천덕), ? (마춘식), ? (문우일), ? (석성재), ? (송동욱), ? (양청), ? (왕명수), ? (왕지옥), ? (우명덕), ? (이인추), ? (임상수), ? (장목하), ? (장태산), ? (정국현), ? (주운룡), ? (진국화), ? (진종한), ? (진학동), ? (호유백), ? (황인진),		

출처 : 김영범(1997), 302, 305, 306, 313, 314쪽.

교관은 정치과에서 왕현지와 석정, 군사과에서 김준과 김세일(김세광) 등만 남고 전부 교체되었고 이전의 11명에서 15명으로 보강되었다. 신규 교관 중 이춘암은 황포군관학교 출신의 중국군 장교이고, 김두봉과 김상덕은 각각 한국독립당과 신한독립당의 간부였으며, 하봉우(하진동), 이명선, 오균은 제2기 졸업생이다.

교과목은 이전의 24과목에서 36과목으로 늘었다. 자연과학과가 신설되는 등 신규과목은 군사과에 많았지만, 정치과에도 세계경제지리, 정치경제학, 한국역사, 한글이 새로 개설되었다. 석정은 세계경제지리를 맡았으며, 이것은 나중에 『민족혁명』 제2호(1936. 4. 15.)에 게재된 '국제정치의 기본 동력과 종국적 추세'를 작성하는 기초가 되었을 것이다.

생도 44명 중에서 36명은 6개월간 교육을 모두 마치고 졸업하였고, 나머지 8명은 졸업 임박 시점에 우익진영 이청천의 군관훈련반으로 보내어졌다.

2. 민족혁명당의 출범

만주사변(1931. 9. 18.) 이후 일본제국이 중국의 동북지역을 점령하자 그곳의 독립운동단체는 중국 관내로 이동하였다. 관내關內는 만주를 제외한 중국 본토를 일컫는다. 좌익 또는 우익의 정당이 역량 결집을 위해 통일전선운동을 전개함에 따라 1932년 10월 25일 상하이에서 한국대일전선통일동맹韓國對日戰線統一同盟이 결성되었다.

1934년 제2차 대표대회에서 피선된 여섯 명의 상무위원을 보면, 송병조 · 김두봉(한국독립당), 김규식(대한독립당), 최동오(조선혁명당), 윤기섭(신한독립당), 윤세주(의열단)이었다. 이들 상무위원은 개별적 단체에게 '대동단결체' 조직에 관한 방안과 강령 정책의 초안을 제출하도록 알렸다.

한국대일전선통일동맹 중앙집행위원회 통고문

민국 16년(1934년) 3월 1일 本盟 제2차 대표대회에서, 목하 우리 운동의 비상정세에 감하여 내외 각지에 분립한 우리들의 가장 완전한 **대동단결체** 조성에 관한 방안을 토의할 필요가 있음을 인정하고, 각 혁명 단체에 제의할 것을 결정하고 다음과 같이 결의함.

(1) 기일은 내년(1935년) 3월 1일 이전으로 한다.
(2) 장소는 동맹 집행위원회에 일임하여 결정한다.
(3) 대표의 人數는 각 단체마다 3인 이내로 한다.
(4) 대표의 권한은 '가장 완전한 대동단결체'를 조직하는 방안을 토의 결정하는 全權으로 한다.
(5) 본 제의에 동의하는 단체가 반드시 제출해야 할 의견은 다음과 같음. ① 가장 완전한 대동단결체를 組成하는 데에 관한 방안. ② 該 代表會의 결정하는 방안에 의하여 성립시킬 단체의 주의 · 강령 · 정책 등에 관한 초안.
(6) 경비는 대표의 왕복 여비 및 숙박비는 각자 단체의 부담으로 한다. 회비는 본맹에서 籌辦한다.
(7) 제의를 보낼 수 있는 단체는 본맹에서 査定한다.

이상에 대한 貴 團體의 결정적 答覆을 속히 送付하시압.
단기 4267년(서기 1934년) 4월 12일
한국대일전선통일동맹
중앙집행위원회
상무위원 : 송병조 · 김백연(두봉) · 김중문(규식) · 최동오 · 윤기섭 · 윤세주(石正)
각혁명단체 貴中
통일동맹조직단체 貴中

출처 : 독립운동사편찬위원회 편(1975), 『독립운동사』 제4권 임시정부사, 730~731쪽; 국사편찬위원회, 대한민국임시정부자료집 37권 https://db.history.go.kr

1935년 2월 제3차 대표대회에서도 석정 윤세주는 선전부 상무위원으로 피선되었다.

〈신한민보(1935. 4. 4.)〉
한국대일젼선통일동맹 데3차 대표회

> 남경 래신에 의하면 지난 2월 25 · 26 량일에 긍하야 중국 모디에셔 본 동맹의 제3차 대표대회를 열엇는대, 출셕한 대표는 한국독립당 대표 김 · 리 2인, 조션의렬단 대표 김 · 민 · 셕 3인, 조션혁명당 대표 최 · 김 2인, 신한독립당 대표 리 · 윤 · 셩 3인, 하와이 대한인국민회총회 위임대표 김 1인, 공합 11인 인바, 그 회의의 듀요 결의안건은 각 혁명단톄 대표대회를 연기하야 금년 6월경에 기회하기로 함과 집횡위원 9인을 션거함인데 상무위원으론 조직부에 김학규, 션젼부에 셕정, 비셔부에 김빅연, 군사위원회에 리청쳔, 경리위원회에 최동오, 외교위원회에 김듕문 졔씨이라더라.

출처 : 국사편찬위원회, 대한민국임시정부자료집 37권, https://db.history.go.kr

석정은 1935년 6월 20일~7월 3일 난징에서 개최된 조선혁명단체대표대회 예비회의 및 본대회의 의열단 대표로 참석하였으며, 신당창립 대표위원회 위원이었다. 최유력 단체인 한국독립당을 끈질기게 설득하여 동참하게 함으로써 통일신당의 결성은 급물살을 탔다.

드디어 좌 · 우익을 아우르는 민족혁명당이 1935년 7월 5일 창립되었다. 금릉대학(난징대학) 대례당에서 결당식을 갖고 창당 선언을 하였다. 3대 혁명 원칙은 다음과 같다.

> 1) 일본제국주의의 침략세력을 무너뜨리고 우리 민족의 자주 독립을 이룬다.
> 2) 봉건제도 및 모든 반혁명세력을 숙청하고 진정한 민주공화국을 건립한다.
> 3) 소수가 다수를 착취하는 경제제도를 없애고, 우리 민족 각자의 삶이 평등한 경제제도를 건립한다.

이 원칙은 의열단 강령(1926년)이 거의 그대로 원용된 것이다(김영범, 2023 : 45). 윤세주는 당의 핵심 요직인 중앙집행위원(김규식, 조소앙, 이청천, 최동오, 김두봉, 윤기섭, 신익희, 윤세주 등 15인)으로 선출되었으며, 당무 실행부서인 중앙서기부(서기장 김원봉) 부원과 선전부원을 겸직하였다.

조선민족혁명당 창당 당시 임원(1935. 7. 12.)

中國 南京에서 韓國對日戰線統一同盟의 주도로 개최되었던 各革命團體代表大會의 결의로 義烈團 · 韓國獨立黨 · 朝鮮革命黨 · 新韓獨立黨 · 大韓獨立黨의 統合政黨인 民族革命黨이 創黨되다. 이날 各 團體 代表들은 결당식을 거행한 후 다음과 같이 任員을 선출하다.

一. 役員

中央執行委員 – 定員 15名

金元鳳(金若山) · 金白淵(金科奉) · 金奎植(金仲文) · 尹琦燮 · 崔東旿 · 李靑天(池大亨) · 石正(尹世胄) · 金學奎 · 趙素昂(趙鏞殷) · 陳義路 · 金活石 · 崔錫淳 · 李貫一(李永衡) · 李光濟(辛公濟) · 申翼熙(王海公)

同候補委員 : 定員 5名

成周寔(成駿用), 姜昌濟(姜華祖), 朴昌世 外 2名

中央檢査委員 – 定員 5名

梁起鐸, 洪震(洪晩湖[悟]), 韓一來(千炳日), 鄭鶱(鄭籃田) 外 1名

同候補委員 : 定員 2名

金秋堂(金昌煥) 外 1名

二. 各支部長

上海支部長 金弘敍, 南京支部長 金科奉, 抗州支部長 尹琦燮, 廣東支部長 尹逸民, 四川支部長 崔錫淳, 滿洲支部長 金學奎

三. 黨務委員

서기부 부장 金元鳳, 부원 石正 · 金尙德 외 1名

조직부 부장 金科奉, 부원 金學奎 · 安一靑 · 崔錫淳

선전부 부장 崔東旿, 부원 申翼熙 · 成周寔

군사부 부장 李靑天, 부원 金昌煥 · 尹琦燮 외 1名

국민부 부장 金奎植, 부원 趙素昂 외 2名

훈련부 부장 尹琦燮, 부원 3名

조사부 부장 李光濟, 부원 陳一吾 외 2名

■ 朝鮮總督府 高等法院 檢事局 思想部, 『思想彙報』 제7호, 1936. 6., 45~47쪽.

출처 : 국사편찬위원회, 대한민국임시정부자료집 37권 https://db.history.go.kr

민족혁명당의 조직체계는 중앙집행위원회 아래에 서기부, 조직부, 선전부, 군사부, 국민부, 훈련부, 조사부를 두었고 지역에는 지부, 구부, 조를 두었다. 지부는 화중, 화남, 화동, 화서, 화북, 동북, 조선 등 일곱이었다.

석정은 조직 강화를 위해 동분서주하였다. 1935년 늦가을 화남지부의 광둥성 광저우廣州로 간 것도 그런 노력의 하나였다. 그곳의 한인 청년에게 신당의 강령을 소개하고 지지와 입당을 호소하였다. 많은 청년이 입당원서를 냈는데, 이화림(1905~1999)은 당일의 석정을 다음과 같이 회고하였다.

> 1935년 늦가을의 어느 날, 조선인 혁명가들의 모임에 참가했던 나는 광주로 온 의열단의 유명한 인물 석정을 처음으로 만나게 되었다. 나는 벌써 조선에 있을 때부터 윤세주의 이름을 익히 들었고 그를 김구 선생 못지않게 숭배하여 왔었다. 그때 석정은 그해 7월 의열단, 흥사단, 조선독립당 등 7개 혁명단체가 연합하여 남경에서 세운 조선민족혁명당의 파견을 받고 조직확대사업을 나왔던 것이었다. 석정은 이 새로 세워진 당의 강령에 대해 해설하고 일제침략자들과 싸우려는 조선청년들이라면 이 당에 가입할 것을 열렬히 호소하였다.
>
> – 권오근(1987), 228–229쪽.

이화림은 그때까지 '이 주의主義요, 저 주의요, 이 파派요, 저 파요 하는 데 신물이 나' 있었다. 사상통일과 단결을 표방하는 민족혁명당에 곧바로 입당원서를 냈고, 남편의 동의를 얻지 못하자 스스로 다짐하였다.

> 내가 한국에서 천신만고 끝에 중국에 온 건 작은 가정의 행복을 위한 것도 아니고, 내 개인의 원한을 위해서도 아니었다. 내 심장을 불태우고 있었던 것은 한국인의 해방이었다. 나는 조국을 위해 개인의 모든 것을 포기할 수 있었다.
>
> — 장찬제 · 순징리(2015), 210쪽.

그녀는 남편과 헤어진 후 난징에서 부녀대의 박차정 대장 아래 부대장이 되어 활동하였다. 나중에 우한 · 구이린 · 충칭 · 태항산 등 험준한 지역을 돌며 조선의용대를 지켰다.

석정은 민족혁명당의 단결과 통일을 위해 진력하였다. 1935년 10월 민족혁명당 훈련부장 및 당 군관특별훈련반 교관직을 수임하였다. 1936년 9~11월 광저우廣州로 가서 민족혁명당 화남지부의 반당 사태를 수습하였으며, 1937년 1월 민족혁명당 제2차 전당대표대회에서 중앙집행위원으로 재선되고 신설된 자금위원회의 주임직을 수임하였다.

위의 사진은 민족혁명당의 일부 당원을 보여준다. 왼쪽부터 신악, 윤세주, 박기성, 이진영이다. 신악(1893~1941)은 황포군관학교를 졸업(1926년)한 후 조선혁명간부학교 교관이 되었으며 나중에 조선의용대 부대장으로 활동하게 된다. 박기성(1907~1991)은 중국육군사관학교를 졸업(1937년)한 후 4년간 한국청년전지공작대를 서안西安에 두고 적후방공작을 펼쳤다. 이진영(1907~1951)은 조선혁명간부학교를 제2기로 졸업(1934년)한 후 의열단 및 조선의용대에 들어가 활동하였다.

석정은 민족혁명당 창당의 한 주역인 동시에 당내 최고 이론가이었다. 당의 기관지 『민족혁명』 창간호(1936년)에 석생石生이라는 필명으로 '우리 운동의 새 출발과 민족혁명당의 창립'(우리 運動의 새 出發과 民族革命黨의 創立)을 실었다.

민족혁명 창간호(1936년 1월 20일) 목차
• 創刊辭
• ○○革命黨 黨義 · 黨綱 · 政策
• 우리 運動의 새 出發과 民族革命黨의 創立
• 1936年의 世界展望
• 送舊迎新을 際하야 同志들에게 告함
• 滿洲消息
• 朝鮮革命은 朝鮮血로

여기에서 그는 역사 인식의 특수성과 보편성, 좌우익 민족운동에 대한 이해와 비판, 바람직한 민족운동의 방향을 다루었다. 시대적 배경에 대한 지식이 없으면 이해하기 어려운 부분도 있지만, 다음의 글에서 ▒▒▒ 부분을 유의하여 읽으면서 괄호 속에서 적절한 하나를 골라보자. (→ 답은 122쪽)

1. 우익 특수주의를 비판하였다. 보수적 민족주의자는 (특수, 보편)적인 역사발전에 대한 인식이 부족하다. 민족의 진로를 수립함에 있어서 세계사적 법칙의 공통성을 받아들이지 못하고 주관적이고 비과학적인 관념론에 빠져있다.

2. 좌익 교조주의도 배격하였다. 조선의 식민지적 (특수성, 보편성)을 몰각한 채 러시아의 경험을 우리 현실에 그대로 적용하는 잘못을 범하고 있다. 석정은 중도좌파의 입장에서 민족혁명당이 진보적 민족주의운동의 강력한 구심점이 되기를 바랐다.

◈ 우리 운동의 새 출발과 민족혁명당의 창립[3)]

석생

1. 우리 운동의 새 출발과 그 이론적 기초

오랫동안 침울한 우리 운동의 실천적 경험과 주위에 전개된 세계적 사정은 지금 우리 운동으로 하여금 새 길에서 출발하게 하고 있다. 이에 따라 우리의 이론적 기초도 종래의 공허한 관념적 수금囚禁[가두어 둠]에서 과학적인 실제의 평원으로 해방되기에 이르렀다.

우리 운동의 이러한 새 출발의 이론적 기초를 정확히 인식하기 위해 먼저 과거에 있어서의 이것의 오류를 인식할 필요가 있다. 환경의 변화와 자체의 무중심無中心은 그동안 우리들의 혁명사상에 잡다한 파문을 불러일으켰으나 이것은 대체로 두 가지 부류, 즉 좌우 양 조류로 개괄되고 있었다. 아래에 양 조류의 이론적 근거를 비판하고 오류를 지적하고자 한다.

민족적 개별성에 신비적으로 유착하여 이것이 내포한 세계적 법칙의 공통성을 거부함으로써 영구한 민족적 진로를 과학적 법칙에서 설정하지 못하고 오직 운명적 투기방법으로 당면의 본능전本能戰을 일삼고자 한 것은 우익사조의 공통적 오류이었다.

물론, 우리 민족은 역사적 전통에서 또는 현재의 환경에서 다른 제 민족과는 차별적 특수성을 가지고 있다. 그러나 이 차별적 특수성은 그 본질에 있어서 다른 제

---

3) 원문은 국사편찬위원회 : 대한민국임시정부자료집 37권, 민족혁명 창간호(1936년 1월 20일) https://db.history.go.kr에서 볼 수 있다.

민족의 역사적 발전의 법칙과 구별될 수 있는 신비적인 것도 아니며 독자적인 것도 아니다. 이것은 인류사회발전의 일원적 법칙에 제약되고 있는 제 민족과 같은 궤도의 발전을 밟고 있지 않을 수 없다. 이는 차별적 특징을 가진 개인이 인류 일반의 생존법칙에서 구별될 수 없는 점과 마찬가지이다.

그러므로 우리는 우리 민족의 현실적 차별성을 정확히 인식하는 동시에 또한 이것을 세계적 법칙의 척도에서 검측檢測하여 그것이 내포한 본질을 파악하지 않으면 안 될 것이다. 이와 같은 인식의 기초 위에서만 비로소 우리 민족의 영원한 평화와 합리적 생존을 위한 정치적 방향의 의식적 지도指道가 가능할 것이다. 만일 이에 반하여 차별적 현상에 신비적으로 유착하여 세계적 법칙에 대한 격리주의로서 독자적 맹진盲進을 하려 할 때 우리 민족은 세계적 진화에 영원한 낙오자가 될 뿐만 아니라, 현재의 선진 제 민족이 그 자연적 진화과정에서 밟고 있는 죄악의 모순을 반복하지 않을 수 없을 것이다. 그러므로 이러한 우익 일류의 신비적 차별주의 사상은 그 집요한 신앙적 정열이 과거 우리 운동의 당면적 운명전運命戰에 있어서는 비장한 공적을 적지 않게 남겼지만 그 실천적 의지가 영원한 진리의 법칙에 과학적으로 관철되지 못한 점에서 그 이론은 혁명의 본의本義에 부합될 수 없게 되었다.

다음으로, 우익의 이러한 신비적 차별사조의 반발로서 발생한 좌익 일류의 사조는 공식적 법칙의 기계적 모습模襲에 의해 구체적 차별성을 도말塗沫(지워 없애다)함으로써 민족적 발전에 대한 현실적 임무를 몰각하려 하였다.

그러나 보편법칙의 과학성은 개별적 구상성具像性의 총괄적 내용에서 추상抽象되는 점에 있다. 만일 이에 반하여 개별적 구상성을 무시한 보편적 법칙이 있다고 한다면 이것은 실재성과 단절된 주관적 환상에 지나지 않을 것이다. 그러므로 우리는 조선민족의 차별적 특수성이 세계적 보편법칙에 제약되어 있음을 인식하지 않으면 안 됨과 동시에 또한 그 세계적 보편법칙은 조선민족의 차별적 특수성의 긍정적 내포에서 추상되고 있지 않으면 안 됨을 인식하지 않으면 안 될 것이다. 이는 개인의 생리적 특징이 인류 일반의 생리적 법칙에 제약되고 있는 동시에 인류 일반의 생리법칙은 개인적 생리의 차별적 특징을 긍정 내포하고 있음과 같다.

이러한 원칙이 있으므로 세계의 제 민족은 그 발전의 본질에 있어서 공통적인 일원적 법칙에 제약되고 있는 동시에 그 발전의 형태에 있어서는 각기 상이한 차별적 불균등의 현상을 이루고 있다. 공식주의의 사상은 이러한 보편법칙의 차별적 내포성을 몰각하고 비실재적인 주관적 관념형식에 칩거하여[틀어박혀] 사실의 구체성을 기계적으로 제율制律하려 한 점에서 그 근본적 오류를 범하였다. 이러한 오류의 기초 위에서 이것은 또한 민족적 발전의 구체적 단계를 세계적 척도에서 검측하여 그 현실적 임무에 충실하지 못하고 한갓 성급한 주관에서 공허한 환멸을 거듭하지 않을 수 없었다. 이리하여 이 사조는 아직 원시적 상태였던 우리 혁명사상계에 많은 진보적 계몽의 역할을 남긴 공적은 있다 할지라도 이것이 다만 형식적 관념에 수폐囚閉되어[얽매여] 현실적 사정을 몰각한 점에서 실천적 이론이 될 수 없었다.

이상과 같은 과거 우리 운동의 천착淺窄한[얕고 좁은] 이론적 조류는 우리 운동의 실천을 오랜 침울과 혼란에 방황하게 하기에 충분하였다. 그러나 우리는 이러한 오랜 침울의 오뇌懊惱로 인해 또 인류의 부단한 과학적 노력에 기초한 인류사회 발전법칙의 정밀한 발명적 교훈에 의해 이제 우리 운동의 이론을 과거의 이러한 낮은 정도의 관념적 기초로부터 정확한 과학적 기초에로 정정될 수 있다.

그러면 지금 우리가 도달한 우리 운동의 이론적 기초는 무엇이겠는가? 이것은 신비적이 아닌 조선민족의 차별적 변동과정을 명확히 파악하여 공식적이 아닌 인류사회발전의 일반법칙의 척도에 이를 검측함으로써 적절한 현실적 정치임무를 구명하지 않으면 안 된다. 이러한 기초에 입각함으로써 우리 혁명운동은 세계의 발전과정에 정립할 수 있고, 또한 그 과정에 대한 적절한 자기 임무에 충실할 수 있을 것이다.

그러나 우리들의 이론적 기초가 여기까지는 정정되었다 해도 우리는 또다시 다음의 문제를 마저 규정하지 않으면 안 될 것이다. 이는 곧 인류사회발전과정의 현 단계와 이 단계에서 본 현재의 우리 민족적 특수지위의 규정이 그것이다. 이것은 우리 운동의 현재의 실천에 대한 직접적 지표 문제로서 이 문제의 규정은 동시에 우리 혁명의 성질과 그 방법을 의미하게 될 것이다.

2. 세계발전의 현 과정과 조선민족의 특수지위

인류사회의 과거의 발전은 복잡한 형태의 변동을 거쳐 왔다. 그리하여 이러한 복잡한 변동과정은 아무런 근거 없는 우연한 신비적 산물이 아니라 반드시 그럴 수밖에 없는 인과가 내재하고 있었기 때문이었다. 이러한 인과는 실로 무한적으로 허다할 것이기 때문에 이것은 한마디로 계산하고 분석할 수도 없을 것이다.

그러나 인류사회발전에 내재한 인과가 비록 이처럼 무한히 많다 하더라도 이 모든 인과 가운데 가장 주동적인 인과, 즉 인류사회의 발전을 원동적으로 제약해온 중심적 인과가 있고 그 밖의 많은 인과는 모두 이를 중심으로 하여 작용하지 않을 수 없었다. 그렇다면 이 중심적 인과란 무엇이었는가? 이는 인류의 현실적 생활 욕망을 충족시키기 위한 경제적 행동의 인과관계가 바로 그것이었다. 이같은 인류의 경제적 인과관계의 원동原動에 의해 인류사회는 복잡다단한 집체적集體的 조직양식이 변동해 왔고 일체의 문화형태가 발전해 왔다. 이는 우리가 인류사회 발전의 과거의 자취에서 발견할 수 있는 사실이다.

또한 현재의 세계는 허다한 제 민족의 국가로 분립하여 복잡한 갈등에서 발전하고 있다. 그러나 이러한 갈등의 내재적 인과를 분석해 볼 때 이것이 제 민족의 경제적 욕망에 주인主因되고 있음을 발견할 수 있다. 그러므로 우리가 세계 인류의 발전법칙을 규정할 때는 그 내재하는 허다한 인과법칙 중 가장 보편적이며 가장 중심적인 경제적 인과관계를 본질적 원동의 일원적 법칙으로 규정하고 이 본질적 원동의 법칙, 즉 경제적 인과관계를 중심으로 작용하고 있는 기타 무한정으로 복잡한 인과관계로서 그 발전 형태의 현실적 구체상의 다각적 법칙으로 규정하지 않으면 안 된다.

그러면 이러한 일원적 본질과 다각적 형태에서 발전하고 있는 인류사회는 현재 어떠한 과정을 지나고 있는가? 현재의 세계적 발전의 과정은 고도로 발달된 경제생산방법의 개인적 독점에 의해 형성된 소수민족의 제국주의국가가 자민족의 생산 군중[노동자들]을 가혹하게 착취할 뿐만 아니라 수억만을 넘는 전 세계의 식민지 민족을 참혹하게 착취하고 있는 점에 그 본질이 부여되고 있다. 그리하여 이러한 소수 제국주의국가의 착취에 대한 전세계 식민지 민족의 해방운동은 이 과정에서 가장 중요한 발전 방향의 발동적 추동력이 되고 있다.

세계의 식민지 민족이 제국주의국가로부터 해방되지 않는 한 세계적 발전의 현과정의 본질은 변동될 수 없으며, 따라서 그 발전 방향은 변동 추진될 수 없다. 왜냐하면 세계적 발전의 새로운 추진을 위한 현 과정에서의 본질적 양기揚棄는 제국주의의 청산 곧 그것이지만, 이러한 제국주의는 식민지 민족의 착취에 의존하고 있기 때문이다.

물론 우리는 이러한 경우 제국주의국가 자민족 내부의 모순에 의해, 또는 제국주의국가 상호 간의 충돌에 의해 그 자체의 몰락 및 이것으로 인한 현 과정의 발전에 변동이 가능함을 잊어서는 안 된다. 그러나 이것은 조금도 식민지 민족의 세계적 현 과정의 발전에 있는 자동적 추동의 의의를 거부할 수는 없다.

그러나 이렇다고 하여 식민지 민족의 해방운동이 무조건적으로 현 과정 발전의 추동력이 될 수는 없다. 식민지 민족의 해방운동이 현 과정 발전에 있어서 가장 중요하고 가장 정확한 추동력이 되기 위해서는 현 과정의 발전방향을 올바르게 파악하고 그 방향에 대해 영구적으로 보조를 같이하지 않으면 안 된다. 만일 식민지의 해방운동이 이같이 세계적 발전 방향의 목표를 정확하게 측정하지 못하고 그것에 대해 영구적 보조를 함께 할 수 없을 때 이것은 비록 그 시간적 역할에 있어서 현 과정의 변동에 대해 충격을 주기에 충분하였다 하더라도 그 종말적 결과에 있어서는 세계적 발전 방향의 새로운 대차물對遮物이 됨을 면할 수 없다. 왜냐하면 이것은 그 대상적 특정 제국주의국가를 타도했다 해도 그 자체가 내포하고 있는 제국주의적 요소의 발전으로 인해 다시 그 자신이 제국주의로 전환할 수 있기 때문이다.

그러면 세계적 발전의 현 과정의 발전 방향은 무엇이며 식민지 민족이 현재 내포하고 있는 제국주의 요소는 무엇인가? 경제생산의 최고도의 집체적 발전과 경제분배의 최고도의 개인적 독점으로 인해, 또 경제시장의 세계적 발달과 국민경제의 배타성에 의해 극도로 발전한 현 과정의 세계의 모순은 개인적 평등과 민족적 협조를 원칙으로 하는 경제적 해결점에로 추진되고 있다. 이것은 단순히 인류의 의식적 욕망에 의해서가 아니고 이상의 모순이 내포한 그 자연적 경로徑路이다.

그러나 이러한 세계적 발전의 방향 변동이 불균등한 제 민족적 현상에 의한 자연적 지만遲晩과 혼돈을 피하기 위해서는 경제적으로 낙후한 식민지 제 민족의 세계적 발전 방향에 대한 합목적운동이 필요하다. 현 과정의 세계적 발전의 방향 지도指道는 극대점에 이른 제국주의가 내포하는 모순이 바로 그것이다. 그러나 이처럼 극대점에 도달한 제국주의 모순은 국민경제의 빈부차 등의 모순에 발전한 것이므로 민족경제에서 차별적 모순을 내포하고 있는 식민지 제 민족은 비록 그것이 현재에는 제국주의국가의 질곡에 의해 발전 확대되고 있지 못하나 그 질곡이 제거될 때 그 자연적 발전은 다시 새로운 제국주의 단계까지 도달할 수 있다. 이리하여 이것은 세계의 새 방향에 대한 후진적 지장이 되는 것이다. 그러므로 우리는 제국주의에 대한 식민지 제 민족의 해방운동은 세계발전의 현 과정에서 가장 중요한 추동력의 지위가 부여되어 있음과 동시에 그 발전과정의 방향적 완성에 있어서는 다시 낙후의 가능성을 가진다는 사실을 알고 있지 않으면 안 될 것이다.

다음, 이러한 세계발전의 현 과정에 있어서 조선민족의 현실적 사정을 검측해 보자. 그러나 이 문제는 우리에게는 너무나도 간단명료하다. 왜냐하면 조선민족이 동방의 유일한 제국주의국가인 일본의 식민지로 되었다는 사실만으로도 벌써 이 문제에 대해 원칙적으로 해답되고 있는 까닭이다. 조선민족의 일본제국주의에 대한 식민지적 가치의 구체적 질량을 정확히 계산하기 위해서는 통계적 숫자가 필요하지 않을 수 없을 것이다. 그러나 우리는 통계치를 구태여 요구하지 않고도 현재의 조선민족이 일본제국주의의 최대의 예비군이며 가장 중요한 경제력 원천이며 유일한 군사가교의 지위에 계박繫轉되어(묶여) 있는 사실을 명백히 인식하고 있다.

그러나 세계적 발전의 각도에서 본 조선민족사정의 검측은 그것이 일본제국주의에 대한 식민지적 지위의 규정만에 그쳐서는 안 될 것이다. 이것은 다시 그 민족경제의 구체성을 분석하여 그 발전 방향을 예시하지 않으면 안 될 것이다. 그러나 이렇게 하기에는 다시 많은 지면을 요하게 되므로 여기에서는 다만 그 추상적 결론만을 말하려 한다.

조선의 민족경제는 이것이 아직 근대자본주의의 단계에 들어서기도 전에 일본제국주의의 침략으로 인해 이식자본지移植資本地로 되어 버렸다. 그리하여 그것은 외래자본의 질곡(굴레)으로 인해 정상적 발전을 밟지 못하고 다만 원유형태原有形態의 파멸에만 빠지게 되었다. 그러나 민족경제의 이러한 전체적 파멸은 원유형태의 빈부적 모순의 부분적 발전을 거부한 것은 아니었다. 그리하여 이것은 민족경제 내부의 지주 대 농민 또는 자본가 대 노동자의 경제적 모순의 발전 현상을 이루지 않을 수 없게 되었다. 이러한 민족경제 내부모순의 발전은 이것이 일본제국주의의 독점적 질곡의 계박(얽매임) 아래서 발전되고 있는 한에는 전체적 민족경제의 파멸적 발전 방향에 의한 소극적 발전과정을 밟지 않을 수 없지만 그 질곡이 제거될 때는 민족경제의 정상적 발전과 함께 적극적 발전의 방향으로 나아갈 수 있다.

3. 조선민족의 실천적 혁명임무와 민족혁명당 창립

세계발전의 현 과정에 대한 개명開明과 이 각도에서 본 조선민족의 현실적 특수사정의 분석은 필연적 결론으로서의 조선 민족의 실천적 정치 임무를 명백히 규정하였다. 그것은 즉,

첫째로, 조선민족은 인류사회발전의 법칙에 바로 서서 또 이 발전을 급속히 추진시키기 위해, 몇 억만이 넘는 세계의 식민지 민족을 죄악의 착취로부터 해방시키기 위해, 민족자신이 영원한 멸망으로부터 구출되기 위해서는 먼저 동방 유일의 제국주의국가로서 세계제국주의 거대한 고리의 하나인 일본제국주의로부터 해방되어

민족적 독립국가를 건설하지 않으면 안 될 것이다. 조선민족이 일본제국주의에서 해방되어 민족독립국가를 가지는 것은 일본제국주의를 몰락시키고 또 세계제국주의를 붕괴시켜 인류사회의 발전을 새로운 방향으로 추진시키는 유일한 방법이다.

둘째로, 그러나 조선민족의 발전을 세계적 발전과 영원한 보조를 함께 하기 위해서는 만인평등과 만국평화를 지표로 하고 있는 세계적인 새로운 발전의 방향에 명예로운 추동력이 되기 위해서는, 또 그 민족내부의 죄악적 모순을 영원히 방지하기 위해서는 민족경제의 모순제거를 전제로 하는 국가를 건설하지 않으면 안 된다.

그렇다면 조선민족의 이러한 정치임무는 어떠한 방법으로 실천되지 않으면 안 되는가? 일본제국주의로부터 조선이 해방되기 위해서는 먼저 조선민족은 최대강도의 민족적 역량을 주출鑄出하지[만들어 내지] 않으면 안 될 것이다. 어떻게 해서 최대강도의 민족적 역량을 주출할 것인가? 조선민족 전체는 환경의 여하를 불문하고 또 지역적 분포의 여하를 불문하고 동일한 고리에서 조직되지 않으면 안 된다. 그리고 또 이 민족적 역량은 일본제국주의와 대치한 일체의 노력과 긴밀한 연결을 가지지 않으면 안 될 것이다. 이리하여 이러한 총역량이 일본제국주의의 가장 취약한 고리를 깨뜨릴 때 일본제국주의는 붕락崩落되지 않을 수 없다.

그 다음으로 조선민족이 민족경제의 평등을 원칙으로 하는 진정한 민족주의국가를 건설하기 위해서는 조선민족혁명의 역량이 경제평등의 구체적 설계를 위한 정치적 강령綱領으로 훈련 통일되고 또한 실천되지 않으면 안 될 것이다.

우리는 이상의 논술 전부에 의해 우리 운동의 이론적 기초 및 그 실천방법까지를 대체로 비판 구명하여 왔다고 본다. 그러나 우리의 이러한 이론적 인식은 다만 관념적 자각에서뿐만 아니라 벌써 우리 운동의 구체적 새로운 출발로서 실천되고 있는 것이니, 이는 곧 민족혁명당의 창립이다. 민족혁명당은 종래 분립되어 있던 제 혁명단체의 종합적 단결에서 창립된 것이므로 이 창립은 동시에 우리 운동의 획기적 새 출발을 의미하지 않을 수 없게 되었다. 그리고 또 종래 분립되어 있던 제 단체의 이 같은 종합적 단결은 민족적 총단결의 역량 집중과 또 그 역량의 우군友軍과의 긴밀한 합작에 의해 일본제국주의 타도와 민족독립국가 건설을 목표로 행해진 것이므로 이것의 본질적 의의는 조선민족 당면임무의 가장 정확한 실천에 입각하고 있다.

그러나 이 같은 당면실천은 결코 세계적 발전척도에서 본 합목적성에 탈리脫離되어 있는 것도 아니고 또 낙후되어 있지도 않다. 이는 민족혁명당의 정치적 강령 및 그 정책이 민족경제의 내부적 모순발전의 제거에 의한 만민평등과 만국평등의 구체적 계획의 원칙을 정확히 보장하고 있기 때문이다. 민족혁명당의 창립은 이처럼 조선민족의 영구한 발전법칙과 현실적 실천 방법에 정확히 입각하여 우리 운동의 새 출발을 이루고 있음과 동시에 민족혁명당이 내포하고 있는 과거 수십 년간 참열한 민족적 투쟁에서 백절불굴한 과거의 혁명 제 단체의 혁명정신 및 현재의 민족혁명당에 주어진 환경적 중요성은 이러한 새 출발의 결정적 승리를 한층 보장하고 있다.

- 한글화 : 김상한.

114쪽 질문의 〈답〉 1. 보편 2. 특수성

석정은 이어서 『민족혁명』 제2호에도 '석'石이라는 필명으로 '국제정치의 기본 동력과 종국적 추세'(國際政治의 基本 動力과 終局的 向趨)를 기고하였다.

민족혁명 제2호(1936년 4월 15일) 목차
• 日本의 2.26政變과 今後의 政治動向
• 國際政治의 基本 動力과 終局的 向趨
• 故 丹齋 申采浩先生을 追悼함
• 最近 滿洲에서 戰死 殉義된 同志들의 略歷

아래에 유의하여 다음의 기고문을 읽고 괄호 속에서 적절한 하나를 골라보자. (→ 답은 132쪽)

1. 국제정치의 기본 동력은 (보호국, 식민지)을/를 차지하기 위한 제국주의국가 간의 상호 알력이다. 그것은 원료 확보, 자본 수출, 시장 독점 등을 위해 중요하였다.

2. 유럽의 제국주의자는 아프리카를 삼킨 이후 영국은 인도를 식민지로 점령하였고, 프랑스는 (인도네시아, 인도차이나)를 획득하였다. 독일은 튀르키예를 경영하였고, 미국은 하와이 및 (타이완, 필리핀)을 획득하였다. 이들 제국주의자는 중국

본토의 주요 항만과 도시를 분할 · 획득하였고, 이때 일본은 우리나라를 강탈하였다.

3. 제국주의자 간에 식민지 분할을 위한 첨예한 대립은 1914년에 제1차 세계대전을 초래하기에 이르렀다. 영국은 전쟁에서 (독일, 이탈리아)를 전복시켰으나, 미국의 위협을 당면해야 하였다. 일본은 중국과 태평양에서 영국과 미국의 세력을 몰아냈고, (몽고, 소련)을/를 침략하여 거대한 영토를 빼앗고자 하였다.

4. 대공황(1929~1939) 이후 제국주의국가는 다시 알력과 대립을 보이기 시작하였다. 1931년 (일본, 독일)이 가장 먼저 중국에 대한 무력 침략을 개시하였다. 이에 영국 · 미국 · 소련과 대립각을 세우게 되었다. 독일은 빼앗긴 옛 영토를 되찾기 위해 프랑스에 폭탄선언을 하고, (이탈리아, 프랑스)는 아프리카 식민지 확장을 위해 에티오피아를 공격하였다.

◈ 국제정치의 기본 동력과 종국적 추세[4)]

석정

1. 서언

오늘날 국제정치는 그 파란과 굴절이 심히 복잡하여서 얼핏 그 종국적 추세를 모색하기 곤란하다고 할 것이다. 그러므로 전쟁이 빠른 시기 내에 터질 것이라고 주장하는 사람도 있으며, 또는 아직 평화가 유지되리라 관찰하는 사람도 있게 된다. 그러나 눈빛을 다만 일상적 현상의 표면적 변화에만 그치지 말고 먼저 현상의 근저에 있는 기본적 추동력을 파악할 때에 얼핏 더듬어 찾기 곤란한 듯한 종국적 추세도 이른바 굴절이 복잡한 표면적 현상과의 정확한 연쇄로서 선명하게 반영될 것이다. 동시에 그 현상에 대해 관찰된 위와 같은 분기分岐도 소멸되지 아니할 수 없을 것이다.

그러면 파란과 굴절이 복잡한 오늘날 국제정치의 근저에 있는 기본적 추동력은 무엇인가? 식민지 영토의 추구를 위한 제국주의국가 간의 상호 알력은 오늘날 국제정치 현상의 복잡한 파란과 굴절을 결정하는 가장 기본적 추동력이다.

---

4) 원문은 국사편찬위원회 : 대한민국임시정부자료집 37권, 민족혁명 제2호(1936년 4월 15일) https://db.history.go.kr에서 볼 수 있다.

제국주의 시대에 식민지가 갖는 의의와 식민지의 추구에 뒤따르는 제국주의 상호 간 모순에 대한 상세한 논술은 한 권의 경제학이 아니고는 불가능할 것이다. 그러나 이것을 조금이라도 논급하지 않고는 오늘날 국제정치의 파란을 결정하고 있는 제국주의국가 간 상호 알력이 무의미하게 될 것이므로 아래에서 이것을 가급적 핵심에 국한하여 밝히려 한다.

2. 제국주의 시대의 식민지의 의의

자본주의 발전은 발생의 초기 단계부터 식민지 민족의 착취와는 떨어질 수 없게 연결되어 있다. '아메리카의 금은金銀 산지의 발견, 토착인구의 박멸, 이들의 노예화 및 광산 매몰, 인도 정복 및 약탈의 개시, 아프리카 흑인의 상업적 사냥—이상은 자본주의 생산의 형성시대의 유일한 서광이었다.'

자본주의 국가의 식민지 획득을 위한, 또 식민지 영토 확장을 위한 투쟁은 자본주의 발전의 어느 단계에서나 없지 않았다. 그러나 자본주의 발전이 19세기 말엽부터 생산 집적으로 인한 독점적 지배에 기초하여 제국주의가 새로운 단계로 바뀌어 가면서부터 식민지 점령 및 소유[領有]를 위한 난폭한 추구가 시작되었다. 이러한 식민지 획득 혹은 형성된 제국주의 시대 전체의 특수성에서 발생된 것이다. 이러한 특수성의 가장 기본적인 것을 지적하면 아래와 같다.

1) 원료는 경제적 발전의 모든 단계에 있는 생산의 근간이다. 인간 욕망을 만족시키는 생산물 전환의 기초는 원료에 있다. 그런데 제국주의 시대에서는 원료원이 위기의 문제로 제기된다. 첫째, 국내 광물질 원료의 제한성과 또 자본주의 본유의 모순에 기초를 둔, 특히 제국주의 단계에 이르러 격화된 공업과 농업의 불균등한 발전으로 인하여 식물질 원료의 결핍은 극도로 발전된 제국시대의 생산력에 결정적으로 부응할 수 없게 되었다. 둘째, 거대한 독점자본주의 상호 경쟁의 최후 승리는 생산비 저하를 의미하는 저렴한 원료의 독점에 의하여 결정되게 되었다. 셋째, 제국주의 상호 간 알력의 격화, 충돌, 전쟁은 수시로 원료 공급의 가능성을 위협하고 있다. 이처럼 격화된 제국주의 시대의 원료 문제는 필연적으로 제국주의국가의 식민지 획득에 대한 파렴치한 추구의 요인을 짓게 한다.

무슨 까닭인가 하면 얼마간의 가장 중요한 원료의 기본적 생산은 식민지나 반

식민지의 모든 영토에서 생산되고 있을 뿐 아니라 또 이것의 세계적 일반 채취의 압도적 지위가 모든 식민지 국가에 속하고 있기 때문이다. 그리고 식민지는 농업의 강제적 전문화에 의하여 임의의 원료를 재배하게 할 수 있으며 광물질 원료에 있어서는 이미 발견된 원천뿐만 아니라 기술 발전에 따라서 가능한 원천의 의의를 가지고 있기 때문이다(이것의 예로서는 일본 제국주의는 조선에 대한 강제적 산미증식정책에 의하여 식량을 공급하게 하고 최근에 이르러서는 소위 다용농多角農의 강제에 의하여 전시戰時 원료를 공급하게 하고 있으며 또 이전의 조선은 주로 쌀, 금, 철 등의 생산에 있어서 일본제국주의에 원료적 의의를 가지고 있었으나, 하지만 최근의 일본 제국주의는 생산력 발전에 수반된 기술발달에 의하여 조선에서의 무수한 광물질 전시戰時 공업원료를 발견함에 따라 일본 제국주의에 대한 조선의 원료 의의의 비중은 비약적으로 확대된 등이다). 마지막으로 제국주의 상호 간 경쟁으로 인한 원료 공급의 위협은 식민지 원료원의 독점적 획득이 아니고는 제쳐둘 수 없기 때문이다.

2) 자유경쟁을 기초로 하는 상품시장의 확대 노력은 제국주의 이전 단계인 산업자본주의 시대의 특징이었다. 그러나 거대한 금융자본주의 독점에 기초한 제국주의 시대에서는 국내시장의 협애화狹隘化[좁고 제한됨]로 인하여 이윤생산의 가능성을 상실한 막대한 과잉자본이 견실한 초과이윤의 획득을 위하여 탐욕스럽게 식민지를 추구함으로써 특징을 삼게 된다. 이윤은 평균적으로 높고 토착자본은 결핍하고, 그리고 지대와 노임과 원료는 저렴한-경제적으로 낙후한 식민지는 제국주의 과잉자본에 대한 초과이윤을 공급하기 위한 가장 좋은 조건을 구비하고 있다. 식민지에 대한 자본수출의 의의는 과잉자본에 대한 초과이윤의 공급에서뿐 아니라 식민지에 대한 상품수출의 증대수단으로서 그리고 식민지 민족을 다만 정치적 강제에서뿐만 아니라 경제적 지배에 의하여 더욱 노예화하며 착취하는 방법으로서도 의의를 발휘하게 된다.

3) 생산력 발달과 소비시장 협애화로 인하여 공황이 격심한 제국주의 시대는 상품판매시장으로서의 식민지 의의는 비중이 더욱 증가된다. 자유무역에 반하여 관세장벽으로서 특징을 삼는 독점제국주의 시대에서는 식민지시장의 독점이 아니고는 상품판매 출로가 막힌다.

4) 제국주의에 대한 식민지의 의의는 위에 언급한 점에만 그치지 않는다. 제국주의는 식민지에 대한 본국인 고급관리의 임용, 국영철도의 사용자, 또는 이들 관공리의 연금지급 등등으로 소위 경제외적인 막대한 착취 가능성을 가진다. 식민지에 대한 경제외적 이익착취는 과잉인구의 이주에서도 발견된다. 그리하

여 이러한 관공리와 거주인은 식민지에 있는 제국주의 대리인으로서 식민지 민족을 갖은 방법으로 착취하며 억압하여서 제국주의 세력을 공고히 하며 확대하게 된다.

5) 마지막으로 제국주의는 제국주의 발전에 있어서는 불가피한 과정인 전쟁 승리를 위하여 식민지를 요구하지 않을 수 없게 된다. 식민지는 제국주의 상호 간의 전쟁에 있어서 방어 또는 공격 근거지로서, 또는 다른 식민지 침략의 근거지로서 막대한 군사적 전략적 의의를 가지게 된다(이것의 좋은 예는 일본 제국주의가 중국을 침략하기 위해 또 소련을 공격하기 위해 조선을 유일한 군사적 근거지로 삼고 있다). 위에서 거론하였듯이 제국주의 시대의 특수성에 의한 식민지 의의는, 필연적으로 제국주의 발전의 모든 단계를 식민지 영토 확장을 위한 노력으로서, 또는 이것을 위한 여러 제국주의국가 상호 간의 모순, 대립, 충돌, 전쟁으로서 그 기본적 추동력이 되게 한다. 아래에서는 제국주의 시대가 형성됨에 이르러 식민지의 획득과 재분할을 위한 노력과 이로 인한 제국주의 상호 간 모순투쟁의 역사를 간략하게 논의하고자 한다.

3. 제국주의의 식민지 분할과 제1차 세계전쟁

19세기 말엽에 형성된 유럽의 제국주의국가들이 아프리카의 미점령지역을 점령하기 위하여 매우 긴장한 추구가 행하여졌다. 1876년부터 1900년의 사이에는 아프리카는 비참한 본토 민족의 유혈과 수백만의 희생으로서 마침내 유럽의 제국주의국가에게 완전히 분할되었다. 아프리카의 약탈을 마친 제국주의의 탐욕을 다음으로 자극한 곳은 경제적으로 낙후한 거대한 인구와 영토를 가진 여러 아시아 국가이었다. 이리하여 1871년으로부터 1891년에 이르는 사이에 영국 제국주의는 거대한 인도를 식민지로 점령하였고, 1885~1889년에는 프랑스가 결국 인도차이나를 획득하였다. 독일은 바그다드의 철도 부설에 의하여 튀르키예를 경영하였으며, 미국은 1898년에 하와이 제도 및 필리핀 군도를 획득하였다. 이들 제국주의자는 나아가 중국본토에서 아편전쟁, 의화단의 난 등의 무수한 야만적 도살을 하고, 드디어 중요항만과 도시를 분할 · 획득하였다. 이 시기에 움튼 일본 제국주의는 우리나라를 강탈하였다.

위에 든 제국주의자의 식민지 분할은 결코 제국주의 상호 간의 평화적 예양禮讓[공손하게 사양함]에서 비롯된 것은 아니었다. 이는 전쟁과 혈화血火의 전리품이었다. 식민지 분할을 위한 참혹한 제국주의전쟁–이는 제국주의 시대의 철鐵[무력]의 필연성인 것이다. 불균등한 보조에서 생기는 제국주의 상호 간 식민지 분할을 위한 첨예한 대립은 그 종국적 귀결이 전쟁에 의한 승패 결정뿐이다. 그러므로 '전쟁을 떠나서 제국주의를 생각하려는 것만큼 무의미한 일은 없을 것이다' 이것을 웅변으로써 설명하는 것은 19세기 말부터 20세기 초에 이르는 동안 동서 각국 간의 식민지로 인한 크고 작은 전쟁 및 이것의 세계적 규모로서의 폭발인 1914년의 세계전쟁이 그것이다.

세계전쟁 직전에 있어서 식민지 분할의 문제를 중심으로 기본적 대립을 형성하게 된 것은, 당시 가장 유력한 2개 제국주의국가인 영국과 독일이었다. 프로이센-프랑스 전쟁普佛戰爭 이후 폭풍같이 신속한 보조로서[신속하게] 발전한 독일 자본주의는 세계경제에 있어서 영국의 독점적 지위를 무너뜨리고자 하였다. 그러나 젊은 제국주의 독일이 세계의 경기장에 나타났을 때 세계의 식민지는 벌써 기본적으로 분할되고 있었을 때이었다. 그러므로 독일은 세계에서 가장 넓은 식민지를 가진 영국의 식민지에 침입하고자 하였다.

독일이 영국의 지배 영역인 인도양 연안의 여러 지방에 침입하고자 하였을 때, 영국과 독일의 관계는 결정적으로 첨예화하였다. 물론 당시 식민지로 인한 대립은 영국과 독일 간에 그치지는 않았다. 프랑스와 독일, 독일과 러시아, 이탈리아와 프랑스 그리고 프랑스와 오스트리아 간의 각기 식민지 분할을 위한 대립은 상술한 영국과 독일의 대립을 더욱 격화 · 촉진하였다. 가장 강대한 제국주의국가 간의 이러한 첨예한 대립은 불가피한 결과로서 세계대전으로서 폭발하게 된 것이다.

이리하여 20세기 초 한동안 얼핏 기괴한 연극 장면처럼 파란이 일었던 평시국제정치의 일상적 현상 변동은 이러한 식민지 분할을 위한 제국주의 전쟁을 추세하고 있는 기본적 저류에서 치솟은 표면적 거품에 불과하였음을 알 수 있게 된다. 그러면 이러한 세계전쟁은 과연 여러 제국주의국가의 식민지 분할을 위한 모순과 알력을 청산하였는지 고찰하여 보자.

4. 제1차 세계전쟁 이후 제국주의 모순 발전

세계전쟁은 막대한 손실을 인류에게 가져다주었다. 모든 방대한 생산력은 파괴되고, 1,000만 이상의 생명이 참혹하게 희생되었으며, 무수한 인류가 불구자화不具者化하였다. 전쟁은 수천 수백의 도시를 소탕하였으며 거대한 인구대중을 빈곤화하였다.

전쟁은 세계 식민지의 재분할을 초래하였다. 전쟁에 패한 독일은 모든 식민지를 빼앗기고, 그 식민지는 영국, 프랑스, 일본에 양도되었다. 뿐만 아니라 영국과 프랑스의 제국주의는 원료원이 가장 풍부한 아시아의 메소포타미아, 팔레스티나, 시리아를 탈취하였다.

실로 동시에 유럽 각국의 지도도 바뀌었다. 독일은 전쟁 결과 영토의 현저한 부분을 프랑스와 폴란드에 할양하였으며, 전쟁 때 독일의 동맹국인 오스트리아 대국은 약간의 경제적 독립조차 불가능한 소국으로 분열되었다. 옛 오스트리아 제국의 광대한 영토는 영국과 프랑스의 동맹국인 이탈리아, 루마니아, 살비아[세르비아?]에 합병되었다. 뿐만 아니라, 연합국 측의 대국인 옛 러시아제국은 전쟁 중에 혁명으로 인하여 사회주의국가가 건설되고 그 식민지에는 폴란드, 핀란드, 에스토니아, 라트비아, 리투아니아 등의 독립국이 건설되었다.

그러나 전쟁에 의한 세계 재분할은 제국주의의 모순을 해결하지 못하였을 뿐 아니라, 반대로 한층 첨예한 새로운 모순과 대립을 일으켰다. 이러한 모순대립 중 가장 기본적인 것을 지적하면 아래와 같다.

1) 가장 견고한 제국주의국가인 영국은 가공할 숙적 독일 제국주의를 전쟁으로 전복함에 성공하였으나, 이제는 그보다 더욱 강대한 소장小壯의 제국주의 미국의 치명적 위협을 당면하지 아니할 수 없게 되었다. 미국은 전쟁의 최초 수년간은 전쟁에 직접 참여하지 않고 유럽 교전국에 군수품, 식료품 및 전쟁 수행상 필요한 일체의 상품을 공급하였다. 이러한 사정은 미국의 공업을 급속하게 성장시키는 동시에 여러 유럽국가가 미국의 채무자로 되게 한 결과를 초래하였다. 그리하여 세계경제의 중심은 벌써 유럽에서 미국으로 전환하게 되었다. 세계경제의 중심 이동은 다음 표에서 명백히 알 수 있다.

	지역	1913년	1922년
세계 선철생산	미국	39.7%	61%
	유럽 4개국*	47.7%	28.63%
세계 강철생산	미국	41.7%	61.2%
	유럽 4개국	44.4%	28.1%
세계 상선톤수	미국	4.3%	21.4%
	영국	4.3%	31.9%
	기타 유럽국가	36.8%	31.0%

* 유럽 4개국 : 독일, 영국, 프랑스, 벨기에

미국은 위의 표와 같이 방대한 생산력의 발전에 의하여 그 국내시장이 궁핍하게(좁게?) 되었다. 그리하여 미국 제국주의는 전쟁 전의 독일처럼 한층 적극적으로 세계 도처에서 영국의 세력범위를 침입하였다. 영국과 미국, 최강의 양자 제국주의 사이에는 피할 수 없는 첨예한 대립과 모순이 발생하기에 이르렀다.

2) 전쟁 결과로 인한 생산력의 비약적 발전에 의하여 세계적 경기장의 뒷골목에 출현한 소장 신제국주의는 미국에만 그치지 아니하였다. 동방의 신흥제국주의 일본은 그것의 한 애송이였다. 전쟁 중에 폭풍처럼 일어선 일본 제국주의, 특히 지리적 환경에 따라 심각한 식민지 의존성을 띠고 있는 검은 눈의 제국주의는 결코 주어진 식민지에 만족할 수 없게 되었다. 그리하여 일본은 거대한 식민지 획득의 욕망으로서 중국과 태평양에서 영국과 미국의 세력을 몰아내고 이것을 독점하기 위한 적극적 노력을 개시하였다. 뿐만 아니라 일본은 아직도 기초가 완성되지 못한 독립적 사회주의국가 소련을 침략하여 거대한 영토를 빼앗고자 하는 야심을 가지게 되었다. 이리하여 일본 제국주의와 영미 제국주의 및 소련의 격렬한 대립과 모순이 동양에서 일어나게 되었다.

3) 영 · 불 · 미 제국주의는 전쟁으로 강적 독일을 전복하여 그 식민지 전부의 영토를 탈취하고 막대한 배상금을 부과하였다. 그러나 독일의 자본주의 반체제半體制는 이로 인하여 근본적으로 파괴되지 않을 수 없음에 이르렀으므로 배상의 보증이 불가능하게 되었을 뿐 아니라, 도리어 자본주의체제의 파괴와 혁명의 발생으로 인하여 세계 제국주의체제의 붕괴를 촉성하는 요인을 짓게 하였다. 이리하여 제국주의들은 상호협의 아래 독일에 대한 자본주의 유지의 협조를 하게 되었다. 이러한 원조 아래에서 소생한 독일의 자본주의는 다시 영토복구 식민지회복을 위하여 숙적 프랑스와 소련에 대하여 난폭한 투쟁을 개시하게 되었다.

4) 전쟁 승리로 인하여 제국주의 비중이 가장 높아진 것은 프랑스 제국주의이었다. 프랑스 제국주의는 패전국 독일로부터 빼앗은 주요 원료원과 생산장치 제공에 의하여 엄청난 생산력 발전을 보게 되었다. 이리하여 프랑스는 유럽의 많은 약소한 자본주의 국가를 거느리고 지배함으로써 유럽의 강력한 지도권을 움켜쥐었다. 그러나 이러한 강력한 프랑스는 불가피한 결과로서 견고한 제국주의 영국과의 첨예한 모순을 초래하였다. 이제 유럽에서 가장 강대한 제국

주의 영국과 프랑스 사이에 발전하고 있는 주요 대립의 구체적 사실을 들면 아래와 같다.

① 프랑스의 아프리카 식민지 모로코에서 제국주의적 세력발전의 노력은 불가피하게 영국 제국주의의 관건인 인도항로가 다시 말해 지중해의 문호 지브롤터의 지위가 침해되고 있는 것이며, 프랑스의 근거지인 주론 및 버제루타는 영국-인도 항로에 대한 협공의 위협을 주고 있으며, 영국의 수에즈 운하는 프랑스의 위임통치지역 시리아에 의하여 안전보장이 되지 못하고 있(한 줄 누락) 영국의 해로는 인도차이나 및 남중국에 있는 프랑스 군항에 의하여 위협되고 있다.

② 영국 · 프랑스의 대립은 앞에서 들었던 식민지에 있는 세력의 극단적 대립에 따라 본국의 군사적 국방 관계가 또한 양국의 신경을 첨예하게 하고 있다. 우월한 공군과 육군을 소유하고 있는 프랑스는 위험할 지경까지 영국에 접근하고 있으므로 섬나라로서 전략상 지위가 열약한 영국은 때때로 프랑스에 대한 불안을 느끼게 될 것이다.

5) 전쟁 발생 시 독일의 동맹국으로서 참전한 이탈리아는 그 후 연합국 측으로의 전환에 의하여 전승국 대열에 끼었으나, 식민지 분배에 있어서는 지극히 작은 몫이 배당됨에 불과하였다. 이에 불만을 품은 이탈리아는 전후 생산력 발전을 따라서 영국과 러시아[英俄]가 차지한 아프리카 식민지에 침입하지 않을 수 없게 되었다. 뿐만 아니라 이탈리아는 지중해의 제해권制海權 획득과 발칸반도의 시장획득을 위하여서도 영국 · 프랑스와 격렬한 대립을 갖게 되었다.

6) 전쟁 후 국제적 모순의 심화는 기본적 제국주의국가 간뿐 아니라 전후에 유럽에 건설된 자본주의 약소국 사이에도 격화되고 있다. 모든 약소국은 본시 독립적 자본주의전資本主義展이 불가능한 국가들로서 제국주의 체제의 강화를 위한 영국 · 프랑스의 조종 아래에서 발육된 기형적 자본주의 국가이다. 그러나 이러한 약소국도 이미 그 체계에 있어서 제국주의에 종속되고 있는 이상, 제국주의의 모순은 이것에 전염되지 아니할 수 없다. 동시에 이러한 모든 약소국의 모순은 기본적 제국주의국가의 알력을 더욱 강화하는 반작용을 하게 된다.

7) 마지막으로 사회주의국가 소련에 대한 제국주의 일련의 대립은 전후세계 모순의 가장 심각한 특징을 드러내고 있다. 세계 영토의 6분의 1을 점유한 소련

의 사회주의화는 세계자본주의체제의 성채城砦에 대한 최초의 파괴를 의미하게 된 것이다. 그러므로 일련의 제국주의국가는 처음부터 이것의 파괴에 노력하였다. 이러한 노력에도 불구하고 소련의 사회주의적 경제발전이 급속하면 할수록 세계자본주의적 경제공황이 심각하면 할수록 이것의 모순대립은 더욱 첨예화하게 된다. 이상에서 지적한 제1차 세계전쟁의 결과로 인하여 결정된 제국주의 상호 간의 한층 새로운 대립의 발전은 마침내 오늘날 세계로 하여금 제2차 전쟁의 위기에 직면하게 하고야 말았다.

5. 제2차 세계전쟁의 위기폭파

제1차 세계전쟁 후 여러 제국주의국가의 세력균형 조정에 의하여 일시적 안정의 모습을 나타내는 듯하던 제국주의 국제형세는 근저에서 발전하고 있던 모순의 폭발에 기초한 1928년의 세계적 경제공황에 의하여 또다시 첨예한 위기에 직면하지 않을 수 없게 되었다.

이에 제국주의자들은 얼마의 국제회의를 개최하고 정치한정政治限定을 체결하여 평화 보강의 공작에 노력하였다. 그러나 이러한 노력도 기본적 모순의 철鐵[무력]의 법칙 앞에서는 티끌로 분쇄되지 않을 수 없었다. 전쟁 위기는 제국주의의 가장 취약한 고리에서부터 폭발하였다.

그 구성의 기초에 있어서 열등한 특징을 갖는 일본 제국주의는 어느 제국주의보다도 먼저 1931년 가을에 중국에 대한 무력적 침략을 개시한 동시에 국제연맹과 워싱턴 해군협약에서 이탈하였다. 일본 제국주의의 이러한 식민지 확장을 위한 적극적 정책은 중국 시장에 거대한 이익을 가지고 있는 영국 · 미국의 세력에 대한 직접적 위협이며 또 나아가 영국 제국주의의 이른바 '가장 좋은 왕관의 진주'인 인도에 대한 위협이며 또 미국 제국주의의 태평양 근거지에 대한 위협이었다. 뿐만 아니라 영토적으로 중국에 인접하고 있는 소련은 일본의 이러한 중국진출에 대하여 극도의 위험을 느끼지 않을 수 없게 되었다. 그리하여 이러한 위협을 느낀 영국 · 미국 · 소련은 필연적 결과로의 일본 제국주의 사이에 첨예한 대립을 짓게 되었다.

내재한 모순의 최종적 발전으로 인하여 더 이상 평화를 참을 수 없게 된 제국주의는 일본 제국주의뿐 아니었다. 독일도 그러하였으며, 이탈리아도 마찬가지였다. 독일은 1935년에 파리조약과 국제연맹의 결박을 벗어던지고 옛 영토와 식민지를 탈환하고자 하는 정책을 표명한 유명한 폭탄선언을 발표하였다.

독일의 폭탄선언은 과연 유럽의 평화를 깨뜨리기에 충분하였다. 독일의 군비 재확장과 옛 영토 탈환을 위한 강경 정책에 가장 직접적 위협을 받게 된 자는 세계전쟁의 결과에 의하여 중요한 독일의 영토를 압수하고 있던 프랑스이었다. 프랑스는 독일의 위협에 대비하기 위하여 중앙유럽 및 발칸반도의 여러 나라 및 소련으로 더불어 독일포위전선을 형성하고 이것에 영국 및 이탈리아의 가입을 위하여 노력하고 있다.

그러나 독일은 이것의 대항으로서 지난 3월 7일에는 로카르노 조약의 파기를 선언하고 2만 5천 명의 정예한 국방군으로서 라인라드 비무장지대의 재방비를 개시하였다. 독일의 이러한 라인라드 진군津軍의 직접적 목표는 세계전쟁의 결과로 인하여 프랑스에 할양된 알사스로랜 탈환에 있는 것이다.

그러므로 프랑스는 독일의 라인란드 진군과 함께 육군전부대에 대한 휴가금지 명령을 내린 동시에 독일 · 프랑스 국경의 전체 요새에 대하여는 신속한 전투준비의 명령이 내려졌다. 이로써 오늘날 독일 · 프랑스의 대립이 어쨌든 절박하다는 것을 볼 수 있을 것이다.

이탈리아는 아프리카 식민지 확장을 위하여 작년 이래로 30만 대군으로서 에티오피아를 공격하고 있다. 이탈리아의 에티오피아 공격은 식민지 재분할과 지중해의 제해권制海權 획득을 위하여 영국 · 프랑스에 대한 공개적 투쟁인 것이다.

위와 같이 제1차 세계전쟁의 결과로 인하여 발생된 제국주의 체제의 새로운 모순의 발전은 마침내 제국주의의 취약한 고리에서부터 폭발하기 개시하여 제국주의 전체 체제모순의 폭파를 의미하는 여러 제국주의국가의 세계식민지 재분할을 위한 제2차 세계전쟁에 직면하게 하는 것이다. 그리하여 오늘날 조석朝夕의 변화가 복잡하게 치닫고 있는 국제정치현상은 폭파의 최후단계를 향하여 가고 있는 상술한 제2차 제국주의 전쟁의 발자국 소리에 불과한 것임을 알 수 있게 되는 것이다. (3 · 31)

- 한글화 : 김상한.

122쪽 질문의 〈답〉 1. 식민지 2. 인도차이나, 필리핀 3. 독일, 소련 4. 일본, 이탈리아

이어서 『민족혁명』 제3호(1936. 7. 1.)에서도 민족혁명당의 창당 1주년을 맞아 '본당의 기본강령과 현 단계의 중심임무'가 무기명으로 실려 있는데 문체 및 내용으로 보아 석정의 글로 추정되고 있다.

민족혁명 제3호(1936년 7월 1일) 목차
• 본당 창립 제1주년 기념의 의의
• 본당의 기본강령과 현 단계의 중심임무
• 본당 창립의 역사적 의의
• 본당 창립 1주년을 기념함
• 우리 민족혁명당 창립 1주년을 환영하며
• 우리 운동의 통일문제에 관하여
• 혁명적 요소와 기본적 정책
• 우리의 혁명운동을 어떻게 추진해야 하는가?
• 최근의 국제 동태

아래에 유의하여 다음의 기고문을 읽어보자.

1. 조선의 일본제국주의 타도를 위한 선결조건은 무엇인가? 조선은 서양의 제국주의국가를 이용하여 조선혁명을 승리로 이끌 수 있다고 보았다. 어떻게 그것이 가능할까?

2. 조선은 일제의 식민지를 겪으면서 앞으로의 자주적 발전을 위해 대규모 생산수단의 국유화, 토지의 국유화 및 분급, 노동운동의 자유 보장이 필요하다고 하였다. 그 이유는 무엇인가?

3. 석정은 조선이 정치적 중심조직을 확립하는 데 저해되는 조선민족의 근본적 약점을 무엇이라고 보았는가?

◈ 본당本黨의 기본강령과 현 단계의 중심임무[5)]

1. 조선혁명에 대한 두 가지 근본적 방법문제

조선혁명 이론에는 두 가지 근본적 방법 문제가 제기되어 있다. 하나는 "어떻게 하면 조선민족이 일본제국주의의 노예정치로부터 해방되어 자주적으로 발전할 수 있을 것인가" 하는 것이며, 다른 하나는 "어떻게 하면 자주적 발전이 민족 전체의 평등한 행복과 세계 인류의 평등한 행복과 부합될 수 있을 것인가"에 있다. 이 두 가지 문제는 조선혁명의 파괴와 건설 양 방면의 구체적 투쟁방침을 결정하는 지도 원리를 의미하는 것이며 동시에 조선혁명의 역사적 성질을 결정하는 것이다.

과거 조선혁명의 행진이 침체했다면 그것은 이 두 가지 문제에 대한 해답이 중심적으로 확립해 있지 않았기 때문이며, 금후 이 운동의 과감한 전진을 보기 위해서는 또 이 두 가지 문제에 대한 개개 지도자의 명확한 파악과 자신력이 선결 조건이 되지 않을 수 없다. 그러나 적어도 현 단계 조선혁명의 성과는 이 두 가지 문제에 대한 의의를 관념의 비판에 맡겨두어서는 안 된다. 문제의 의의는 이미 그 비판을 초월하고 있다. 이것은 조선혁명의 역사적 성과로써 창립된 본당의 강령이 이 문제에 대한 명확한 해답을 이미 내리고 있기 때문이다.

2. 제1문제에 대한 본당의 제안

제1문제에 대한 당의 강령은, 어떻게 하면 조선민족이 일본제국주의의 노예적 정치로부터 해방되어 정당한 발전을 할 수 있을 것인가에 대한 본당의 제안은 그 노예적 정치로 인해 공동 파괴에 연쇄되어 있는 조선민족 전체의 일치된 결합에 기초한 투쟁으로써 일본제국주의를 타도하는 것이 그것이다. 다만, 이 길로 출발하는 조선민족의 일체 생존의 이념과 노력은, 또 나아가서 세계적 진행에 대해서도 목적에 부합한 발전을 이루어 그 결과에는 허망의 파멸 외에 가져다주는 것이 없다는 사실을 당은 엄절嚴切하게 시사하고 있다.

이것은 과거 조선민족의 정치적 생존 운동이 의미한 국제연맹의 원조를 목표로 하며 독립운동 또는 일본제국주의 산하에서의 개량발전을 위한 합법운동, 계급투쟁에 의한 세계운동과의 횡적 결합운동 등 모든 역사적 총결산인 이상과 엄숙히 대립

---

5) 원문은 국사편찬위원회 : 대한민국임시정부자료집 37권, 민족혁명 제3호(1936년 7월 1일) https://db.history.go.kr에서 볼 수 있다.

하는 새로운 출발이다. 또 이탈리아 제국주의의 침략에 대한 에티오피아 민족의 공동 방위의 임무, 일본제국주의의 침략에 대한 전체 중국 민족의 통일 · 결합의 사명, 영국 노동정당의 배신행위에 대한 인도 민족의 자기 단결 필요 등 세계 식민지 · 반식민지 민족의 구상성具像性의 추상으로서 조선민족의 일반성에 완전히 공통되는 것이다. 다시 이 객관적 기초를 분석하기 위해서는 두 가지 국내 기본사정과 다른 두 가지 조선민족의 국제적 연관성과를 지적할 필요가 있다.

① 식민지란 특수한 낙인이 찍혀 있는 조선은 절대다수의 근로 군중이 노예적 임금, 광범한 실업, 국외추방 선언에 의해 남김 없는 파멸에 빠져있을 뿐만 아니라 중소상공 및 지주계급이 또 급속한 보조步調로 몰락해가고 있다. 극소수의 자본가, 대지주 계급도 일본제국주의의 독점자본 및 민족 정책에 의해 그 발전이 불가능해지고 있다.

또 (운동의) 지도부 자신이 먼저 대립에 의한 혼란을 야기하고 있었기 때문에 그 운동에 하등의 중심도 계획도 있을 리가 없었다. 운동의 국면이 이미 침체와 무중심에 의해 말살되어 있었으므로 사이비 혁명이 횡행하지 않을 수 없었으며, 진정한 혁명자의 정열이 분산되지 않을 수 없어서 광범위한 군중은 낙담하지 않을 수 없었다.

멸망한 조선민족이 다시 생존하기 위하여 침체한 조선혁명운동을 신속히 발전시키기 위하여 조선민족은 무엇보다도 먼저 그 지도부의 통일을 기하지 않으면 안 된다. 이렇게 하기 위해서는 현재 각 혁명집단의 단일적 결합이 이루어지지 않으면 안 된다. 그렇지 않는 한 조선민족이 아무리 식민지적 노예생활을 견디지 못하는 고도의 불만을 가지고 있고, 또 세계의 정세가 아무리 조선민족의 해방에 대해 유리한 계기를 결정하고 있다고 해도 조선민족은 그 노예적 고통을 탈출할 수 없는 것이다.

그러므로 일찍부터 조선혁명운동에는 민족적 단결과 일치를 요구하는 이념이 수차 획기적 노력을 통해 발휘되었으나(국민대표회의 개최, 단일독립당의 촉성운동 등), 그 이념이 아직 능히 그 현실적 모순을 승리로써 초월할 수 있게 훈련 조장하지 못하여 그 실현이 불가능했던 것이다. 조선민족의 생존이념이 그 자신의 투쟁적 성과로써 일정한 훈련 수준에 도달했을 때 비로소 그 모순을 극복 초월할 수 있는 것이다. 그러므로 현재 있는 혁명적 지도 제 집단의 단일적 결합에 의한 본당의 창립이 가능했던 것이며, 따라서 조선혁명에 대한 그 위대한 역사적 의의를 수행할 수 있게 된 것이다. 여기서 본당 창립의 역사적 의의가 혹 외래의 정세에 의해 우연적으로 결정된 것이 아니라 조선혁명 자신의 발전 성과였음을 발견할 수 있다.

과거 1년간 본당의 활동임무는 조선혁명운동에 대한 본당의 역사적 의의를 과감히 확충 발전시키는 데 있었고, 급속히 핍박해 오고 있는 객관적 정세에 대응하여 급속한 민족적 독립전쟁을 준비하는 데 있었다. 전 세계의 우군과 긴밀한 연락을 취하는 데 있었고, 또 그렇게 하기 위해 무엇보다 먼저 본당 대오의 공고한 단결과 희생적 각오의 충일이 필요했다.

그러나 1년을 경과한 오늘에 와서 본당의 활동을 회고하면 그 임무의 중대함에 비해 실제적 수확이 과소했음을 자각하지 않을 수 없다. 국내외 전 민족이 본당에 대한 혁명적 희망을 정열적으로 지지하고 있음을 표현하고 있으며, 국제적 우군의 본당에 대한 정신적 향응은 이미 구체적으로 연결의 단서를 열기에 이르렀고, 이와 같은 모든 사실의 경험과 수확에 의한 본당의 용기와 자신력은 백배 강화되고 있는 것이다.

그러나 본당은 아직 전체 대오로 하여금 철과 같은 단결 정신과 실제적 능력을 갖춘 부대로써 훈련하지 못했다. 전통적 결함이 많은 조선혁명운동 선상에 청신 발랄한 새로운 전투적 조류를 조출하지[만들어내지] 않으면 안 되는 임무를 완성하지 못했고, 전 민족적 혁명의 정세를 아직 본당의 기치 아래 유감없이 조직하는 일을 실천하지 못하고 있는 것이다. 이것은 확실히 거대한 사업이다. 그러므로 1년의 단기간 안에 완성하기는 곤란하다.

그러나 조선민족의 영원한 생멸生滅의 분기를 결정하고 있는 목전의 정세는, 또 이런 정세 아래서 조선민족의 역사적 운명을 혼자 부담하고 있는 본당의 임무는 그 초인적 분투를 요구하고 있어서 아무래도 과거 1년간의 활동이 수욕羞辱과 비분悲憤의 기념일 이외에 가질 것이라고 없었던 우리에게 있어 본당의 창립일은 유일하게 위로받을 만한 기념일이다. 우리는 모두 이 귀중한 기념일을 축하하고 있다.

합병 후 지금까지 조선의 대 · 중 · 소 지주계급의 몰락으로 인해 수탈된 토지는 국내 경작지 전체면적의 7할을 초과하고 있지만, 그 전부가 일본인 개인 지주 또는 농척기관農拓機關에 집중되어 있다. 또 합방 당시 조선의 광범한 가내공업 및 공장수공업은 그동안 남김없이 괴멸의 과정에 빠져들고 있지만, 이것은 그 자체가 근대적 자본주의 생산으로 이행한 것은 아니며, 다만 일본제국주의 외래자본의 희생이 되고 만 것이다.

이와 같이 현재 조선의 경제문제는 계급적 모순에 기초한 자본주의적 발전과정에 있는 것이 아니라 민족적 억압에 의한 발전의 근본적 질식에 그 특징을 두고 있다. 그러므로 조선 해방을 위한 민족적 결합의 요구는 단순한 역사적 공동 의식에서뿐만 아니라 현실적 생활 내용에 기초한 필연적 요구이다.

② 조선경제가 일개 민족적 운동단위체에서 일본제국주의의 상대적 반면反面을 이루고 있음은 조선의 식민지적 특수지위가 이를 결정하고 있다. 즉, 조선은 단지 일본제국주의에 대한 상품 소비시장, 식량 공급지, 원료 및 저렴한 노동력 공급지로서만 가치가 부여되어 있음에 불과할 뿐이며, 그 자체의 발전의식은 상실되어 있다. 그러므로 조선경제의 근본적 개선은 일본제국주의로부터 조선을 해방시키지 않고서는 불가능하다. 그러나 이것은 식민지 조선의 가치가 일본제국주의의 가장 유력한 경제적 지주支柱로서 정치적 권력으로서 방비되어 있기 때문에 일본제국주의에 대한 조선민족의 혁명적 투쟁의 승리로써 해결하지 않으면 안 된다.

③ 제국주의 국가의 국제적 모순은 조선민족의 해방을 위한 민족적 투쟁의 승리를 약속하고 있다. 그것은 식민지 영토 분할을 위한 제국주의 시대의 필연법칙인 세계제국주의의 일환 중 가장 열악한 자본주의적 조건에 구축되어 있는 일본제국주의 발전에 의한 철鐵과 같은 운명이다.

그리하여 일본제국주의의 국제적 전쟁은 조선민족의 해방에 대해 두 방면에서 승리의 가능성을 주고 있다. 하나는 일본제국주의 자체 고리의 취약화이며, 다른 하나는 타 제국주의 국가의 힘을 운용할 수 있게 되기 때문이다. 이런 경우 조선민족 역량의 주체적 역할이 최선결 조건이 되지 않으면 안 된다. 이것이 공허할 때는 가령 일본제국주의 자체의 고리가 취약해졌다 해도 조선민족과의 관계를 절단할 수 없을 것이다. 또 다른 제국주의 국가의 힘이 일본제국주의와 교전하고 있다 해도 조선민족으로서는 그 운용이 불가능할 것이다.

④ 조선민족에게는 전 세계 피압박민족과 피압박 군중의 해방을 위한 공동임무의 수행 또 그 공동전선과의 직접 연결을 위한 민족적 결합이 요구되고 있다. 조선민족이 일개 투쟁 단위로서 역량을 가질 수 없을 때는 이 같은 세계적

공동임무의 수행이 불가능하며, 따라서 그 공동연합전선의 결성 연락이 불가능하게 되는 것이다. 공동의 임무와 공동의 전선은 먼저 개개 단위체의 자기 사명에 대한 자각과 실천 위에서 비로소 그 의의가 구성되며, 그렇지 않을 경우 공허한 내용 외에 아무것도 발견할 수 없다.

3. 제2문제에 대한 본당의 정책

그렇다면 그 다음 문제는 어떻게 하면 조선민족의 자주적 발전이 민족 전체의 행복, 나아가 세계 인류의 행복에 부합할 수 있게 될 것인가 하는 두 번째 문제이다. 조선민족의 자주적 발전은, 그리고 그것의 세계적 관련은 조선민족의 자주적 건설에 의한 독립국가 경제정책에 의해 결정될 것임은 또한 더 말할 나위도 없는 일이다. 그러므로 당의 강령은 이에 대한 중요한 구체적 방침을 지시하고 있다. 그러나 당의 이 같은 구체적 정책을 이해하기 위해서는 먼저 조선경제의 현재 정세에 대한 원칙적 지식이 필요하다.

현재 조선민족의 경제생활은 총인구의 8할 이상을 포함하는 봉건적 구형태의 농업 외에 극히 영세한 봉건적 생산방법의 가내공업이 잔존해 있을 뿐, 근대적 기업은 총자본금 2,100만 원元에 지나지 않는 미미한 형태로서 극히 중요하지 않은 부문에 한해 분산적으로 경영되고 있다.

그 반면에는 8억만 원이 넘는 거대한 일본제국주의의 공사公私 독점자본에 의해 각종 중요 부문의 산업조직이 전체 경제의 중심적 지배권을 점령하고 있다. 그리하여 후자는 그 절대적인 경제적, 정치적 세력에 의해 전자의 자연적 발달을 절식시켜 급속한 파멸로 유치하고 있는 것이다.

그러므로 현재 조선경제 당면 개조의 근본임무는 어떻게 하면 전 민족 경제생활의 기초를 구성하고 있는 낙오된 농촌 및 수공업적 경제를 식민지적 봉건적 방향으로부터 전환시켜, 가능한 한 그 생산력을 민주주의적 자유발전의 길로 촉성시킴으로써 대중의 생활 수준을 향상시키느냐에 있다. 동시에 어떻게 하면 외래자본의 독점적 지배 세력을 제국주의적 착취로부터 분리시켜 전자의 발전과 재건을 위한 지도적 역할을 하게 이용할 수 있을 것인가에 있다.

그러나 조선 경제의 이 같은 당면임무 중에는 장래 조선 경제의 발전이 조선혁명의 근본 목적에 대한 임무를 완전히 수행할 수 있게 하기 위한 비자본주의적 궤도로 도입하는 유효적절한 최초의 제전제적 입안立案이 준비되어 있지 않으면 안 된다는 사실을 잊어서는 안 된다. 그러나 이 같은 경우에도 현재의 생산력 발전과 대중의 직접적 생활 수준의 향상을 무시해서는 안 된다. 이것은 평등 풍부한 장래의 경제발전은 현재 기초의 속행에 의한 재건과 발전이 없으면 불가능하기 때문이다.

그렇다면 이런 조선 경제의 현 정세와 장래 전망에 대해 당의 강령은 어떤 정책을 표명하고 있는가. 대규모의 생산기관 및 독점적 기업은 국영으로 하고, 토지는 국유로 하여 농민에 분급하며, 노동운동의 자유를 보장하는 등 3개 정책은 당 강령이 조선 경제에 대한 당면 이행의 원칙적 임무로서 규정되어 있기 때문에 그 정책들의 의의를 각각 설명하면 다음과 같다.

첫째, 대규모 생산수단이 국영화하지 않으면 안 되는 근본이유는 두 가지 방면에서 그 의의가 부여되어 있다. 하나는 절대 광범한 대중적 소생산 기초를 독점자본주의적 억압에서 해방시켜 자유로운 민주주의적 발전을 하게 하는 것이며, 다른 하나는 이런 대기업의 지배적 지위를 이용하여 전자의 현재 적극적 발전과 장래 비자본주의적 발전을 위한 지도조직이 되게 하는 것이다.

현재 조선에는 이상에서 논급한 바와 같이 총자본 8억 원이 넘는 일본제국주의의 거대한 여러 독점적 대기업이 각종 중요 산업부문에서 지배적 지위를 확립하고 있고, 또 그 억압에 의해 민족적 제 생산의 기초가 봉건적 형태로부터 탈리脫離하여 발전하지 못하고 파멸 퇴축하고 있기 때문에, 만일 이들 대기업이 민족 전체 의사에 의한 국가의 의식적 지도 아래 소속될 때는 조선 경제의 민주주의적 발전은 급속히, 그리고 순조롭게 촉성될 것이다. 동시에 이것은 장래의 합리적 생산 관계에 도입하는 보장이 될 것이다.

현재 조선에서 대기업은 당연히 국영화되어야 하며, 그것은 이상의 두 가지 방면 외에서도 중요한 의의가 발견된다. 현재 조선인의 대기업은 그 전부가 일본제국주의 자본에 속한 것이며, 우리 민족에 대한 수십 년의 노예적 착취에 의해 축적된 것이다. 이 때문에 우리 민족 자신의 공동행복을 위해 우리 국가에 환원되지 않으면 안 되는 것이다.

둘째, 토지를 국유화하여 농민에게 분급하는 정책은 인구 8할 이상을 포함하는 현재 조선경제의 가장 기본 원천인 농촌의 현상과 장래의 합리적 지도로 그 근본 의의가 부여되어 있다. 현재 조선의 토지는 7할 이상이 일본제국주의의 농업금융자본 또는 개인적 지주에 집중되어 있고, 그 외 3할이 조선인의 대 · 중 · 소 지주에

세분되어 있어 절대다수의 근로 농민은 촌토도 소유하지 못하고 노예적 착취에 의한 극도의 빈궁 상태로 파멸하고 있다.

이와 같은 농촌파멸의 근본적 개조 방법은 일체의 토지를 국유로 하고 경작지를 자유로이 공급함으로써 농민대중을 지주의 봉건적 착취에서 해방시키고 그 재산능력을 풍부히 하여 생활 수준을 향상시키고 소비력을 윤택하게 함으로써 농촌의 발달이 급속히 진행되게 하는 것이다. 여기서 비로소 전국적 생산력의 발전이 가능할 뿐만 아니라 토지국유는 농촌의 장래 합리적 발전의 전제로서, 또 절대 중요한 의의를 갖는 것이다. 왜냐하면 개인적 토지 소유에 의한 근로 농민의 생산수단으로부터의 분리는 농업의 기술적 발달을 저해하고 생산의 대규모적 집체화를 불가능하게 하고 있기 때문이다.

셋째, 노동운동의 자유를 보장하는 일은 국가의 기초를 절대다수 노동민중의 이익 위에 확립하고 국가 제정책에 대한 그들의 수시 비판과 감독의 역할을 보장하는 것이다. 현재 조선의 정세는 제국주의적 억압과 봉건요소 배제에 의한 상품경제 민주주의적 자유 발전이 장래의 풍부 평등한 발전의 전제로서 필요하므로 그 정치적 성질에서도 민주주의에 기초한 중앙집권제가 성립되지 않으면 안 된다.

그러나 이같은 민주주의적 권력이 다만 형식적 민주 권력으로 타락하지 않고 전체 민족의 진정한 권력으로서 의의를 발휘하기 위해서는 경제정책 입안에서도 민족경제의 근본적 지도 지위를 점하고 있는 대기업 및 토지가 국유로 되어 공동의 행복을 위해 조직되어 있지 않으면 안 될 뿐만 아니라 광범한 직접생산자의 정치적 제운동이 절대 보장되어 있지 않으면 안 된다.

조선혁명운동은 자체의 장구한 투쟁의 성과로서 조선혁명운동에 가로놓여 있는 이상 두 가지 근본 문제에 대한 정확한 이념의 파악이 가능했다. 그러나 이것은 가장 적절한 실천적 투쟁의 일반적 전제원리로서 귀중한 가치가 부여되어 있는 데 지나지 않는다. 만약 이것에 실천적 투쟁이 접결接結되지 않았다면 이것은 그림의 떡과 같이 무의미한 것에 지나지 않을 것이다.

4. 현 단계의 중심임무

조선혁명의 투쟁을 승리로써 진전시키기 위해서는 복잡하게 변화하는 내외정세의 필연적 추향을 파악하여 그 근본적 지도 원리에 대조하여 수시로 적확한 당면임무가 확립되지 않으면 안 된다. 그렇다면 현하 내외의 정세는 조선혁명운동에 대해 어떠한 당면임무를 지시하고 있는가.

현재 세계의 정세는 식민지 재분할을 위한 제국주의 전쟁의 시대이다. 그리하여 일본제국주의는 이 전쟁에서 내부에 농후한 혁명적 위기를 안고 있으며 동아에서 선봉적 전쟁분담자로 결정되어 있다. 일본제국주의는 중국을 무력으로 완전히 독점하고 소련을 공격할 것을 임무로 정해놓고 있다.

이로 인해 일본제국주의는 중국 4억 5,000만 민족과 소련 2억 국민의 결사적 투쟁의 대상물로 결정되었음과 동시에, 중국에 있는 영 · 미 제국주의자와도 대립하고 있다. 이런 정세는 조선혁명의 절대적 승리의 계기를 약속하는 것이다. 그러나 이것은 급속한 조선민족의 무장적 독립전쟁의 조직과 그 우군과의 확고한 유기적 연합전선 구성의 전제 아래에서만 가능하다. 그러나 조선민족의 무장적 조직은 먼저 그 정치적 중심조직이 확립한 후가 아니면 불가능하므로 세계정세에 대조되는 현하 조선혁명의 가장 급한 필수임무는 정치적 중심조직의 확고가 아니면 안 된다.

다시 국내 정세는 무엇을 지시하고 있는지 보자. 1928년 이후 세계자본주의 경제공황은 가장 심각한 영향을 식민지적 농업경제에 기초해 있는 조선민족에게 입혔다. 일본제국주의의 참혹한 착취에 의해 파괴된 조선민족의 경제생활은 미증유의[전례 없는] 공황과 그 후 계속해서 발생한 천재天災와 최근 일본금융기관의 적극적 대규모 진출에 의해 남김없이 최후의 파멸이 선고되고 말았다. 그리하여 절대 다수 대중이야말로 노예가 되어 살려고 해도 살 수 없고, 다만 허용된 길은 혁명적 투쟁의 길이 있을 뿐이다. 이것을 증명해 주는 사실은 현재 국내에서 격증해 가고 있는 파업, 항조抗租 등의 숫적 증가와 수시로 발각되고 있는 정치적 결사 음모가 그것이다.

이런 정세의 다른 한편에는 총독부의 이에 대한 야만적 탄압과 일본제국주의 전쟁에 조선민족을 몰아넣어 도살하려는 반동적 정책이 그 특징을 보여주고 있다. 총독부는 국내에서의 이상과 같은 빈곤 대중의 폭동방지를 위해, 또 만주에서의 그들이 전시구사戰時驅使[전쟁 때 이용하기]를 위해 농민에 대한 대규모의 국외추방을 실시하고 있다. 이 정책에 의해 만주로 추방된 농민은 9 · 18사변[만주사변] 후 6년간 통계 숫자만으로도 30만 이상을 초과하고 있을 뿐만 아니라, 총독부는 방대한 규모의 대중소 침략전對中蘇侵略戰에 조선민족을 구사도살驅使屠殺하기 위한 준비로서 각 공 · 사립학교 생도, 기타 관제官製 청년단 소속 인원, 소방대원 등에게 군사적 하급 사관 훈련을 실시하고 있다.

이런 각종의 국내 정세는 조선혁명의 당면적 최급선 임무로서 조선민족의 혁명적 중심조직 확립을 요구하고 있다. 왜냐하면 이런 중심적 조직이 확립되지 못하는 한 혁명의 조류에 동요하고 있는 군중을 이끌어 정확한 승리의 길로 나아갈 수 없기 때문이다. 반동적 정책에 납치되어 있는 일체의 세력을 혁명의 공구工具로 환용還用할 수 없기 때문이다.

현 단계의 내외정세는 이같이 가장 엄중한 혁명적 계기에 있다. 조선민족 최후의 혁명적 승리를 위해 먼저 무엇보다 민족적 결합의 중심적 고리로서, 결심적 민족독립전쟁 최고사령부로서, 세계 피압박민족 연합전선의 교환수로서 정치적 중심조직의 확립을 급수急須히 요구하고 있다.

그러나 현재 조선민족에게 이것이 준비되어 있는 것일까. 또 준비되어 있다고 하면 어느 정도까지 준비되어 있는 것일까. 과거의 조선혁명운동은 그 투쟁 분량의 많음에서나 질의 격렬성에서 결코 과소평가할 수 없는 위대성을 가지고 있었다. 그런데도 불구하고 조직적 임무에서는 그 최초의 기초조차 조성되어 있지 않았던 것이다. 이것은 물론 조선민족이 처한 종종[가끔]의 환경이 일시성 또는 부분성 행동의 가능성은 있었다해도 계속적 지구전과 조직적 교통동작交通動作은 극히 곤란했던 객관적 사정에도 원인이 있는 것이지만, 이보다 더 중요한 원인은 조선민족의 주관적 근본 약점인,

(1) 봉건 단계에서 아직 벗어나지 못한 민족적 문화 수준은 광범한 군중의 거의 전부가 문맹文盲으로서 정치적 자동 능력이 유치한 점.

(2) 이로 인해 운동이 주로 지식계급의 지사志士, 청년, 학생 등에 의해 지도되며, 이들 지도자는 과거 봉건적 지배계급사회의 습관, 도덕의 전통 그대로의 자연계승에 의한 사상 습관의 제결함, 즉 ① 지식이 과학화되지 않은 점, ② 깊고 오랜 분파적 습관에 의한 단결력 결핍, ③ 사대의타 사상에 의한 자기책임의 박약, ④ 공리空理를 숭상하고 실학實學을 멸시하는 여류餘流로서 추상적 이론만 좋아하고 실천에 불충실한 점. 방랑불기放浪不羈의 오류放遊를 고상한 것으로 생각하여 세무世務의 번요煩擾를 싫어하는 폐풍弊風에 의해 규율에 대한 복종심과 내구 지구력耐久 持久力이 부족한 점

등이다. 이 주관적 결함이 극복되지 않는 이상 조선민족의 조직 문제는 결코 해결되지 않을 것이다. 그러나 장구한 시간을 통한 운동의 성과는 끝내 그 서광을 가져온 것이다. 조선민족 일반의 정치적 각성의 고도화와 혁명적 지도자의 어느 정도 자각

적 훈련화가 그것이다. 조선혁명운동에서 가장 투쟁의 역사가 오래이고 또 그 방법이 열렬했던 5개 단체 합동에 의해 창립된 본당은 조선혁명운동에 모습을 나타낸 이 역사적 서광을 지적하고 있는 것이다.

본당 창립에 의해 조선민족의 혁명적 중심조직은 확실히 그 최초의 기초만은 형성되었다고 볼 수 있다. 조선민족의 영역이 아닌 해외에 위치해 있는 본당이 어떻게 조선민족의 중심조직이 될 수 있는가 하는 것은 조선민족의 실정에 눈 어두운 기계주의자의 희언戱言[우스갯소리]이다. 조선민족의 중심적 조직의의가 반드시 조선 중앙에 위치하지 않으면 안 된다고 하는 지역적 의미를 갖는 것은 아니다.

이상의 문제는 능히 그 조직이 조선민족을 정확한 혁명의 길로 지도하고 조직하여 그 최후의 승리를 전취할 수 있게 하고, 또 세계적 원조의 역량을 파취把取하고, 이를 조선민족의 혁명에 능히 결착시킬(매듭지을) 수 있는가 하는 데 있지만, 현재는 아직 국내 환경이 이렇게 하기 위한 지도부의 근거적 활동을 불가능하게 하고 있으나 해외에서는 가능하다. 또 그것이 해외에 위치함으로써 국내와의 유기적 고리의 구성이 불가능하지 않은 이상 당 지도부가 해외에 위치하고 있다는 조건만으로 혁명의 중심적 임무 이행에 방해가 되지 않을 뿐 아니라, 현재 조선혁명의 결정적 무장투쟁의 지점은 국내보다 해외인 중국에서 오히려 더 큰 의의가 발견되는 것이다.

그러나 본당이 조선민족의 혁명적 중심체로서 위대한 임무를 담당할 수 있는 확고한 기초 조성은 그 지도부의 위치 문제가 아니며 기타 문제에서도 긴급한 제 임무를 신속히 수행한 후가 아니면 안 된다. 본당이 조선민족혁명의 중심체로서 기초를 확고히 하기 위해서는 무엇보다 먼저 혁명의 전개를 지도하기 위해 광범한 군중의 내면에서 강고한 조직의 기초를 갖지 않으면 안 된다. 지도자를 민중 속에 광범위하게 배치함과 동시에 민중 안에서 지도자를 획득하여 각지에 세포를 조직하는 일은 본당의 새로운 기초 건설을 위해 가장 중요한 임무이다. 이런 실제적 조직기초를 가질 수 없을 때는 설령 어떤 명목으로 하더라도 결코 완전한 혁명적 중심당이 될 수 없다. 이런 조직이 확립됨으로써 비로소 당은 민족에 대한 지도가 확립되는 것이며 그 투쟁능력이 풍부해짐으로써 근본적 임무 수행이 가능한 것이다.

조직 없는 지도부는 신체 없는 두뇌와 같다. 종래의 조선혁명운동은 지도자의 공중누각이었다. 그러므로 그때의 유일한 요구는 보기에 그럴듯한 간판과 수신인이 없는 공문公文을 발송하는 일이었다. 이러한 전통은 아직 우리들의 대오隊伍 안에서 확실히 청산되었다고 할 수 없다. 그러므로 이러한 어느 정도 부패한 의식은 혁명적 활동의 최대 적으로 선언하지 않으면 안 된다. 그러나 이 기초조성의 중요한 전제조건은 지도자의 혁명적 수준의 제고와 행동 기술의 훈련이다. 결함만 많았던 과거 조선혁명운동자의 전통은 현재도 아직 광범하게 전승되어 있는 이런 전통이 철두철미 청산되지 않으면 결코 운동의 비약적 발전은 불가능하다.

현재 조선혁명운동 진행상의 통심사痛心事인 최대 결핍의 곤란은 자금보다 무기보다 훈련된 지도자이다. 이 지도자는 영웅주의적 분파성, 무책임한 공식주의 등 전통의 유전병을 제거하고 진실로 위대한 결사적 민족전民族戰에서 그 지위와 본분을 자각하여 광범한 군중을 지도할 수 있고, 또 삼엄한 혁명적 규율에 복종해야 함을 알아야 한다. 항상 혁명적 이념에 굳건히 근거하여 개인적 감정에 동요되지 않고 혁명의 비밀을 자기 생명보다 중하게 간직해야 함을 알며 혁명의 원리를 알고 그 전술을 종횡으로 활용할 줄 알아야 한다.

전투적 신조류의 조출造出은 당의 중심기초 조성을 위해 조선혁명의 비약적 발전을 이루어야 할 현 단계의 가장 중요한 임무가 되지 않으면 안된다. 이런 신조류가 조출될 수 있을 때 당은 조선민족의 견실한 중심적 투쟁주체로서 능히 전민족과 함께 최후의 승리를 전취할 수 있게 되는 것이다.

- 한글화 : 김상한.

3. 진정한 혁명가

진정한 혁명가는 어떤 사람인가? 석정은 조선혁명간부학교 제1기를 졸업한 얼마 후 의열단 제7차 정기대표대회(1933년 6월)에 참석하였을 때 회의 끄트머리에 자신의 혁명가론을 피력한 바 있다.

우리 혁명가에겐 인고와 결핍이 붙어 다녀서 늘 박해받고 경제적 곤란에 봉착하게 되지요. 하지만 우리 광휘한 의열단원은 언제 어떠한 경우에도 마음에 깊이 새기고 그 시련을 돌파하는 혁명전사가 되어야겠습니다. 단의 지령과 규율을 엄수하고 본부와 동지간의 연락이 잘 되도록 노력하지 않으면 안 될 것입니다.

— 김영범(2013), 89쪽.

혁명가는 척박한 환경을 충의의 정신으로 일구어 금자탑을 조금씩 쌓아 올려야 함을 강조하였다. 상세한 내용은 민족혁명당 소식지에 실린 그의 글에서 찾아볼 수 있다.

당원용 소식지는 여럿이지만 그것은 '당보'黨報(1935. 10. 1. 창간)에서 출발하였다. 석정이 주관하여 보름 간격으로 발간하였는데, 제5호까지는 아래에서 보듯이 국외정보, 국내정보, 당무보고의 세 가지 주제로 구성되었다.

당보 제5호(1935년 12월 25일) 목차	
一. 국외정보 보고재료 및 비판 1. 런던 해군회의 A. 일본 B. 미국 C. 영국 D. 프랑스 E. 이탈리아 2. 이탈리아 · 에디오피아 和協問 題에 대한 英佛 타협안의 실패 3. 英美의 貨幣戰 4. 최근의 북중국 문제 二. 국내정세 보고재료 및 비판 1. 表面운동단체의 상황 2. 통제경제와 민족경제의 최후적 소탕	3. 과세부담에 나타난 민족적 富의 상태 4. 敵의 소위 문화시설과 우리 군중이 이용하고 있는 실상 5. 在滿同胞의 인구 및 금년에 새로 이주한 동포의 인구 ≪만주 항일군 활동≫ 三. 당무보고재료 (一) 당내공작 1. 회의 2. 선전 (二) 당외공작 1. 외교 ≪동지들이여!≫

소식지는 1937년 3월부터 주간신문 『앞길』로 바뀌었고 석정은 제11호의 사설에 '석전경우'石田耕牛를 실었다. 그는 왜 혁명가를 '황무지밭을 가는 소'에 비유하였을까?

앞길 第11호(1937년 5월 10일) 목차
• 社說 : 石田耕牛!
• 一週間 世界動態
• 革命同志救濟委員會 負責先生 – 本社 記者를 向해 近間 情況을 披瀝
• 朝鮮과 入學地獄
• 上海事變 秘史 – 吳淞砲臺의 名砲手 朝鮮靑年 金水山
• 一週間 弱少民族 消息
• 革命聖地 巡禮
• 廣東 來稿

◈ 황무지밭을 가는 소(石田耕牛)[6]

사람의 역사는 사람이 만든다. 거미가 나는 곤충을 잡아먹기 위하여 거미줄을 짜고, 꿀벌이 끈끈한 액체를 분비하여 벌집을 만드는 것이 서툰 건축사를 비웃을 만큼 그 짜임새가 절묘하다. 자연이나 인간으로서의 건축사는 그가 아무리 조잡한 건축사일지라도 그는 한 칸의 가옥을 건축하기 전에 반드시 목적의식에 준거한 관념의 설계를 한다. 그리하여 꿀벌이 벌집을 건축한다는 그것과 인간으로서의 건축사가 가옥 건축하는 그것과의 차이는 다시 말해 의식적이 아닌 동물적 본능 그것과 일정한 목적의식 관념을 가졌다는 그것이다.

동양에서 고대로부터 인간은 만물의 우두머리가 된다는 그 우두머리 된 바는 곧 위에서 말한 바와 같은 차이도 그 우두머리가 될 수 있는 하나의 충분조건일 것이다. 여기서 일반 자연계의 발전은 그 자연계 내부에 포함되어 있는 합법칙성合則性으로 말미암아 불완전에서 완전으로 성장하게 된다. 자연이나 인류사회의 역사는 그 변혁에 있어서—보다 더 높은 단계로 단계로 추진되어 가는—자연계의 합법칙성 그것과는 같지 않다.

즉, 인류 역사는 주어진 바 역사 단계에 있어서 그 인류사회를 구성한 인간이 역사 단계의 존재적 조건에 존재된 일정한 인식적 파악이 있고 그것이 인식적 파악에만 그칠 뿐 아니라 일정한 목적의 이상理想을 설정하며 그것을 실현하기 위하여 그 자신, 즉 인간이 적극적으로 참가하는 의식적 실천을 통하여 그 목적 이상을 추구함으로써 거기서 인간 역사는 인간이 비로소 만들게 되는 것이다.

6) 원문은 국사편찬위원회 : 대한민국임시정부자료집 37권, 앞길 제11호(1937년 5월 10일) https://db.history.go.kr에서 볼 수 있다.

기존의 역사가 그러하였음과 같이 미래의 역사 또한 예외가 아닐 것이다. 뿐만 아니라 비과학적 철학사관으로부터 완전한 과학적 사관에 입각한 현대의 전 세계 피압박민족은 맹목적이 아닌 목적의식으로 무장하고 인류 그 자체가 자신의 역사를 만들고 쇠사슬로부터의 해방을 위한 맹렬한 실천적 투쟁이 전개되고 있는 것은 기존 역사에서 발견할 수 없는 격렬성을 포함하고 있다.

이에 민족적으로 사회적으로 경제적으로 최악의 오늘날 역사를 가지고 있는 우리 조선에 있어서 누구를 정당하고 진정한 혁명가라고 규정할 수 있는가? 그것은 세계의 일환으로서의 세계적 조선 그리고 또 조선적인 조선 자체의 특수한 조선 등 전면적 관련성에 입각하여 정확한 우리의 객관적 사실을 분명하게 인식하고 이에 기준하여 충실한 자와 동시에 시종일관한 석전경우石田耕牛[황무지밭을 가는 소] 정신의 소유자가 바로 그것이다. 자신의 삶이 끝나는 순간까지 모든 어려움을 깨뜨리고 매진하는 자가 우리 조선의 정당하고 충실한 혁명자일 것이다.

그러나 과거의 우리 혁명자들은 이렇지 못하였고 지금도 극소 부패한 부분이 남아 있는 것이다. 9 · 18사변(만주사변, 1931) 후 우리의 숙적 일본의 단말마斷末魔[극심한 고통]의 야만폭정은 조선혁명운동의 사이비적 혁명가들을 도태하여 주었으니 전혀 새로운 어떤 종류의 진통기이었다.

평화 시기에 혁명 조류의 상승기에 있어서는 혁명가인 체 분장하고 있던 사이비하고 불철저한 집합적 혁명세력 또는 혁명자 다수가 후진, 좌절, 심지어 적의를 품고 투입한 자가 얼마나 되는가. 이것은 필연적 도태이다. 이와 같은 영웅주의, 브로커적 시정배의 심리에 근거를 둔 싸구려 혁명자들은 평화 시기에 있어서는 일정한 주견이 없는 것은 차치하고라도 겉으로 훌륭한 광마狂馬처럼 하루에 천 리를 달리는 기세로 질주하다가 곧 지쳐서 용두사미격으로 비참한 최후를 맺고 만다. 과거 조선 혁명 선상에서 명멸하던 다수가 이러한 타입이었으며 필연적 결과로 반동의 길로 가버리고 만 것이 아닌가.

혁명과정 중 가장 귀한 것, 즉 최후의 승리는 기름 흐르는 변설이나 하루 천리 기세의 광마보다도 묵묵한 가운데 철두사미徹頭蛇尾 시종일관하는 와신상담 정신의 소유자로서 석전경우의 '타입'만이 최후의 승리를 획득한다는 것은 과거 각국 혁명 역사가 증언하여 주고 있다. 혁명 초기에는 겉으로 훌륭한 천리마가 선두에 섰으나 파란 많은 곡절에 따라 석전경우가 이제부터 선두에 서서 조선의 황무지밭을 갈고 있다.

앞으로의 조선혁명은 과거의 사이비 혁명자가 도태된 후 혁명과 생사를 같이한 전투적 부대로서 진행되고 있는 것이니 조선의 혁명은 확실한 자신감을 우리들에게 준다.

그리고 우리들은 과거 다수의 혁명자가 타락됨에 대하여 관심할 바가 못 된다. 이러한 것은 혁명과정 가운데 당연히 불가피하게 있는 사실이니 어느 때나 조선혁명에 대한 열렬한 성의로써 조선혁명을 내 자신의 것으로 생각하고 노력하면 머지 않은 장래에 성공이 있을 것을 확신한다.

- 한글화 : 김상한.

위의 글은 석정이 1932년 이후 수년간 조선혁명간부학교 졸업생 및 특파공작원을 관리하면서 느낀 소회일 것이다. 그는 우직한 소에서 혁명가의 참모습을 찾았다.

첫째, 언뜻 보기에 불가능해 보일지라도 목표를 향해 우직하게 노력한다. 열자(기원전 4세기경)는 '우공이산'이라 하였으니, 어리석은 노인[愚公]이 산을 옮기는[移山] 노력을 자자손손 이어가서 마침내 뜻을 이루었다. 둘째, 천천히 가더라도 목표를 향해 꾸준히 나아간다. 순자(c.298~c.238 BC)는 '파별천리'라 하였으니, 굼뜨게 기어가는 자라跛鱉가 천리千里를 간다. 이솝 우화 '토끼와 거북'이 깨우쳐 주듯 빠르고 능숙한 '토끼'도 자만에 빠지면 느릿하지만 꾸준한 '거북'에게 질 수 있다. 셋째, 번지르르한 변설보다는 묵묵한 가운데 맹렬하게 투쟁한다. 여기에는 과학적 사관에 입각한 투철한 목적의식이 필수적이라 하였다.

석정은 '황무지밭을 가는 소'처럼 우직하게, 꾸준히 그리고 묵묵히 '자신의 삶이 끝나는 순간까지 모든 어려움을 깨뜨리고 매진하는 자가 우리 조선의 정당하고 충실한 혁명자'라고 역설하였다. 헌데 왜 굳이 '소'를 인용하였을까? 그가 불자佛子인 데다가 사찰의 벽화에서 흔히

볼 수 있는 10폭의 심우도尋牛圖에 관련될 것 같다. 이것은 목동이 소를 찾아가는 일련의 과정에 빗대어 마음의 밭을 갈아 스스로의 불성佛性을 찾아야 함을 가르친다.

'황무지밭을 가는 소'를 발표한 1937년 봄 윤세주는 밀양으로 사람을 보내 가족을 중국으로 데려왔다. 부친 윤희규에 이어 모친 김경이(1856~1936)마저 별세하자 부인 하소악과 아들 남선을 더 이상 떼어놓을 명분도 없고, 5년 전 중국으로 망명하면서 생활 기반이 잡히는 대로 불러들이겠다는 서약을 모른체할 수도 없었을 것이다.

석정 가족은 난징에서 상봉하였다. 그때 김원봉, 박차정, 윤세주, 김두봉, 한빈, 신익희 등 민족혁명당 지도층은 난징 중화문내 화로강의 묘오율원妙悟律院이라는 큰 사찰 주변에 거주하였다. 다음 사진은 석정의 거소였던 호가화원을 보여주는데, 독신이었던 한빈, 김두봉은 그의 집에 얹혀살았다.

어쩔거나! 하소악이 오매불망의 남편과 상봉한 지 몇 달 되지 않아 1937년 7월 7일 중일전쟁이 터진 게 아닌가! 후일 이것은 유럽의 서부전선과 동부전선, 아시아의 태평양전쟁과 더불어 제2차 세계대전에 포함되었다. 사태가 심상찮음을 간파하고 석정은 부인에게 귀국을 종용하면서 '독립과 자유의 그날 다시 만나 단란하게 살자'고 하였지만, 부인은 완강하게 거부하였다.

또다시 저를 저버릴 건가요?
제가 어디로 갈 수 있겠어요?
친정에도 시집에도 부모님이 모두 돌아가셨으니
누구에게 기댈 수 있겠어요?
충직한 남편을 두고 어디로 갈 수 있나요?
저를 외톨이로 만들지 마세요.

부인은 당원 자녀를 돌보는 등 후생 복무를 통해 힘을 보태겠다는 게 아닌가. 이미 세 차례나 가족을 저버린 적이 있는 석정으로서는 말리지 못하였다. 결과적으로 민족혁명을 위해 사랑까지도 바치는 모양새가 되었다.

일본군은 베이징北京과 텐진을 장악한 후 1937년 8월 13일 상하이를 공략하였다. 중국의 수도 난징의 턱밑까지 전운이 드리우자 민족혁명당은 더욱 바빠졌다. 석정은 8~10월 상하이로 가서 비밀당원의 대일본군 공작을 지도하였다. 프랑스 조계에 아지트를 두고, 상하이 방송국에서 20일간 일본인과 국내 민중에 대한 심리전 방송에 출연하였다. 그가 일본어와 중국어에 능통하였기에 가능한 일이다.

중국 국민당은 민족혁명당에게 특별의용군의 결성과 훈련을 허용하고 장비와 군비의 지원을 결의하였다. 항일전에 필요한 전사를 양성하기 위해 중앙육군군관학교 성자분교 특별훈련반(황포군관학교 제13기)을 기획하였다.

다음 사진은 난징 화로강 묘오율원에 있는 민족혁명당 청년당원의 합숙소이다. 김학철을 포함한 수십 명의 청년은 이곳에 집결한 후 성자분교로 이동하기로 되어 있었다.

우리가 남경에 도착했을 때 화로강은 거의 비어 있다시피 했었다. 원래 있던 '화로강패'('중앙대학패' 등 포함)들 제1진이 이미 강서성 여산록 파양호반에 자리잡고 있는 중앙육군군관학교 특별훈련반으로 떠나간 뒤였기 때문이다. 우리들 '상해패'는 '광동패'('중산대학패' 등 포함)들이 도착하기를 기다려 가지고 제2진으로 함께 출발을 해야 했다. 민혁당 수뇌부는 전쟁(중일전쟁 1937~1945)이 터지자 전국 각지에 흩어져 있는 청년당원들을 전부 집중해가지고 군사 훈련을 시킨 뒤에 조선의용대를 창건할 계획이었던 것이다.

화로강에서 10여 일을 대기하는 동안 나는 헝가리의 애국 시인 페데피의 시와 처음으로 대면을 했다.

사랑이여
그대를 위해서라면
내 목숨을 바치리
하지만 사랑이여
자유를 위해서라면
내 그대마저 바치리

나는 곧 미쳐날 지경으로 격동해 이 시를 읊조리고 읊조리고 또 읊조렸다.
— 김학철(1995), 137–138쪽.

김학철은 앞에 소개한 이화림처럼 '자유'를 갈구하는 피 끓는 청년이었다. 이들은 자신의 목숨뿐 아니라 '사랑'까지도 민족혁명을 위해 바치겠다 하였으니 얼마나 무시무시한가? 조선의용대원이 모두 그런 비장한 각오가 되어 있다면 일당백一當百의 전사일 것이다.

'자유를 위해서라면 / 내 그대마저 바치리.' 자유가 우리 인생에서 최고 가치라지만 사랑을 이처럼 쉽게 포기할 수 있을까? 사랑은 삶의 활력소이며, 그것을 잃으면 사람으로서의 품격을 갖추기 어렵기 때문이다.

공자도 인仁, 즉 사랑을 최고의 이념으로 여겼다. 인간은 인의예지仁義禮智의 도덕적 가치를 가지고 태어났으므로 모름지기 인으로 수양하고 예로 행동하라 하였는데, 인仁의 중요성은 제자 자하와의 대화에 잘 드러나 있다.

어느 날 자하가 공자에게 물었다. "'고운 미소에 팬 보조개, 아름다운 눈에 또렷한 눈동자, 흰 바탕에 여러 색깔을 칠했구나?'라고 하셨는데 이것은 무슨 뜻입니까?" 공자가 대답했다. "그림 그리는 일은 흰 바탕 이후의 일이다." 자하가 여쭈었다. "예禮는 인仁보다 나중에 온다는 것입니까?"
— 사마천, 『사기』 '중니 제자 열전'.

석정은 남녀의 사랑을 소중하게 여겼다. 아무리 혁명사업에 바쁘더라도 사생활을 외면하지 말 것을 강조하면서 이화림에게 이집중(이종희)을 소개하고 결혼을 주선하였다.

이집중(1890~1946)이 누구인가? 그는 김원봉과 함께 황포군관학교 제4기를 졸업하였으며, 조선의용대 창설기념 사진(본문 167쪽)에서 석정과 김원봉 사이에 우뚝 서 있는 키 큰 남자이다.

그렇다. 자유를 갈구하면 되지 사랑까지 희생시켜야 하나? 그때는 살벌한 전쟁 중이었지만 석정은 평상심을 잃지 않았다. 그에게는 페데피의 시보다는 '그리스인 조르바'로 유명한 소설가 니코스 카잔차키스(1883~1957)의 묘비명이 훨씬 가슴에 와닿았을 듯하다.

> 나는 아무것도 바라지 않는다.
> 나는 아무것도 두렵지 않다.
> 나는 자유롭기 때문이다.

제4장

최후의 결전을 향하여

〈조선의용대의 석정 윤세주〉

위의 사진은 조선의용대가 1938년 10월 10일 중국 후베이성湖北省 한커우에서 창설되었을 때 찍은 기념사진(본문 167쪽)에서 발췌되었다.

일본은 만주사변에 이어 중일전쟁(1937년), 태평양전쟁(1941년)을 일으키면서 우리나라를 병참기지화하는 동시에 민족말살정책을 추진하였다. 주민들이 일본 천황에게 충성을 맹세하게(1938년) 하고, 성명을 일본식으로 바꾸게(1939년) 하였다. 언론탄압으로 1937년에 조선중앙일보, 1940년에 동아일보와 조선일보가 폐간되었으며, 집회·결사가 허가제로 바뀌어 민족해방운동이 원천적으로 봉쇄되었다.

중국 난징에서 민족혁명당은 분열을 피하지 못했다. 당내 우파세력이 의열단계 성원의 절대적 우위에 불만을 품었고, 김구의 임시정부에 대한 태도도 당파에 따라 엇갈렸다. 조소앙·박창세(한국독립당 계열), 최동오(조선혁명당 계열), 이청천(신한독립당 계열)이 빠져나가 김구파의 애국단체들과 연합하여 한국광복운동단체연합회(1937. 8. 17.)를 만들자, 민족혁명당은 조선민족전선연맹(1937. 11. 12.)을 결성한 후 조선의용대(1938. 10. 10.)를 창설하여 한중연합의 항일전선을 펼쳐나갔다.

1. 조선의용대 창설과 북상항일

조선민족전선연맹은 이사가 김원봉(조선민족혁명당), 유자명(조선혁명자연맹), 김성숙(조선민족해방동맹), 김학무(조선청년전위동맹) 등 넷이었고, 간사는 윤세주·한빈·신악·한지성·박차정 등 다섯이었다. 그들은 난징에서 목선을 타고 후베이성 우한武漢으로 후퇴하여 한커우에 사무소를 설치하였다. 가족은 다시 장강 상류의 임시수도 충칭重慶으로 대피하였는데, 도중에 일본군의 난징 대학살(1937. 12. 13.) 소식을 듣고 치를 떨었다.

항일전에 대비하여 민족혁명당은 중국의 제의에 따라 청년당원에게 중앙육군군관학교 성자분교 특별훈련반 제6기(황포군관학교 제13기)로 입교하게 하였다. 생도는 난징 화로강에 합숙 중이던 특무대원 전원과 각지에서 급히 모집한 청년이었다. 이들은 1937년 10월 하순과 11월 초순 두 차례 나누어 기선을 타고 장시성江西省 성자현으로 이동하였다.

중앙육군군관학교 성자분교 특별훈련반 생도(1937. 12. 1.~1938. 5. 24.)							
윤치평	이 강	심성운	김학철*	마춘식	장 의	정창파	장문해
문정진	이 휘	오민성	김경운	마일신	장중광	정원형	김 휘
문명철	이형래	주운룡	김정희	진한중	허금산	박성률	장해운
문정일	이홍빈	임상수	김 화	진일평	고봉기	장원복	황재연
왕현순	이대성	임평	김 무	진국화	풍중천	박 무	하진동
왕 통	이해명	김동학	이성호	진원중	최철호	한덕지	우자강
석성재	이 달	김창만	호철명	서상석	최성장	나중민	김창규
백 정	이동호	김철원	이상조	장중진	최계원	안창손	황 민
주동욱	이명선	김○	호유백	장봉상	황기봉	이명준	장평산
주 연	이소민	김하철	홍순관	장진광	조소경	김용섭	
주 혁	여해암	김학무	마덕산	장지복	정 염	서 각	

생도는 모두 86명이었다. 이들 중에서 김학무, 왕통, 이달, 김창만, 마일신, 진원중, 이해명 등은 나중에 조선의용대 간부로 활동하였다. 김학무(1911~1943)는 누구인가? 그는 특별훈련반에 들어오기 전인 1932년 초 상하이에서 윤봉길과 가까이 지낸 적이 있다. 두 사람은 안중근의 하얼빈 의거(1909. 10. 26.)에 대해 논쟁을 벌였다.

(김학무) "그래 적의 요인만 처단하면 민족 독립을 되찾을 수 있다는 말인가? 안중근이 이등박문을 해치운 지 20년이나 되는데 일본제국은 아직도 멀쩡하지 않은가?"

(윤봉길) "하나만 해치워서 되지는 않지. 우두머리를 깡그리 요절내야지. 한 첩 약에 병이 낫는 것을 보았나?"

(김학무) "소수인의 용기만 가지고는 민중 해방을 쟁취하지는 못하네. 반드시 민중을 동원해야 해."
(윤봉길) "그것은 비겁한 자의 핑계에 지나지 않아."
(김학무) "천만에. 사회과학을 무시하는 정치열병에 걸려선 아무것도 못 해."
(윤봉길) "마음대로 해석하라고. 난 어쨌든 내 갈 길을 갈 거니까."

상하이 사변(1932. 1. 28.)의 승전을 경축하는 열병식이 훙커우공원에서 열렸을 때 윤봉길은 폭탄을 던져 일본의 주요 인사를 폭살하였다. 그해 연말 그가 사형되었다는 소식을 신문에서 읽자 김학무는 울음을 터뜨렸다.

(김학무) "난 담이 너무 작아. 김학무가 열이라도 윤봉길 하나를 당하지 못해. 정말이야."

– 권오근(1987), 181–182쪽.

특별훈련반의 조선인 교관은 4명(김두봉, 한빈, 석정, 김홍일), 조선인 소대장 2명(이익성, 최경수), 조선인 중대 지도원 1명(주세민)이었다. 석정은 한국독립운동사, 한빈(왕지연)은 정치경제학, 김홍일은 전술학, 김두봉은 한국역사를 각각 강의하였다. 생도 김학철(*)은 석정을 다음과 같이 회고하였다.

석정 선생님은 당시 30대 후반의 장년으로서 훌쭉한 얼굴, 호리호리한 몸집에 목소리까지 잔잔해 도무지 용사 같아 보이지를 않았다. 사이코 마코토 총독을 살해하려고 폭탄을 가지고 국내에 잠입했다가 발각돼 7년 동안 징역을 살고 나온 열혈한으로는 도저히 보이지를 않았다.

하건만 그분은 우리 당의 손꼽히는 이론가였고, 또 그 물이 흐르듯이 거침이 없는 현하지변懸河之辯에는 어떠한 적수도 맞서지를 못했다.

나는 석정 선생님의 가르침을 받고 또 지도를 받는 몇 해 동안에 그분이 역정 내는 걸 한 번도 못 봤다. 그분은 언제나 순순히 타이르는 식으로 우리를 설복하셨다.

그분은 또 우리 당의 기관지 '앞길'의 주간이기도 했다. 그러니 나 이 독립운동의 초년병이 그분을 숭배하게 된 것은 당연한 일이 아니겠는가.

– 김학철(1995), 115–116쪽.

또한 석정은 특별훈련반을 위해 〈최후의 결전〉을 작사하는 음악적 재능을 보이기도 하였다. 선율은 폴란드 노래 '바르샤바 혁명행진곡'에서 빌려오면서 단조를 장조로 바꾸고, 2절의 노랫말을 붙였다. 그는 조선 민중을 중국의 항전에 동원하여 압록강과 두만강 건너 진공함으로써 우리에게 독립을 안겨줄 최후의 결전도 가능해질 것으로 굳게 믿었다. 다시 말해 이 노래는 조선의용대의 동북 노선(화북 → 동북 → 조선)을 바닥에 깔고 있다.

(제1절) 최후의 결전을 맞으러 가자 / 생사적 운명의 판가리로
나가자 나가자 굳게 뭉치어 / 원수를 소탕하러 나가자
(제2절) 무거운 쇠사슬을 풀어헤치고 / 뼈 속에 사무친 분을 풀자
삼천만 동포여 모두 뭉치자 / 승리는 우리를 재촉한다
(후렴) 총칼을 메고 혈전의 길로 / 다 앞으로 동지들아
혁명의 깃발 우리 앞에 날린다 / 다 앞으로 동지들아

◈ 윤세주의 항일가요 〈최후의 결전〉에 대하여

김덕균

항일가요 〈최후의 결전〉은 1930년대 말기로부터 1945년까지 중국의 산해관내에서 일본침략자들과 영용하게 싸운 조선인들의 무장부대인 조선의용대, 한국광복군, 조선의용군의 전사들 가운데서 널리 불린 대표성을 띤 노래 중의 하나이다. 해방 후 연안과 화북 일대에 널려 활동하던 조선의용군은 동북에 진출하여 1지대(요녕성), 3지대(흑룡강성), 5지대(연변), 7지대(길림지구)로 재편성된 후 동북 각지의 조선민족들을 조직하여 확군사업을 하면서 토지개혁과 국내해방전쟁에 참가하였다. 이 시기에 조선의용군(후에 동북민주련군에 편입)은 곳곳에서 〈최후의 결전〉, 〈조선의용군 행진

곡〉을 비롯한 관내에서 불렀던 혁명가요들을 보급하였다. 많은 노래들 가운데서 최후의 결전과 조선의용군 행진곡이 가장 애창되었는데 조선민족이라면 민요 〈아리랑〉이거나 〈도라지〉를 그 누구도 부를 줄 알듯이 〈최후의 결전〉은 남녀노소가 저마다 부르는 명곡으로 되었다.

필자는 소학교 3학년에 다니던 1946년에 이 노래를 배웠고 1963년에 친히 채보하여 연변민간문예수집연구조에서 출판한 『조선민족 민간문예 자료집』 제2집에 발표한 일이 있다. 1979년 료녕민족출판사에서 출판한 『리홍광지대(조선의용군 1지대) 혁명가곡선집』에도 다른 음악가의 채보로 된 〈최후의 결전〉이 실렸다. 지금도 중국의 조선민족 특히 50세가 넘은 사람들은 〈최후의 결전〉을 모르는 사람이 없어서 때때로 이 노래를 부르고는 들끓던 혁명연대를 감명 깊게 회고하곤 한다.

이 곡은 거의 박자마다 부점음부가 있어서 추진력과 약동성이 강한 표현력을 갖고 있어 가사의 내용과 매우 적절하게 일치된다. 조선의용군의 전사였던 최채, 김학철 두 분의 회고에 의하면 이 노래는 뽈스까의 〈와르샤와혁명 행진곡〉에다 윤세주가 가사를 써넣은 것이라 한다.

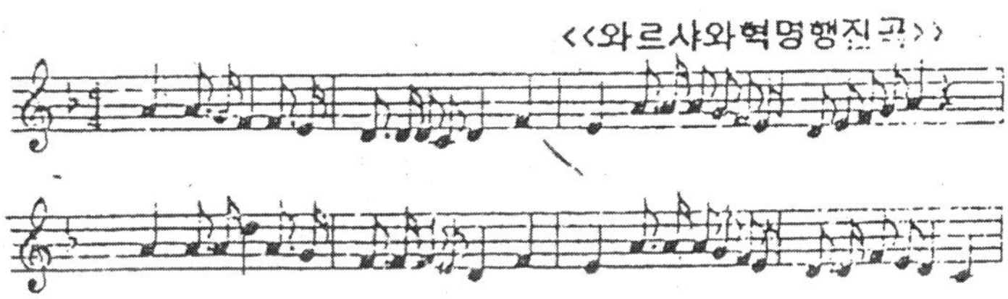

〈최후의 결전〉과 〈와르샤와혁명 행진곡〉을 대비하여 보면 매우 묘한 문제가 발견된다. 〈최후의 결전〉은 〈와르샤와혁명 행진곡〉보다 소3도가 높은 대조의 노래로 되었다.

1990년 일본에서 일본문으로 출판한 山根俊郎의 『在日朝鮮人運動資料集』(神戸 : 長征社 1990) 〈까마귀야 우지마라〉에 〈와르샤와로동자의 노래〉가 실렸다. 그러니 이 곡에 이미 발견된 것만 하여도 세 가지(와르샤와혁명 행진곡, 와르샤와노동자의 노래, 최후의 결전) 가사가 붙었다. 〈와르샤와노동자의 노래〉가 먼저인지 〈와르샤와혁명 행진곡〉이 먼저인지는 명확히 알 수 없지만 〈최후의 결전〉은 〈와르샤와혁명 행진곡〉에다 새롭게 가사를 지어 넣었다는 것이 명확하다.

이 노래가 대조노래로 변한 것은 당시에 외국의 소조노래들이 우리 민족에게 쉽사리 접수될 수 없는 시대환경에서 나타난 현상인 것 같다. 서양의 음악문화가 금방 들어오니 우리 민족의 전통적인 노래가 갖고 있는 선률구조와 엄청나게 다른 소조노래가 우리의 구미에 맞게 변태되어 유전된 것이다. 이와 같은 다른 한 가지 예로는 1930년대의 대중가요 〈타향살이〉를 들 수 있다. 〈타양살이〉가 중국의 여러 곳에서 대조로 변태되어 유전되었는데 지금도 로인들이 변태된 〈타양살이〉를 부르고 있는 것을 때때로 들을 수 있다.

악보의 두 개 성부에서 아래성부가 〈타향살이〉의 원곡이고 위의 성부는 변태되어 불린 것이다. 이는 매우 철저하게 3도가 높아진 것인데 〈최후의 결전〉은 대체로 3도가 높아지고 어떤 데서는 2도 혹은 4도 높게 변태되었다.

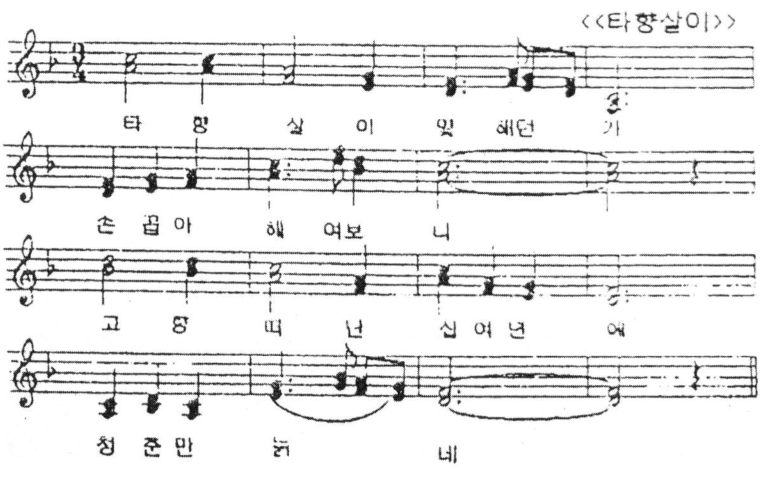

1982년 서울에서 독립군가보존회의 편집으로 된 독립군가집 〈광복의 메아리〉(서울, 교학사, 1982)가 출판되었는데 필자는 근간에 이 노래집을 얻었다. 〈의병창의가〉, 〈독립군가〉, 〈용진가〉, 〈광복군행진곡〉 등을 비롯하여 〈황포군관학교 교가〉, 〈구국군가〉와 같은 중국노래 7수도 실렸다. 1900년대 초의 노래로부터 1940년대의 광복군노래에 이르기까지 항일투사들이 부르던 노래들을 매우 전면적으로 취급하였다. 거기에 실린 중국노래(한문으로)들을 통하여 당시 한국광복군은 중국 군대(국민당 군대)들과 긴밀히 단결하여 왜적들과 싸웠다는 점을 여실히 보여주고 있다.

이 노래집에도 〈최후의 결전〉이 실렸는데 이는 필자가 매우 익숙히 알고 있으며 관심하는 노래이므로 특별한 주의를 돌리게 되었다. 곡과 가사는 중국에서 불리는 것과 별로 다른 점이 없고 개별적인 음들과 몇 곳의 가사가 좀 달랐다. 그러나 작사자의 이름이 다르고 노래 해설이 필자가 알고 있는 사실과 어긋나는 점이 있다. 〈최후의 결전〉의 작사자를 '윤세위'라 밝혔는데 이는 한문으로 쓴 尹世胄(윤세주)를 尹世胃(윤세위)로 잘못 보고 적은 것으로 짐작된다. 독립군가보존회에서 만든 독립군가 노래 테프에도 〈최후의 결전〉의 작사자를 윤세위라 밝혔는 바 이 테프를 독립군가집 〈광복의 메아리〉에 의해 만들었기 때문일 것이다. 이 노래의 해설에다 '1920년대 남북만주와 로령의 독립군진영에서 왜적과의 결전을 다짐하면서 불려진 노래, 현재 북괴는 자신들의 군가인 것처럼 부르고 있음'이라고 썼다. 이는 사실과 어긋나는 해설이다.

〈최후의 결전〉은 집단적인 무장대오의 전투행위를 반영한 군가이다. 이를 1920년대 독립군에서 창작된 노래라 한다면 해설이 맞으나 작사자를 윤세주로 긍정한 전제하에서 이 가사를 윤세주의 경력에 비추어 보면 그의 붓끝에서 이런 노래가 쓰일 수 없다는 것이 자못 명백하다.

1919년 11월 10일 중국 길림에서 조직된 조선의열단의 13명 가운데 윤세주가 있었다. 조선의열단(단장 김원봉)은 암살과 폭발을 목적으로 한 조직이다. 그들의 암살 대상은 (1) 조선총독 이하 고관 (2) 군부의 수뇌 (3) 대만 총독 (4) 매국적 (5) 친일파 거두 (6) 적의 밀정 (7) 반민족적인 귀족 및 대지주 등이다. 그들은 권총과 작탄을 가지고 적의 고위급 인물들을 암살하면 조국의 독립을 얻을 수 있으리라 믿었다. 윤세주는 조선총독부, 동양척식회사, 경성일보사 등을 습격하고 폭발할 계획을 꾸몄다가 탄로되어 1920년 6월 16일에 적에게 체포된 후 8년간 징역살이를 하였으며 출옥하여 고향에 가서 신간회 밀양지회의 간부로 있다가 1932년에 중국 남경으로 망명하였다.

그러므로 1920년대에는 윤세주가 집단적인 무장부대의 전투행위를 반영한 〈최후의 결전〉을 쓸 수 있는 사상 바탕이 없었고 그런 계기도 없었다. 그는 집단적인 무장투쟁을 주장하지 않고 테로행위를 주장한 사람이기에 '...총칼을 메고 결전의 길로 다 앞으로 동무들아, 혁명의 기는 우리 앞에 날린다. 다 앞으로 동무들아'라고 한 〈최후의 결전〉과 같은 노래와는 아무런 인연도 없었다.

1932년 남경에 온 윤세주는 조선의열단이 남경에 세운 조선혁명간부학교(교장 김원봉)에서 공부하고 본교의 교원으로 있었고 1935년 6월 20일 조선민족혁명당이 조직된 후 그의 기관지 『민족혁명』, 『앞길』의 주필로 있다가 1937년 1월에 민족혁명당 청년운동위원회 주임으로 선거되었다. 중국국민당에서 조선독립운동의 군사골간을 양성해주기로 약속하고 1937년 12월에 중앙육군사관학교(교장 장개석)에 조선민족청년들을 모집하여 중앙육군사관학교 제1대대 제4중대를 만들었다. 거기서 윤세주는 '조선독립운동사', 김두봉은 '조선역사', 왕웅은 '중국혁명사', 한빈은 '정치경제학'이란 명목하에 '세계공산주의 운동사'를 가르쳤으며 군사에 관한 과목들은 한족들이 가르쳤다. 바로 장개석 교장의 턱밑에서 공산주의 운동사를 가르친 것은 그야말로 희한한 일이다. 이런 환경에서 윤세주의 세계관은 급격한 변화를 가져왔다.

중앙육군사관학교 때 윤세주의 학생이었고 지금 연변작가협회 부주석인 작가 김학철 선생은 〈최후의 결전〉의 가사는 1938년 2월 좌우에 창작된 것이라고 긍정하여 말하고 있다. 바로 그 시기는 조선민족혁명당이 자기의 전신 의열단 때 테로활동만 하던 것을 잘못된 것으로 인식하고 군사에 중시를 돌리면서 이미 군사학습에 뛰어들어 본격적인 무장투쟁을 준비하였으며 윤세주의 세계관도 급격한 변화를 일으키는 시기였으므로 그때에 그 노래가 창작되었다는 것이 도리에 맞다.

'현재 북괴는 자기들의 군가인 것처럼 부르고 있음'에 대하여 말한다면 이는 이 노래가 누구의 것인가 하는 소유권 문제로 된다. 이 노래는 개인으로 본다면 윤세주의 것이지만 집단으로 본다면 조선민족혁명당, 조선의용대의 것이다. 조선의용대는 1938년 10월 10일에 국민당 구역인 무한武漢에서 창건(총대장 김원봉)되었는데 3개 지대로 구성되었다. 그들은 국민당의 6개 전구, 13개 성을 돌아다니면서 주로 선전고동사업을 하였다. 1941년에 이르러 조선의용대 내부에 의견 분기가 생겼는 바 '국민당에 배속되어 선전사업만 하니 독립적인 무장투쟁을 할 수 없으므로 직접 무장투쟁을 잘할 수 있는 공산당구역 태항산(거기에 팔로군전선 총사령부가 있었음)으로 가자'는 주장이 나왔다. 1941년 봄에 제2지대(지대장 리익성)가 먼저 북상항일의 길에 올랐고 얼마 뒤늦게 제1지대와 제3지대의 성원들이 혼합된 1, 3 혼성지대(지대장 박효삼, 정치위원 윤세주)도 북상하였는데 1942년 7월 11일, 조선의용대는 조선의용군(총사령 무정장군)으로 개편되었다. 1942년 5월에 국민당구역에 남은 조선의용대 대원들은 한국광복군(총사령 리청천, 부총사령 김원봉)과 합병하였다.

이렇게 되어 남경에서 창작되어 불리던 〈최후의 결전〉은 한국광복군이 있은 서안에서, 조선의용군이 있은 연안에서 모두 불리었다. 그런즉 이 노래를 놓고 '북괴의 것이냐? 남괴의 것이냐?' 하면서 소유권을 따질 경우가 못 된다. 조선의용대에 있었던 항일투사로서 처음 남경에서 불렀건, 후에 서안에서 불렀건, 태항산과 연안에서 불렀건, 그 누구도 모두 이 노래의 소유권이 있다고 해야 공정한 것이며 이렇게 되어야 우리 겨레의 동질성을 찾음에 유조할 것이다.

이 기회에 윤세주에 대한 그릇된 소개들도 시정해야 하겠다는 필요성을 느낀다. 한국 서울에서 출판한 『세계인물대사전』 1,162쪽에 윤세주를 이렇게 소개하였다. '윤세주. 1900(광무 4)~1942. 독립운동가. 1920년 10월 김병환, 최수봉 등과 모의하여 밀양경찰서를 폭파하고 상해로 망명하여 김구가 영도하는 의열단에 들어가 활약했다. 뒤에 김두봉과 함께 연안으로 들어갔으나 8 · 15해방 후 독립동맹의 일원으로 귀국하다가 공산당과 교전 끝에 전사했다.'

이 소개에는 그릇된 것이 너무 많다. 그는 상해가 아니라 남경으로 망명하였고 김구가 영도한 의열단이 아니라 김원봉이 영도한 의열단에 들어갔으며(이미 1919년 조선의열단을 창건할 때 입단), 김두봉과 함께 연안으로 간 것이 아니라 1941년에 박효삼, 김민산 등과 함께 갔다. (김두봉은 1942년에 연안으로 갔음) 그리고 8 · 15해방 후 귀국하다가 공산당과 교전 끝에 전사한 것이 아니라 1942년 5월 일본제국주의 침략자들이 3만 명 병력을 집중하여 팔로군전선사령부가 있었던 태항산을 포위 토벌한 5월 소탕전 때 왜놈들과 영용히 싸우다가 5월 28일에 중상을 입고 6월 1일 좌우에 사망하였다. 그때 부상당한 윤세주를 직접 간호하였고 사망 된 후 친히 묻어준 최채로인(해방 후 중국공산당 연변조선족자치주 위원회 선진부장, 길림성 민족사무위원회 주임, 길림성정치협상회 부주석 등 직무에서 사업하다가 정년퇴직하고 지금 연길에서 만년을 보냄)은 1987년 8월, 연변인민출판사에서 출판한 회고록 『중국의 광활한 대지우에서』에 '불과 피의 5월'을 제목으로 윤세주가 장렬하게 희생된 과정을 자세하게 서술하였다. 『세계인물대

사전』에서 공산당의 영도하에 있은 조선의용군의 반일전사 윤세주를 반공전사로 잘못 소개하였다. 그 문장의 첫머리에다 1942년에 사망한 것으로 옳게 써놓고도 8 · 15해방 후 다시 사망한 것으로 썼으니 문장 내에서의 자체 모순으로 되었다.

윤세주의 무덤은 태항산지구 섭현 진기로예변구역사릉에 있고 1949년에는 하북성 한단시에 윤세주열사기념비가 세워졌다. 1988년에는 지금 연변에서 만년을 보내시는 윤세주의 옛 전우들인 조선의용군 로전사들이 태항산에 가서 무덤을 돌아보고 추모 활동을 하였다. 필자가 본 다른 한 사전에는 윤세주가 태항산에 간 다음 공산당에 가입한 것으로 쓰여 있는데 사실 그는 공산당에 가입한 일이 없다.

윤세주가 태항산으로 간 것은 공산당에 가입하기 위하여서가 아니라 왜놈들과 싸우기에 유리한 곳을 찾아서 간 것이다. 그는 조선의용대 총대장이고 조선의열단을 창건할 때의 영도자이며 한 고향의 친구인 20년 동안 고락을 같이하였던 김원봉을 등지고 태항산으로 갈 때 발걸음이 무거웠으며 마음속 부담이 있었다. 그는 진정한 항일투사 김원봉을 진심으로 존경하였다. 윤세주뿐만 아니라 조선의용대에 있었던 전우들은 모두 지금도 그를 존경하며 그리고 있다.

윤세주는 비록 공산당원이 아니지만 중국공산당인들과 중국정부는 그가 자기 민족의 독립과 해방을 위하여 쌓은 20년의 빛나는 업적을 높이 평가하고 그가 중국의 항일투쟁을 지원한 데 대하여 경의를 드리며 자기의 렬사로 기념하고 있는 것이다.

윤세주는 본명 외에 소룡小龍, 소용小用, 석정(石正, 石井, 石丁), 석전石田, 석생石生, 윤세수尹世洙 등 매우 많은 가명을 가지고 있는데 석정石正이 본명보다 더 많이 쓰인 이름이었다. 이처럼 여러 가지 이름을 번갈아 써야 할 만큼 그가 걸어온 길은 험난하였고 곡절적이었다. 윤세주의 생은 겨레를 위하여, 정의를 위하여 바친 빛나는 일생이다.

그가 작사한 〈최후의 결전〉은 중국 땅에서거나 평양에서거나 서울에서거나 모두 진귀한 항일문화유산의 하나로 보존될 것이며 윤세주, 이 이름은 우리 겨레의 항일투쟁사에서 뚜렷한 자리를 차지하고 대대로 존경을 받을 것이다.

- 출처 : 김덕균(1995), 127-135쪽

성자분교 특별훈련반 졸업생과 한인 교직원은 1938년 6월 우한으로 이동하였다. 이곳은 후베이성의 중심지로서 우창武昌, 한커우漢口, 한양漢陽이 합쳐져 만들어진 대도시이다. 1938년 10월 10일 한커우에서 조

사편찬위원회 한국사 데이터베이스.

선민족혁명당은 조선의용대를 창설하였다. '조선의용대 성립선언문'은 조선의 독립이 중국 항일전의 승리와 직결되어 있음을 강조하고 있다.

> 중국에 있는 우리 혁명동지들이 직접적으로 항일전쟁에 참가하며 또한 항전 과정 중에 조국독립을 전취하기 위하여 조선민족전선연맹 기치하에 일치단결하여 항일 최고 영수인 장위원장 통솔하에 중국혁명 제27주년 기념일인 쌍십절雙十節을 기하여 조선의용대를 조직하니 이는 중 · 한 양 민족 해방운동사상에 획기적 광영의 기록일 것이다.

조선의용대는 '장위원장의 통솔하에' 조직되고 참전하므로 장개석의 국민당 비용으로 유지되었다. 윤세주는 위의 창설기념 사진에서 앞 열 좌측에서 아홉 번째(본문 156쪽 참조)이며, 본부 정치조 부조장 겸 훈련주임을 수임하였다.

조선인이 군대를 가지게 되었으니 얼마나 환호하였겠는가? 창설을 경축하는 오락 모임이 10월 13일 저녁 7시에 열렸다. 대장 김원봉의 연설이 끝나자마자 여섯 단체가 칠백여 명의 관중 앞에서 독창, 합창, 연극 등의 공연을 하였다.

공연의 마지막에 의용대는 연극 '두만강변'을 무대에 올렸는데, 줄거리는 다음과 같다. 한 처녀와 어머니가 두만강변의 언덕 위에 서서 일본군에게 잡혀간 아버지를 기다리고 있다. 처녀의 오빠는 장백산(백두산)의 유격대장이다.

> '볼가강 뱃사공'의 은은한 악곡 속에서 극이 시작된다. 새하얀 조선옷을 입은 배우들의 동작과 대사는 일제의 철제 밑에서 신음하는 약소 민족의 처지를 그대로 보여준다. 마감에 유격대가 이곳에서 왜놈들을 반격하며 승승장구로 전진한다. 문득 유격대장이 흉탄에 맞아 나루터의 산벼랑 길 위에 쓰러진다. 이때 무대는 차차 어두워진다.
>
> 먼저 유격대장의 여동생이 총을 잡고 놈들을 추격해 올라가며 오빠의 원수를 갚고 뒤이어 늙은 어머니가 딸의 뒤를 따라나선다. 그다음엔 천백만의 동지들이 〈최후의 결전〉을 높이 부르면서 유격대장의 시체 옆을 지나간다. 그 우렁찬 노래소리 가운데 '그대의 영령은 영원히 민중의 가슴 속에 살아 있으리라'는 절절한 외침 소리가 울린다. 이 극은 실로 성공적으로 공연되었다.
>
> — 신화일보 1938. 10. 14.

의용대는 창설 직후 곧바로 우한 보위전에 뛰어들었다. 주된 임무는 대적선전과 적군와해 공작이고 전투는 어디까지나 부차적이었다. 연극 · 노래 · 만화 · 벽보 · 연설을 통해 중국인의 항전 의식을 고취하는 등 분투하였지만 우한은 1938년 10월 25일 일본군에 함락되고 말았다.

조선의용대 본부 요원들은 한커우를 떠나 구이린桂林(광시좡족자치구)

으로 이동하였다. 거기서 1년 반 머무는 동안에도 다양한 사업을 펼쳤는데, 선전잡지 발간, 한인 포로 교도공작, 가두선전, 순회공연, 기념행사, 간부양성, 혁명단체 통일운동을 들 수 있다.

의용대가 전방에서 벌인 대적선전활동을 좀 더 구체적으로 보자. 제1구대 20명은 1939년 1월 말 4개 선전대로 나뉘어 국민정부군에 배속되었다. 제1 진지선전대는 적진에 바싹 접근한 후 삐라를 대여섯 장씩 돌멩이에 싸매어 수류탄을 던지듯 적의 진지로 힘차게 던졌다(권오근, 1987 : 607).

제1 유격선전대나 제2 유격선전대의 경우도 마찬가지였다. 아군은 아주 적은 병력이었다. 여러 곳에 매복하여 여기서 한 방 쏘고 저기서 한 방 쏘면, 적은 갈팡질팡하여 기관총을 마구 쏘아댔다. 이 또한 적의 탄환을 소모하게 만드는 약삭빠른 작전이다(앞의 책 629쪽).

비슷한 예를 하나 더 보자. 유격선전대는 삐라를 이어 붙여 큼직한 깃발을 만들어 적진지 바로 앞 작은 고지에 꽂았다. 종이 깃발이 바람에 휘날리면서 마치 적을 향해 시위하는 듯하였다. 일본군이 깃발에 대고 기관총을 쏘아대기 시작하였다. 우리 깃발은 1원 50전쯤 되는데, 그들이 소모한 탄환은 족히 8, 9백 발이니 적어도 27원쯤 된다(앞의 책 631쪽).

다른 한편 의용대는 중국군을 도와 선전공작을 수행하는 동안 적지 않은 전투 경험을 쌓았는데, 예로 들어 제2 진지선전대의 사이공챠오賽公橋 혈전은 다음과 같다.

> 적 병영 앞 70m 지점에 이르러 매복하고, 의용대 김모 대원이 철조망 안으로 숨어들어 삐라를 살포하였다. 작업이 끝나자 중국군 결사대 1반이 철조망에 접근하여 수류탄을 투척하고 사격을 가함으로써 치열한 전투가 벌

어졌다. 전투 중에 중국군 기관총 사수가 총상을 입고 쓰러지자 최성장이 달려들어 사수 역할을 대신하였다

— 김영범(2019), 192쪽.

의용대는 후난성湖南省과 후베이성湖北省을 중심으로 항일전선에서 중국군을 도와 기습전, 매복전, 유격전 등 실전 경험을 수십 차례 쌓았다.

조선의용대는 선전과 전투를 배합한다는 책략 아래 선전사업을 확대 · 강화하였다. 창설 1주년을 맞아 대본부를 총대부로, 구대를 지대로 개칭하고, 제3지대를 새로 편성하였다. 1940년 2월 현재 총대부 98명(부녀복무단 22명 및 3 · 1소년단원 24명 포함), 제1지대(지대장 박효삼) 78명, 제2지대(지대장 이익성) 75명, 제3지대(지대장 김세일) 63명 등 모두 314명이었다.

1940년 3월에는 제1지대의 일부 병력을 허난성河南省 뤄양洛陽으로 파견하여 중국군의 적후공작에 동참하고 화북 근거지를 구축한 후 장차 만주로 진출하여 국내와의 연계를 도모하면서 '최후의 결전'으로 나아가고자 하였다.

조선의용대는 구이린桂林에 본부를 두었을 때부터 『조선의용대통신』을 간행하였다. 이것은 중국어로 쓰인 기관지로서 창간호(1939. 1. 21.)부터 열흘에 한 번씩 발행되었다.

의용대원들의 활동에 관한 통신이 매번 빠지지 않았다. 제7기의 경우 박효삼의 '전방의 제1구대'(第一區隊在前方)나 석정의 '화평촌 통신'(和平村通訊)을 들 수 있다.

조선의용대통신 제7기(1939년 3월 21일) 목차
• 關於對敵宣傳的態度問題 (李達)
• 民族革命與朝鮮各黨派的團結 (周咸堂)
• 中韓兩民族聯合起來 (繼賢)
• 中國抗戰就是朝鮮革命的勝利 (陽叔葆)
• 朝鮮人民的英勇鬥爭 (于鳴)
• 快向敵人的後方邁進 (星淑)
• 日本俘虜牧本君訪問經過 (志成)
• 朝鮮義勇隊的新發展 (李嬰如)
• 第一區隊在前方 (樸孝三)
• 和平村通訊 (石正)
• 十日時事 (矯漢治)

'화평촌 통신'은 조선인 포로를 교도하여 의용대원으로 입소시키는 과정을 기록한 일련의 연재물이다. 화평촌은 국민정부 군정부軍政部 제2 포로수용소를 일컫는다. 1939년 2월 석정은 강홍구를 동반하여 구이저우성貴州省 진원鎭遠의 수용소를 찾아가서 조선인 포로 31명을 교도하였다.

그해 여름이 되자 수용소는 충칭 교외에 '박애촌'이라는 분소를 설치하고, 반일반전운동에 나서겠다는 조선인과 일본인 포로를 그곳으로 옮겼다. 조선의용대 간부진은 그들에게 중일전쟁의 전황과 조선의 앞길을 설명하고 군사훈련시켰다. 포로는 1939년 9월 석방되자마자 의용대에 입대하였고, 의용대원은 창설 때보다 58명 늘어나 155명으로 집계되었다.

다음의 글은 '화평촌 통신' 4회 연재물 중 첫째이다. 석정 일행이 포로수용소를 찾아가는 길은 순탄하지 않았다. 닷새나 걸릴 만큼 멀었는데, 어떤 고충이 있었는지 알아보자.

◈ 화평촌 통신(1)[7]

석정

우리는 장사長沙에서 출발하여 제4일 만에 지강芷江에 도착했다. 연로沿路에 여객과 화물이 빽빽이 들어찬 까닭으로 꼭 등기 순서대로 차표를 사야 했기 때문에 많은 여객들이 차표를 사지 못했다. 심지어 몇 주일씩이나 기다린 사람도 있었다. 다행히도 우리는 각역 역장들의 호의로 도중途中에서도 시간이 얼마 들지 않았다. 원릉중주역沅陵中州驛에서만 정황이 너무 혼잡하여 역장을 만나 볼 수 없어 하루종일 조금도 전진하지 못했을 뿐이었다

우리가 지강에 도착했을 때 수용소가 이곳에 있다고 여겼는데 차에서 내린 후 송宋, 라羅 두 동지에게 물어본 결과 수용소는 진계辰溪에 있고 며칠 전에 귀주貴州 진원鎭遠으로 옮겨갔다는 것을 알게 되었다. 우리는 이 생각 밖의 사실에 대하여 조금은 실망하였지만, 사실상 조금도 주저하지는 않았다. 때문에 내일 진원으로 전진할 준비를 하였다.

며칠 전 라羅동지는 수용소 직원들이 지강에 들린 기회를 타서 수용소 소장을 만났다. 소장은 그에게 '조선의 혁명가들이 조선 포로 중에서 혁명성을 가진 청년들에 대하여 많은 주의를 돌릴 것을 희망한다'고 말하였다. 동시에 라동지는 우리에게 소장을 만나보면 첫눈에 소장이 아주 열정적이고 혁명 정신이 아주 강한 사람이라는 것을 알게 된다고 말하였다. 우리는 라동지의 이 말을 듣고 사업의 전도前途에 대하여 무한한 희망이 있다는 것을 느꼈다.

라동지는 또 '조선포로 중 부부 한 쌍이 어린아이까지 데리고 있다'고 말하였다. 이 때 묻지 않은 어린아이는 세상에 태어나자마자 망국노가 되었고 또 포로까지 되었다. 나는 이 모든 것을 생각하니 마음속에서 말로 표현할 수 없는 찌를 듯한 아픔이 있었다. 하루빨리 수용소를 방문하고 이 가련한 어린아이에 대하여 위로를 해 줄 수 있기를 바랐다.

지강에서 진원까지 직접 통하는 차가 없기에 우리는 할 수 없이 상금 교계交界의 황현晃縣에서 차를 바꿔 타야 했다. 그런데 황현에 여객들이 너무 많아서 역장도 우리에 대하여 특별한 도움이나 편리를 줄 수 없었다. 우리는 이곳에서 5일을 채 기다

7) 원문은 중국어로 쓰여 있으며, 공훈전자사료관 : 해외의한국독립운동사료 https://e-gonghun.mpva.go.kr에서 쉽게 찾아볼 수 있다.

리지 못하고 닷새께 되는 날 마침 군용 화물차를 타고 갈 수 있는 기회가 있어 그 차를 타고 진원에 도착했다.

- 번역 : 김석진.

『조선의용대통신』 제8기는 포로수용소의 두 번째 글을 실었다. 아래의 목차 첫머리에 나온 진국빈陳國斌은 약산 김원봉의 다른 이름이다. 박효삼樸孝三(1903~)은 1926년 황포군관학교 제4기를 졸업한 후 1936년경 민족혁명당에 입당하였고, 1938년 10월 중국군 대령 계급으로 조선의용대 제1구대의 구대장이 되었다.

목차 끝부분의 '화평촌 통신'和平村通訊에서 석정은 우여곡절 끝에 31명의 조선인 포로를 만났는데, 그들과 담화할 때 왜 가슴이 쓰리고 눈물이 흐르는 것을 금할 수 없었을까?

조선의용대통신 제8기(1939년 4월 1일) 목차
• 東亞人民前面的兩條路（陳國斌)
• 積極抵抗才有辦法（李達)
• 現段階朝鮮革命的特殊性（一水)
• 朝鮮民族革命的統一戰線與中韓抗日鬪爭的聯合戰線（尹爲和)
• 一〇小鬪士的集會（劉金鏞)
• 第一區隊在前方（樸孝三)
• 介紹三少年團和旅〇朝鮮婦女會（楊民山)
• 和平村通訊（石正)
• 十日時事（矯漢治

◈ 화평촌 통신(2)[8]

석정

우리가 진원에 도착했을 때는 이미 밤이었다. 때문에 이튿날 아침에야 수용소로

8) 원문은 중국어로 쓰여 있으며, 공훈전자사료관 : 해외의한국독립운동사료 https://e-gonghun.mpva.go.kr에서 볼 수 있다.

가서 방문할 수 있었다. 수용소는 임시로 빌린 여자소학교 안이었다. 위병이 우리의 명함을 들고 들어가자 금방 소장이 문밖에 나와 우리와 아주 열렬하게 악수를 하였다. 우리는 소장의 집안에 들어가서 생각 밖으로 조선 동지 한 분을 만났다. 그가 바로 현玄이평 동지였다. 그는 진계에 있을 때부터 소장을 도와 조선 포로에 관한 일을 관리하고 조선 문건을 번역하는 공작工作[업무]을 하였다. 오랫동안 못 만난 동지를 이곳에서 갑자기 만나고 또 공작 상에서도 동지가 증가되었으니 이게 얼마나 기쁜 일인가!

소장은 우리가 지강에서 라 동지의 얘기를 들은 후 생각한 것보다 더 열정적인 혁명동지였다. 그는 비록 젊었지만, 그의 학식과 능력이 표현되고 있었다. 그는 우리가 오는 것을 아주 환영하였다. 포로의 과거와 지금 정황에 대하여 아주 열정적으로 우리에게 얘기하였다. 그는 '수용소가 진계에서부터 옮긴 이래 주소 문제를 해결할 수 없기 때문에 일체가 곤란상태 중에 빠져 정돈을 할 수 없기에 당신들에 관한 일은 주소 문제가 해결되기 전까지는 할 수 없이 기다려야 한다'고 말했다. 우리가 그에게 주소 문제가 언제 해결되느냐고 물어보니 그는 '짧아야 2주일 후에야 해결될 수 있다'고 하였다.

우리는 길에서 이미 많은 시간을 보냈는데 지금 또 2주일 이상의 긴 시간을 희생시켜야 했다. 이것을 우리들은 매우 고통스러운 일이라고 느꼈다. 하지만 어쩔 수 없는 정황이었다. 우리가 보건대 주소 문제도 잠시는 해결할 수 없었다. 수용소에서 잠시 빌린 소학교의 집이 아주 비좁았다. 이런 비좁은 곳에 포로와 위병의 숙사 외에는 직원 사무실도 없었다. 비록 설비를 정돈할 수 없어 단기간에 우리들은 공작을 전개할 수는 없지만, 소장의 흔쾌한 태도상으로 볼 때 이후 우리들의 공작 방면에 관하여 꼭 많은 편리와 도움을 줄 것이었다.

여관에 돌아갈 때 우리들은 조선 복장을 입은 부녀와 남자들이 섞여 서 있는 것을 보았다. 많은 포로 중 우리들은 비록 어느 부분이 조선 동포인 줄 아직 모르지만 그들의 특별한 눈길에서 우리들은 분별해 낼 수 있었다. 포로 중 8명의 조선 부녀가 있다는 사실을 우리는 벌써 알았지만, 우리가 그들을 만났을 때 속으로 이상한 비애감을 느꼈다.

여관에 돌아와서 현玄 동지에게로부터 포로들에 관한 생활 내용과 여러 사실들을 들었다. 동시에 나도 많은 것을 물었다. 지금 수용소 안에 대략 135명의 포로들이 있는데 그중에서 조선인 31명, 또 백러시아인 한 명과 동북 사람 오륙 명이 있었다.

그렇지만 이 모든 동북 사람들은 완전히 벙어리였다. 인간성을 잃은 일본 군벌이 그들에게 주사를 놓았기 때문이었다.

나는 또 현 동지에게 '지강에 있을 때 라 동지에게서 포로 중 한 조선 어린이가 있다는 얘기를 들었는데 지금은 어떻게 됐는지?'라고 물었다. 그는 '그 어린이는 상덕常德에 있을 때 벌써 병으로 죽었다'고 말하였다. 아! 가련한 어린이! 나는 거의 눈물이 쏟아질 뻔하였다.

현 동지의 입에서 우리는 또 포로 중 조선 사람과 일본 사람이 개인 혹은 집단 간에 자주 충돌이 발생한다는 것을 알았다. 이런 충돌이 생기는 주요 원인은 일본 사람이 조선 사람을 멸시하여 조선 사람의 분개를 일으켰기 때문이었다.

현 동지는 또 우리에게 '조선 포로들이 요즘 소장에게 3 · 1기념회를 열 것을 요구하였다'고 말하였다. 이 일에 관하여 나는 소장과 현 동지의 의견을 물었었는데, 소장이 허가한 방침이 어떻든지 간에 이 일은 일본 포로에 대한 차별대우의 구실 아래 일정한 불평의 요구를 일으킬 수 있었다. 때문에 기념 방법에 관하여 고려하고 있었다. 나의 생각에 기념 방식은 전체의 관리상 곤란한 문제가 발생하지 않는다는 전제하에 3월 1일이 되는 날 모든 조선 사람들을 집결시켜 3 · 1운동의 정신과 의의 요점을 그들에게 얘기만 하면 될 것이라고 여겼다.

이튿날부터 우리들은 가끔 이곳을 들락날락할 수가 있었다. 소장과 직원들의 대화는 모두 친절하여 사람들로 하여금 경의가 생기게 하였다. 직원들은 또 조선 포로들이 단정하고 깨끗하고 근면하고 규율을 잘 지킨다고 칭찬하였다. 우리들은 3월 1일 정식으로 전체 조선 동포와 처음으로 회담할 것을 결정하였다. 그리고 차와 다과를 좀 준비하여 간단한 차회茶會를 거행할 것을 계획하였다. 그렇지 않으면 한 사람씩 상담할 기회가 있기를 희망하였다. 우리는 이 계획을 가지고 소장과 상담하니 그는 곧바로 허락하였다. 이때 3월 1일이 되기까지는 아직 사오일이 남았기에 나는 이 시간을 이용하여 열 몇 명의 조선 포로들과 개별 담화를 계속 진행하였다. 적당한 장소가 없기 때문에 할 수 없이 폐를 무릅쓰고 한 직원 사무실에서 진행하였다. 혹은 비좁은 마당에서 걸어가면서 담화를 하였다.

31명의 조선 포로 중 여인과 서너 명의 중년 사람을 제외한 나머지는 모두 청년이었다. 때문에 그들의 얘기는 모두 시원스럽고 솔직하였다. 나는 매번 그들과 담화할 때 자꾸 가슴이 쓰라리고 눈물이 흐르는 것을 금할 수 없었다. 이것은 내가 젊은 그들이 지금 처한 환경에 대해서 비애의 동정심이 발생한 것뿐만 아니라 더욱이 그들이 자신의 경력을 말할 때 조선민족 망국노의 가련한 정황을 많이 드러내 놓았기 때문이었다. 이러한 수일의 담화 중 나는 그들의 모든 성분과 포로된 경과에 대하여 초보적인 개념이 생기게 되었다.

- 번역 : 김석진.

『조선의용대통신』 제9기는 '화평촌 통신'和平村通訊 셋째 글을 실었다. 조선 포로 31명은 뱃사공 11명, 상인 12명, 여자 8명으로 구성되어 있었다. 석정은 19세의 소년 뱃사공과 23세의 상인 '전월성'을 소개하였다. 나라를 잃고 방황하는 청년의 기구한 인생담을 들어보자.

조선의용대통신 제9기(1939년 4월 11일) 목차
• 台兒莊大勝一周年 (李達)
• 關於關內朝鮮革命運動問題的管見 (李嬰如)
• 現段階朝鮮革命的特殊性 (一水)
• 半年來的朝鮮義勇隊 (文治)
• 哀悼鄭如海同志 (金仁哲)
• 我的新生 (伊藤進)
• 中韓小朋友的共同使命 北美韓人援華會之最近 (金尙燁)
• 活動情形 (民山)
• 和平村通訊 (石正)
• 朝鮮偉人列傳 (笑鵬)
• 十日時事 (喬矢)

◈ 화평촌 통신(3)[9]

석정

31명의 조선 포로 중 11명은 조선 부산釜山 어떤 일본 상인의 작은 기선에서 고용한 뱃사공이었다. 그들은 모두 조선 남해 중에서 해산물로 유명한 제주도 사람이었다. 그들이 복역한 그 기선은 조선 서남 연해 일대에서 화물 운수로 내왕하는 배이다. 이번에 조선 인천에서 대련으로 물건을 싣고 또 대련에서 일본 상인의 부탁을

9) 원문은 중국어로 쓰여 있으며, 공훈전자사료관 : 해외의한국독립운동사료 https://e-gonghun.mpva.go.kr에서 볼 수 있다.

받고 4천 포대쯤 되는 밀가루를 싣고 천진으로 가다가, 항해 도중 풍랑에 밀려 배가 산동 경내 어떤 한 해안에 떠내려갔다. 그곳에서 그들은 배와 함께 동시에 포로가 되었다.

남은 12명은 모두 진포津浦 혹은 평한연선平漢沿線 각 도시에서 장사하는 상인인데 선후先后로 모두 포로가 되었다. 8명 여자 중 절반은 위에서 말한 상인의 가족들이고 나머지 절반은 모두 몸을 팔아 생계를 유지하는 가련한 여성이다.

뱃사공 중에 19세인 소년이 한 명 있는데 포로가 될 때 17세밖에 안 되었다. 그의 규범적이고도 단정한 행동과 근면하고도 성실한 향학심向學心이 전 소직원들의 애호愛護[좋아하여 보호함]를 받았다. 그는 비록 아직 초등교육도 받지 못하였지만, 그가 배워낸 것은 모두 훌륭했다.

나는 이 소년과 담화할 때 매우 큰 감동을 받았다. 그의 천진한 자태와 단조로운 말투로 그의 경력을 말했다. 아주 긍지를 가지고 자신이 있을 뿐만 아니라 작은 기선의 항정航程과 떠돌아다닌 경과를 말할 때 기상氣象과 시간을 정밀하고 정확하게 묘사하였다. 마치 서양 소설 중의 파선破船 일기 내의 한 정경 같았다.

3월 1일에 소장은 우리를 환영하기 위해서 특별히 돼지를 한 마리 잡아 전촌 촌민을 집합시켜 점심에 성대한 연회를 거행하였다. 오후에 우리는 또 전체 조선 동포를 집합시켜 3 · 1절을 기념하는 차회를 거행하였다. 그저께 저녁 나는 벌써 그들에게 사람마다 자기가 하고 싶은 말을 준비해 놓으라고 말하였다. 그런데 이 시간에 나는 통곡 외에 다른 적당한 말을 생각해 낼 수 없었다. 나는 될 수 있는 한 비애의 정서를 억제하고서야 겨우 몇 마디 위로의 말을 하였다.

3 · 1 기념사와 망국노의 역사는 모두 그들 자신이 보고하였는데 내용이 상당히 풍부하였다. 그중 비통한 연설이 많이 있었는데 부녀 중에는 자신의 생각[感想]을 보고한 것도 있었다. 그들은 모두 오래전부터 보고사를 고심苦心히 준비하였다. 그렇지만 소등할 시간이 되었기에 많은 사람들이 자기가 하고 싶은 말을 발표하지 못하게 되었다. 그렇지만 소내의 규칙을 준수하기 위해서 차회를 끝마칠 수밖에 없었다.

더욱더 심각하게 매 사람의 경력과 환경을 조사하기 위하여 이튿날부터 우리는 더 구체적인 개별 담화를 시작하였다. 시간이 허가할 때 그들의 경력을 될 수 있는 한 동지들에게 소개해 주고자 한다. 왜냐하면 이런 자료를 통하여 조선 민족의 당시 사회 정형情形[상황]을 더욱 깊고 명확히 볼 수 있기 때문이다. 여기서 먼저 전월성과 송복덕 두 사람의 경력을 소개한다.

전월성 : 23세, 강원도 사람, 성격이 순진하고 체격이 단정한 청년이다. 그의 좌우 이마에는 달걀만 한 혹이 하나씩 불룩하게 나 있다. 혹의 겉 표피는 붉은색이었다. 내 생각에 아마도 선천적인 것은 아니라고 생각하였다. 물어본 후에야 타인의 수작으로 생겨 점점 커졌다는 것을 알았다. 지금 어떨 때에는, 그곳이 몹시 아플 때 목구멍이 건조하여 말하려면 매우 큰 힘을 들여야 했다. 그래서 나는 그가 말을 많이 하는 것을 제지시켰다. 그러나 그는 매우 흥분하여 자기의 경력을 우리에게 들려주고 싶어 했다.

그는 강원도의 한 외진 촌에서 태어났다. 10살 때 아버지를 잃었다. 더 비통한 것은 그 이듬해에 또 어머니를 잃었다. 그의 하나밖에 없는 형님도 부모가 세상을 뜨기 전에 벌써 죽었다. 부친이 살아 계실 때는 비록 빈농이지만 생계를 유지해 나갈 수 있었는데 부친이 세상을 뜬 후 그의 어머니는 다른 집에 가서 유모로 있었다. 어머니마저 세상을 뜬 후 그는 곧 의탁할 곳을 잃어 한 친척집에 가서 소몰이꾼으로 생활을 유지하였다.

그런데 그의 친척이 그를 몹시 천대하여 12살에 그는 그곳을 떠나 함경북도 회령(?)에 있는 그의 외할머니집으로 찾아갔다. 그는 몇 달 동안 계속 밥을 빌어먹고 길에서 노숙하는 생활을 하며 걸어가서야 비로소 할머니집을 찾았다. 그의 외가집도 역시 매우 가난한 가정이어서 그는 회령(?)과 멀리 떨어져 있는 무산(?)의 한 작은 촌에서 땅을 개간하는 생활을 하였다.

그가 14살이 되었을 때 그는 빈곤한 외갓집에 의탁하는 것보단 회령(?) 지방에 가서 다른 사람에게 고용되어 살아가는 것이 편리하겠다고 생각하였다. 그리하여 그는 외갓집을 떠나 19살까지 회령(?) 지방에서 노동하는 생활을 하였다. 어떤 때에는 남의 가게에 점원으로도 있었다. 그때 겨우 조금의 국어를 읽었다. 그후 그는 간도 도문에서 철도 노동을 했다. 동시에 연길에서 여관 하인도 했다. 안도에서 역시 점원 생활도 했다.

이런저런 유랑 생활을 하다 21세에 철령에서 철로 공인으로 있을 때 마침 북평-열하 간의 철로를 부설하는데 노동자를 모집하였다. 그도 모집된 한 사람이었는데 고북구古北口에서 두 달간 일을 하였다. 제일 처음 모집될 때 매일 일당 1.5원이라고 규정하였는데, 고북구에 가서는 매일 밥만 조금씩 줄 뿐 일당은 조금도 주지 않았다. 노동자들이 만약 요구를 하면 그 공사장의 직원들은 '공사가 끝나기 전에 만약 돈을 내주면 너희들이 낭비하거나 도망칠 우려가 있어 공사가 끝나면 바로 너희들에게 돈을 내준다'고 말하였다. 두 달 후에 공사가 완성되었다. 그렇지만 동전 한 잎도 주지 않고 노동자들을 해산시켰다.

그는 고북구에서 어찌할 바를 모르고 있다가 11일을 걸어 북평에 도착하였다. 북평에서도 새로 온 사람이 많아 일자리를 찾기가 어려웠다. 어떤 사람이 북평과 15리 떨어져 있는 남원南苑이 어떠한지 가보라고 하였다. 이튿날에 그는 남원에 도착했다. 그는 남원에서 조선 사람의 요리사를 하였다.

두 달 후 또 어떤 사람이 '석가장에 장사가 잘 되는데 너 그곳에 가는 것이 낫다'고 하였다. 그래서 그는 또 석가장에 갔다. 그는 그곳에서 한 조선 사람이 하는 혜양여관에서 심부름꾼을 했다. 이 여관에 묵은 한 조선 사람이 그가 충실하고 믿음직한 사람이라는 것을 알고 그를 매우 좋아했다. 그리하여 그를 무안武安의 자기 사진관으로 데리고 가서 직원으로 있게 하였다. 그러나 그는 일본어를 할 줄 모르기 때문에 그곳에서 또 나오게 되었다. 이 사진관의 복무대상이 일본 군인과 일본 기녀이기에 일본어를 할 줄 모르면 당연히 안 되었다.

나온 후 그는 또 부근의 한 조선 사람의 여관에 들어가 심부름꾼을 했다. 얼마 후 어느 하루 이 여관 안의 한 기녀가 그에게 '너같이 젊고도 잘생긴 사람이 이런 곳에서 비천한 일을 하는 것이 참으로 아깝다. 다른 희망이 있는 장사를 해보는 것이 어떤가' 이렇게 말하면서 돈 백 원을 꺼내 그에게 주었다. 그는 비록 받지 않으려고 하였지만, 그녀의 도움을 주고자 하는 뜻이 매우 단호하였다. 그리하여 그는 돈을 빌리는 형식으로 받았다.

그는 이 백원을 자본으로 부근에서 작은 밥집을 열었다. 무안이 작은 도시이기 때문에 이 지방의 크고 작은 밥집에서 사용되는 재료는 모두 한단에 가서 사야 했다. 무안에서 한단까지 인력거(洋車)를 타면 하루만에 갔다 올 수 있었다. 작년 음력 4월 10일 아침에 그는 혼자 인력거를 타고 한단에 소고기를 사러 갔다. 도중에 중국 유격대에게 붙들려 일본인으로 오해를 받았다. 그는 중국말과 문자를 모두 모르기 때문에 일본인과 분별할 수 없었다.

붙들린 후 그는 반드시 죽음을 당할 것이라고 여겼다. 일생의 고난 생활이 단지 이렇게 죽게 될 것이다. 부모의 무덤조차 다시 한번 가 볼 수도 없다. 그는 이 모든 것을 생각하니 마음이 매우 슬펐다. 그런데 결과는 상반되게 우대를 받았다. 그리고 한문을 열심히 배운 까닭으로 지금은 간단하고 알기 쉬운 서적은 볼 수 있게 됐다.

- 번역 : 김석진.

석정은『조선의용대통신』제10기에 '화평촌 통신'의 마지막 회를 실었다. 목차 첫머리의 이달李達은 기관지의 발간을 주도하였으며, 유금용劉金鏞, 교시喬矢와 더불어 주요 논객이었다. 이달(1907~1942)은 1992년 대한민국 정부로부터 건국훈장 독립장을 추서받았다. 목차 끝부분의 '화평촌 통신'和平村通訊은 상인 송복덕(38세)과 기녀의 험난한 인생담이다.

조선의용대통신 제10기(1939년 4월 21일) 목차
• 時感 (李達)
• 關於關內朝鮮革命運動統一問題的管見 (李嬰如)
• 我們的友人-朝鮮義勇隊 (岳朝相)
• 關於對敵宣傳的幾點意見 (賴少其)
• 朝鮮義勇隊與對敵宣傳 (苟季昭)
• 良辰美景遇嘉賓 (劉金鏞)
• 我要○到金剛山(詩) (若曦)
• 和平村通訊 (石正)
• 朝鮮偉人列傳 (笑鵬)
• 十日時事 (喬矢)

◈ 화평촌 통신(4)[10]

석정

송복덕 : 38세, 원적 : 평북 의주. 그의 그 장대한 체격과 고지식한 태도는 한 번 척 보면 그가 순진한 농민이라는 것을 알 수 있다. 나는 먼저 그에게 조선에 있을 때의 생활 정황을 물었다. 그는 의주읍 부근 농촌의 자작겸 소작농이었다.

그가 어렸을 때 비록 한 해 한문 학교에 다니면서 책 읽을 기회가 있었지만, 가정 환경이 가난한 관계로 그 후 다시는 계속 다닐 수 없었다. 그는 어렸을 때부터 30세가 넘을 때까지 부모를 도와 농사일만 하였다. 이 기간에 그는 결혼도 하고 자식도 있게 되었다.

10) 원문은 중국어로 쓰여 있으며, 공훈전자사료관 : 해외의한국독립운동사료 https://e-gonghun.mpva.go.kr에서 볼 수 있다.

비록 부자 두 사람이 농사일에 모든 힘을 다 쏟았지만, 가정환경이 나아지는 것이 보이지 않았다. 때문에 그는 여러 번 직업을 바꿀 것을 생각하였다. 그러나 결과는 역시 현 상태를 유지하는 길을 받아들였다. 그 자신이 말한 것과 같이 '한 글자도 모르고 농사 외에 또 다른 재능 하나 없는 데 농사밖에 또 다른 길이 있나?' 그렇지만 최후에 그는 강제로 농사일을 잃고 사랑스러운 고향을 떠나 유랑의 길에 올랐다. 그의 부친이 점점 술 마시기를 즐겨 했기 때문에 모든 농빚을 갚을 방법이 없어 하나밖에 없는 농전農田마저 상실하였다.

그때부터 그는 압록강 상류의 모 지방의 영림창營林廠에서 품팔이 생활을 하였다. 그는 매일 쉴 새 없이 일하였지만 모든 수입은 그저 자신의 배를 채울 정도를 유지할 뿐이었다. 그는 가정생활을 보살필 수 없었기 때문에 다시 또 고향으로 돌아왔다.

일자리를 찾기 위하여 헤매고 있을 때 중일전쟁이 이미 폭발하였다. 고향의 친구 중 자기와 같이 생활을 유지할 수 없는 사람들이 어디서 소식을 들었는지 말하기를 중국 화북에 가면 일본군부의 보호하에서 생활을 할 수 있다고 하였다. 그리하여 그는 조금 되는 집재산을 모두 판 돈을 가지고 중국 화북으로 갔다. 그의 처동생도 그중의 한 사람이다. 그도 비록 이런 뜻은 있었지만, 돈도 하나도 없었고 또 조금의 지식도 경험도 없었다. 때문에 자신이 없어 감히 그들을 따라가지 못하였다.

그러나 고향에서 몇 달 방황을 했지만 역시 일거리를 찾지 못해 방법이 없는 상황에서 이 길을 가는 수밖에 없었다. 마침 그의 고향 친구가 천진天津 부근의 당고塘沽에서 장사를 해서 그를 찾으러 갔다. 비록 친구는 찾았지만 한 푼 없는 빈털털이가 된 그에게 역시 어떠한 출로도 없었다.

그리하여 이 친구에게서 여비를 좀 빌려서 그의 처동생이 있는 지방—평한선平漢線 석가장 이전의 인명관(?)—으로 갔다. 그가 도착했을 때 그의 처동생이 얼마 전에 밥집 하나를 개설하였다. 모든 설비는 아직도 완전하지 않았다. 그는 밥하고 손님 접대하는 것을 도우는 한편 방시설을 수리하였다. 이 작은 밥집에 또 조선 기녀가 4명 있었다. 그들이 포로가 되기 전에 1명은 얻어맞아 죽었고 나머지 3명이 그와 함께 포로가 되었다. 지금도 수용소 안에서 생활하고 있다. 그들 4명은 모두 그의 처동생이 석가장에서 사 온 사람들인데 3년 기한이고 몸값이 500원이었다.

그가 이곳에 도착한 지 10일째 되는 날 그의 처동생은 석가장에 물건 사러 가고 집에 없을 때였다. 마침 그날 밤에 그가 한창 잠들어 있는데 총소리에 깨었다. 그가 일어난 후 여씨呂氏에게 가서 무슨 일이 생겼는지 물었다. 여씨는 무슨 특별한 일이 없다고 돌아가 누워 자라고 하였다. 그리하여 그는 정말 돌아와 누웠다.

금방 돌아와 누운 지 얼마 되지 않아 갑자기 어떤 사람이 문을 두드렸다. 연달아 사람이 들어 오는 소리가 들리는 것 같아 일어나 봐야겠다고 말하는데 중국의 무장 유격대가 이미 들어왔다. 그는 바로 포로가 되었다. 그 후 그는 많은 고초를 겪고 여러 장소를 거쳐 정규군의 손에 들어가서야 무한武漢으로 보내졌다.

- 번역 : 김석진.

조선의용대 총대부는 1940년 3월 충칭으로 옮겨갔고, 『조선의용대통신』은 제34기(1940. 5. 15.)부터 제호를 『조선의용대』로 바꾸고 월간으로 발행되었다. 제37기(1940. 9. 13.)에는 석정의 '우리 대 성립 2주년 기념 소감'(本隊成立二週年紀念感言)이 실려 있는데, 이것은 그가 순국하기 전에 남긴 마지막 글이었다. 마치 북상항일北上抗日의 전쟁터로 나서는 장수의 출사표 같다.

아래의 글을 읽고 이에 대한 석정의 생각을 알아보자.

1. 왜 중국 장병과 더불어 일본군에 대항하여 싸워야 하는가?

2. 중국과 한국 간에 어떤 상생의 역사를 발전시켜 왔는가?

3. 어떻게 수백 명의 의용대원으로 민족혁명을 달성할 수 있다고 믿었는가?

조선의용대 제37기 (양주년기념특간, 1940년 9월 13일) 목차
• 兩週年獻詞 (達)
• 一切反日力量團結起來 (金若山)
• 兩年來本隊工作的總結 (樸孝三)
• 兩年來的教訓與今後工作 (韓志成)
• 兩週歲的朝鮮義勇隊 (矯漢治)
• 祝朝鮮義勇隊兩週年 (劉啓光)
• 兩年的認識 (文治)
• 論朝鮮義勇隊在朝鮮革命中的地位 (如松)
• 本隊成立二週年紀念感言 (石正)
• 民族解放的先鋒隊 (王輝之)
• 爲鞏固和擴大遠東反帝統一戰○而鬪爭 (馬義)

◈ 우리 대 성립 2주년 기념 소감[11)]

석정

관내[중국 본토] 대다수 조선혁명 동지들이 우리 대(조선의용대)의 기치 아래, 중국의 정의로운 항전에 참가한 지 2년이 되는 오늘, 우리는 모두 일종의 의미심장한 느낌을 갖고 있을 것이다. 왜냐하면 시간은 비록 겨우 짧디짧은 2년에 불과하지만, 그러나 이 2년은 도리어 중국과 전 세계에 이전에 유례가 전무한 위대한 변화와 발전의 역사적 단계를 이루었기 때문이다. 동시에 또한 우리가 이 위대한 변화와 발전에 직접 참여한 유력한 혁명의 실천 시기이기도 하였다. 그러나 우리 전체 동지들의 느낌은 대체로 같겠지만, 어떤 부분에 있어서는 또한 나름대로의 특징이 있을 것이다. 이에 나는 개인적으로 과거를 회상하고 미래를 생각하며 생겨난 몇 가지 감상을 간단히 다음과 같이 적는다.

지난 2년 동안 중국 항전에 대한 우리 대의 공헌이 얼마나 큰지는 여기서 언급하지 않겠다. 그러나 우선 조선혁명자로서의 우리 대 전체 동지는 중국 항전의 지지와 원조에 대하여 평소의 형식적이 아니라 희생을 두려워하지 않는 정신에 의거하여 직접적으로 전선에 참가하여 중국의 용감한 장병들과 생사고락을 같이하며 적과 혈전을 벌였다. 이 점은 확실히 우리로 하여금 영광과 만족감을 불러일으키게 한다.

우리는 오직 공동의 적인 일본 제국주의를 멸망시킨 후에야 조선 민족이 비로소 독립과 자유의 천지를 다시 볼 수 있다고 생각한다. 일본 제국주의를 멸망시키기 위해서, 비록 우리의 역량이 매우 취약하다고 할지라도, 우리는 중국 항전 장병들과 함께 적과의 육탄전을 벌이는 것 이외에 다른 길을 찾을 수 없다. 우리는 단지 이러한 솔직한 실천을 통해서만 비로소 수천수만의 조선 동포들로 하여금 우리를 호응하게 하고, 우리의 핏자국을 따라 해방의 큰 길로 매진할 수 있다고 확신한다. 그리고 또한 오직 이렇게 해야만 비로소 실질적인 조중朝中 두 민족의 연합전선을 건립할 수 있을 것이다.

따라서 지난 2년간 우리는 결코 공허한 외교활동과 이론적인 입씨름을 피우기를 원하지 않았으며, 오직 실질적으로 남북의 각 전장에 참가하여 우리의 모든 역량을

---

11) 원문은 중국어로 쓰여 있으며, 공훈전자사료관 : 해외의한국독립운동사료 https://e-gonghun.mpva.go.kr에서 찾아볼 수 있다.

다하여 직무에 힘썼을 뿐이다. 만약 우리가 또한 일부 동지들처럼, 중국에서 이미 항전 삼 년을 경험한 오늘, 여전히 무슨 「국제연락을 어떻게 할 것인가」, 「국군이냐 당군이냐의 문제」, 「자주와 피동의 문제」와 같은 이러한 현실적이지 않은 문제들을 시끄럽게 토론하고 있다면, 또한 지난 2년간의 행태를 오늘날까지 연장시키는 것이다. 그렇다면 일체 모든 것은 여전히 환멸의 공상일 뿐이니, 결코 오늘날 느끼는 승리나 자신감의 만족 같은 것은 없을 것이다.

다음으로, 동방의 항구적인 평화를 생각할 때 중국을 떠날 수 없다는 것은 말할 필요가 없고, 동시에 조선의 참가가 없다는 것도 또한 상상할 수 없는 일이다. 과거 수천 년 동안의 동방 문화와 정치의 역사에서 중한 두 민족의 관계, 현재 두 민족의 존망의 상관성, 그리고 미래 동방의 항구적인 평화를 수립하는 데 있어서 두 민족 간 관계의 밀접성과 중요성을 부인할 수 있는 사람은 없다.

조중 두 민족은 과거 유구한 영광의 역사를 함께 창조했을 뿐만 아니라, 또한 미래 동방의 항구적인 평화 공존을 다지는 공동 사명을 가지고 있는데, 이러한 위대하고 영광스러운 사명은 오늘날 중국 항전에 직접 참가하고 있는 우리 대의 전체 동지들의 몸에 놓여 있다. 동시에 누구도 또한 이러한 위대한 사명이 우리 대의 지난 2년간의 실천과정에서 이미 점차 실현되었다는 것을 부인할 수 없다.

확실히 지난 2년 동안 우리 대의 동지들은 남북 전쟁터와 후방 각지에서 4백만 중국의 용감한 항전 장병 및 민중들과 함께 적개심을 불태웠고, 고락과 환난을 같이 한 노력과 분투는 두 민족의 순치脣齒 상생의 역사를 오늘날에 재현시켰을 뿐만 아니라, 더욱 두 민족의 미래 억만 년간 공존공영하는 견고한 기반을 마련하였다. 이 점 또한 우리를 무한히 흥분시키는 것이다.

마지막으로, 오늘날 우리 전체 동지들은 우리 대의 밝은 전도와 혁명의 필연적인 성공에 대하여 특별히 강한 자신감을 가지고 있다. 비록 현재 우리 대의 기치 아래 단결된 동지들은 아직 수백 명에 불과하지만, 우리 백분의 백 모두는 당의 혁명 간부로서 모두 수년간의 정치 군사 훈련을 받았고, 게다가 대부분은 건장한 청년들이다.

우리는 비장한 전장에서, 중국의 위대한 혁명 과정에서, 혁명의 식견과 경험은 풍부해지고, 신체는 강건해지며, 단결은 더욱 견고해졌다. 그러므로 우리의 이러한 발전을 따라가면, 반드시 전 조선 민족으로 하여금 우리 대의 기치 아래 [민중]동원을 일으켜 조국의 강토로부터 적들을 추방함으로써 혁명의 최후 목적을 완성할 수 있을 것이다. 이상 이 몇 가지 소감은, 아마도 또한 우리 전체 동지들이 오늘날 함께 느끼는 것이리라!

- 번역 : 한학중.

석정은 1940년 10월에 충칭에서 열린 민족혁명당 제5차 전당대표회의에서 중앙집행위원으로 재선되었고 선전부장을 수임하였다. 곧이어 11월에는 조선의용대는 확대간부회의에서 '북상항일'을 결의하였다.

> '그때까지의 활동경험을 되새기고 자평한 끝에, 자체무장 결여, 동포발동 공작 미흡, 자력갱생정신 결핍이 의용대의 그동안의 한계가 되어왔다고 자기비판하였다. 그래서 자체 무장화를 통한 민족혁명군 건립, 조선동포 다수 거주 지역으로의 진출, 선전공작으로부터 무기획득을 위한 전투공작으로의 중점 변경을 향후 활동의 우선 방침으로 제기하였다.'
>
> - 김영범(2019), 207-208쪽.

출처 : 김영범(2021), 383쪽.

앞의 사진은 확대간부회의에 참석한 분대장급(현재의 한국군 편제로는 소대장급) 이상의 간부 13명을 보여준다. 앞열은 왼쪽부터 마일신, 이익성, 박효삼, 김약산, 한일래, 신악, 김세광이고, 뒷열은 왼쪽부터 윤세주, 김준, 이달, 진원중, 한지성, 이춘암이다(김영범, 2021 : 382).

앞열의 각자를 확대하면 다음과 같다. 사진 중앙의 김약산은 조선의용대 총대장이다. 오른쪽의 한일래(천병림)는 총대부 기요조장機要組長으로서 『조선의용대통신』 주편위원이다. 왼쪽의 박효삼은 정치조 외교주임으로서 『조선의용대통신』의 주요 집필진이다.

김약산(金若山)

한일래(韓一來)

박효삼(朴孝三)

신악(申岳)

이익성(李益成)

김세광(金世光)

마일신(馬一新)

신악, 이익성, 김세광은 각각 조선의용대 제1, 2, 3지대장이고, 마일신은 산동성으로 특파된 제1지대 북진분대의 분대장이다. 신악은 조선혁명간부학교 제1~3기 교관을 역임하였고, 이익성은 황포군관학교 제13기의 조선인 소대장이었으며, 김세광은 간부학교 제1기 출신으로 제2기와 제3기 군사과 교관이었다.

뒷열의 간부진을 확대하면 다음과 같다. 왼쪽의 윤세주, 김준, 오른쪽 끝의 이춘암은 조선혁명간부학교 교관이었다. 윤세주는 조선의용대 정치조 훈련주임, 김준은 기요조 설계주임, 이춘암은 기요조 인사주임이다.

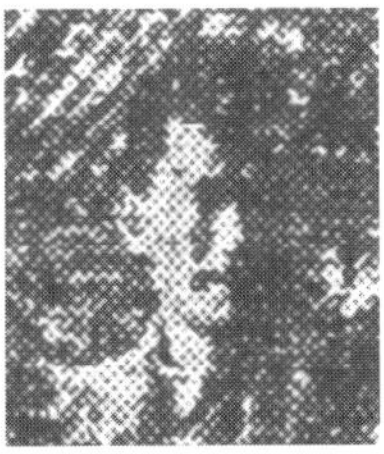
윤세주(尹世冑)

김준(金俊)

이춘암(李春岩)

이달(李達)

진원중(陳元仲)

한지성(韓志成)

가운데의 이달, 진원중은 중앙육군군관학교 성자분교 특별훈련반 출신이다. 이달은 정치조 자료실 주임이고 한지성(1912~)은 정치조 선전주임이며, 둘 다 『조선의용대통신』의 주요 집필진이다. 한지성은 윤세주, 신악 등과 더불어 조선민족전선연맹의 간사이었다.

이들 확대간부회의 간부진 13명의 소속 정파를 보면 한지성과 이익성이 조선청년전위동맹, 이달이 조선혁명자연맹 소속이고, 나머지 열 명은 모두 조선민족혁명당 소속이다.

양소전 · 이보온(1995)은 조선의용대 간부로서 20명을 들었는데, 위에 등장하지 않은 인물로는 김학무(김준길), 이집중, 왕통, 김창만, 김규광, 이정호, 유자명, 이건우(최창익), 김백연(김두봉), 이두산, 양민산, 왕자인 등 12명이 있다. 이들 중에서 김학무, 왕통, 김창만 등은 중앙육군군관학교 성자분교 특별훈련반(황포군관학교 제13기) 출신이다.

석정은 화북으로 출발하기에 앞서 김약산과 총대부 간부 앞에서 선서하였다(김약산, 1943, '석정 동지 약사').

> 금년에는 화북 근거지를 건립하고, 명년에는 동북 근거지를 건립하겠다. 내명년에는 조국에 진입하겠다.

중국의 전폭적 지원을 받더라도 과연 조선의용대는 수백 명의 대원으로 일본제국을 무찌르고 조국에 진입하는 승리를 거둘 수 있을까? 시작은 미약하였으나 끝은 창대하리라고 믿었다는 점에서 그의 선서는 언뜻 보기에 거의 신앙적이다.

그러나 조선의용대는 적은 인원이지만 모두가 자질이 뛰어난 25세 전후의 청년이다. 더구나 석정이 '국제정치의 기본 동력과 종국적 추세'(『민족혁명』 제2호, 1936년)에서 주장하였다시피 '일본은 머지않아 영국 · 미국 · 소련에 밀려 멸망하지 않을 수 없다.' '그렇다고 팔장 끼고 앉아서 일본이 쓰러지기를 마냥 기다릴 수 없다. 승리의 여신이 우리 편이라 굳게 믿으며 화북과 동북의 조선 민중을 동원하여 일본군을 직접 쓰러뜨려야 한다.' 이러한 확신에 기반하여 석정은 일찍이 1938년에 ~삼천만 동포여 모두 뭉치자 승리는 우리를 재촉한다~ 〈최후의 결전〉을 작사한 바 있다.

2. 윤세주의 순국과 추모

1941년 '북상항일'의 새해가 밝았다. 조선의용대 총대부의 몇몇 요원과 제3지대는 충칭에서 민생호에 승선하여 장강을 타고 출발하였다. 새해 첫날 저녁 무렵 기선은 쓰촨성泗川省 만현에 닿았고, 조선민족혁명당 당원이자 개업 의사인 최성오가 석정 일행을 열렬히 환영해 주었다. 의용대원 40여 명은 푸짐한 대접을 받았는데, 석정은 일시적으로 금주령을 풀어주고 노래 경연을 허용하였다.

누구보다도 기뻐한 이는 김무였다. 성자분교 특별훈련반에 입학하기 이전에 '조선 13도를 바람같이 떠돌아다니며 머슴살이로 뼈를 굳힌' 사나이다(권오근, 1987 : 118). 그가 얼큰해져 각설이 타령을 넘기고 나니 술판은 오락판으로 바뀌었다. 〈각설이 타령〉은 대개 1에서 10까지 숫자를 따서 진행되는데 앞부분을 보면 다음과 같다.

> 어얼 씨구씨구 들어간다~ / 저얼 씨구씨구 들어간다~
> 작년에 왔던 각설이~ / 죽지도 않고 또왔네~
> 품바품바가 들어간다 / 품바품바가 들어간다 /
> 어허 품바가 들어간다
> 일 자나 한 장을 들고나 보니 / 일편단심 먹은 마음
> 죽으면 죽었지 못 잊겠네
> 둘에 이 자나 들고나 보니 / 수중 백로 백구 떼가

벌을 찾아서 날아든다
삼 자나 한 장을 들고나 보니 / 삼월이라 삼짇날에
제비 한 쌍이 날아든다

석정도 무성영화 '아리랑'의 변사가 되어 사람들을 웃기기도 하고 울리기도 하면서 만장의 박수를 받았다. 오락판의 분위기가 더욱 무르익자 그도 한 곡쯤 부르지 않았을까? 상상컨대 〈범벅타령〉 같은 것이다.

이 민요는 1925년경부터 밀양지역에 유행하였던 일종의 월령가月令歌이다. 농가월령가와 달리 1월에서 12월까지 매달 다른 음식이 나온다. 시락(시래기), 쑥, 너털, 칡 등 구황음식이 많아 그 시대에 식량 사정이 얼마나 어려웠는가를 짐작할 수 있다. 〈범벅타령〉의 앞부분은 다음과 같다.

둥글둥글 범북이야
정월에는 달떡 범북 둥글둥글 범북이야
일월성신에 달떡 범북 둥글둥글 범북이야
이월에는 시락 범북 만경창파 떠난 낭군
원포기쁨에 웃음 범북 만경창파 떠난 낭군
삼월에는 쑥 범북 작년 왔던 각설 제비
원표 박씨로 입에 물고 세견 부던 범북이요
둥글둥글 범북이야
사월에는 너털 범북 흑 장삼 붉은 가사
백팔염주를 목에 걸고 극락놀이로 가던 범북
오월에는 칡 범북 부상포에 창포를 꽂고
능청능청 군디줄에 밤물 치마, 분홍 범북
둥글둥글 범북이야

그러나 만현을 떠난 후에는 강행군이 한 달 동안이나 이어졌다. 하루에 삼사오십 킬로미터를 걸어 중간 귀착지 뤄양洛陽으로 이동하는 도중에 〈최후의 결전〉이나 〈민족혁명당 당가〉를 부르며 결속을 다졌을 것이다.

〈민족혁명당 당가黨歌〉

(1절) 일심일의一心一義 굳은 단결 민족혁명당
우리당은 우리민족의 전위
희생분투 유혈은 우리들의 각오
나가자 혁명전선으로
(2절) 우리동지 높이 드는 깃발 아래
전진하는 역사에 발맞추어라
강도 일본을 타도하여 땅을 되찾고
세우자 자유의 신국가를

또한 그들에게 친숙한 민요를 부르며 고난의 행군을 이겨냈을 것이다. 민요의 특징은 일곡조一曲調 만가사萬歌詞이다. 어떤 곡조가 일반화되어 있으면 노랫말은 얼마든지 지어 부를 수 있다. 예를 들어, 〈밀양아리랑〉의 곡조에 아래의 가사 〈시아버지 방귀는〉을 띄워 행군의 스트레스를 풀었을 것이다.

시아부지 방구는 호래이(호랑이) 방구
시어머이 방구는 앙살 방구
시동상 방구는 골목 방구
며느리 방구는 얌전이 방구

물론 '옹헤야'로 시작되는 〈보리타작 노래〉를 부르거나 그 곡조에 다른 가사를 지어 붙일 수도 있다.

드디어 조선의용대 제3지대가 허난성 뤄양에 도착하였다. 그들은 여기에서 제2지대를 기다렸다가 함께 황하(5,464km)를 건넌 후 다시 강행군하여 오늘날 내몽골 자치구에 해당되는 쑤이위안성綏遠省 우위안으로 가게 되어 있었다.

지대장 박효삼이 황포군관학교 동창생인 국민당 제1전구 사령장관 위립황을 찾아가서 도하증을 요청하였으나 선뜻 내주지 않고 이날저날 미루었다. 환남사변(1941. 1. 7.~13.)으로 국공합작이 깨어진 탓이다.

환남사변(신사군 사건)은 도대체 어찌 된 사건인가? 1937년에 중일전쟁(7 · 7사변)이 터지자 공산당과 국민당은 서로 싸우는 것을 중지하고 일본제국에 대한 공동전선을 구축하기 위해 연합하였다. 이것을 제2차 국공합작國共合作이라고 한다. 그런데 항전 초기에 장개석의 국민혁명군이 패배와 후퇴를 거듭한 반면 공산당의 팔로군八路軍과 신사군新四軍은 유격전술로 일본군 후방에서 활약하면서 세력을 넓혀갔다.

장개석은 우한(후베이성)이 1938년 10월에 함락당한 이후 공산당에게 비협조 또는 노골적 탄압을 자행하였다. 1940년 12월 장개석이 신사군에게 안후이성과 장쑤성에서 소개疏開[해산]하라는 명령을 내렸으나 물러나지 않고 반발하자 국민당군이 신사군을 포위 공격한 사건이 바로 환남사변이다. 국민당과 공산당 관계가 급랭하자 좌우익 연합의 조선의용대는 난감하지 않을 수 없었다.

조선의용대 제3지대는 일단 뤄양 교외에 주둔하면서 대오를 정돈하고 훈련하였다. 거기서 제1지대와 결합하여 혼성지대를 만들었는데, 지대장 박효삼, 정치위원 윤세주, 부지대장 이춘암과 김세일로 바뀌었다.

대기 기간이 길어지자 석정은 정치훈련을 실시하였다. 뒤숭숭한 분위기를 가라앉히기 위해 대원들에게 정세분석을 하고 역사유물론과 정치경제학에 관해 학습 · 토론시켰다. 시 또는 산문 등의 문학작품을 현상

모집하여 1, 2, 3등을 뽑고 1등에게는 종이 별을 가슴에 달아주었다.

황하 도하증과 소개장은 3월 중순에야 발급되었다. 의용대 3개 지대는 몇 차례 나누어 황하를 건넜고, 허베이성 임현으로 가서 국민당 방병훈 부대와 합동으로 대일본군 유격선전공작을 전개하였다. 조선의용대는 마지막 대오가 도착하자 발길을 틀어 팔로군의 항일근거지인 태항산太行山으로 진입하였다.

조선의용대는 '북상항일'의 목적지가 쑤이위안성(내몽골 자치구)이었는데 태항산으로 들어가게 된 연유가 궁금해진다. '이것은 1940년 10월 경부터 거세지고 노골화한 국민당 정부의 반공 공세에 위협감을 느끼고 염증이 커진 공산계열－급진좌파 대원들의 발론과 요구에 따라 중간 기착지인 뤄양에서 진로조정 결정이 내려진 때문'으로 보고 있다. '일단은 태항산으로 들어가서 신변안전을 도모하고 팔로군과의 유대도 다져놓은 다음에 정세 추이를 보아가며 본래의 계획을 실행에 옮기는' 일종의 우회책이었다(김영범, 2019 : 220, 228). 황민(=김승곤), 호건(=김재호), 왕령(=신정완), 김인철 등 일부 대원은 태항산행에 대해 듣자마자 동행을 거부하고 이탈하였다.

1941년 7월 초 조선의용대가 허베이성 섭현 서달진에 도착하자 유백승(팔로군 129사 사장)과 등소평(정치위원)이 보낸 환영 사절 및 백여 명 병사가 모자를 흔들며 환영해 주었다. 80여 명의 의용대원은 〈밀양아리랑〉을 신나게 불러 화답하였다.

> 날 좀 보소 날 좀 보소 날 좀 보소
> 동지섣달 꽃 본 듯이 날 좀 보소
> 아리 아리랑 쓰리 쓰리랑 아라리가 났네
> 아리랑 고개로 넘어 간다

정든 님이 오셨는데 인사를 못해
행주치마 입에 물고 입만 방긋
아리 아리랑 쓰리 쓰리랑 아라리가 났네
아리랑 고개로 넘어 간다

조선의용대 제1, 2, 3지대는 산서성山西省 요현(좌권현)으로 안내받아 동욕진 상무촌에 주둔하였다. 동욕 광장에서 환영대회가 열렸는데, 팔로군 부총사령 겸 전방총사령부 사령 팽덕회와 정치위원 나서경이 맞아주었고, 의용대원에게는 개인화기로 소총이 지급되었다.

조선의용대의 북상 병력은 중일전쟁 4주년 되던 1941년 7월 7일 화북지대로 개편되었다. 대장 박효삼, 부대장 이익성, 정치지도원 김학무로 지휘부를 구성하였고, 예하 3개 대와 그 아래 2개 분대씩 모두 6개 분대로 편제되었다. 이때 석정은 어떤 공식적 직책을 가지지 못하였으며, 이후 화북지대는 충칭의 총대부로부터 점차 멀어지고 단절되어 갔다.

1941년 8월 화북지대는 간부훈련반을 개설하였다. 교장 박효삼, 부교장 진광화(김창화), 정치교관 석정 · 최창익 · 김학무이었다. 두 달 동안 신입 대원 30여 명을 교육하여 하급간부 겸 무장선전 공작요원으로 양성하였다. 1년 후 간부훈련반은 화북조선청년혁명학교로 확대 개편되었다.

화북지대의 제1, 2, 3대는 팔로군 태항군구의 제1, 5, 6군분구에 배속되어 무장선전활동을 전개하였다. 대원들은 마을 주민에게 항일의지를 고취하고 반일 구호를 벽서하거나 삐라를 배포하였다. 야간에는 일본군 진지 50미터쯤 앞까지 접근하여 일본어로 일제의 죄상을 폭로하고 범죄적 전쟁을 그만둘 것을 권고하여 그들의 싸울 의욕을 꺾어놓았다.

1941년 11월이 되자 화북조선청년연합회 진기예변구지회가 결성되어 진광화(1911~1942)가 회장, 석정이 부회장으로 지명 선임되었다. 이것이 석정의 유일한 직책이었고, 그는 적후공작의 기획과 요원 지도에 주력할 뿐이었다.

화북조선청년연합회 선전부는 류신, 장지광, 박문, 김학철의 네 명으로 구성되었는데, 이들은 남다른 특권을 가지고 있었다. 다른 부서나 단위는 취침 전 30분 동안 평지 기름불을 켰지만, 선전부는 석유 등잔을 무제한 켤 수 있었다. 석정은 저녁마다 책과 신문을 들고 선전부로 와서 밤늦게까지 독서하거나 글을 쓰곤 하였다.

1941년 말 이래 화북지대는 몇 차례 혈투를 잇달아 치렀다. 첫째는 호가장 전투(1941. 12. 12.)이다. 무장선전 활동 중이던 제2대(대장 김세광)가 일본군의 기습포위공격을 받아 제2 분대장 손일봉을 비롯하여 박철동, 최철호, 왕현순의 4명을 잃었다.

손일봉(1912~1941)은 누구인가? 그는 낙양군관학교와 광동의 군관학교를 나와 국민당 군대의 포병 중대장을 지내다가 1940년 낙양에서 조선의용대에 가담하였다. 그가 국민당 군대에 있었을 때이었다.

> 손일봉은 방어선 교체를 위하여 쏘로동포 4문을 거느리고 출동하였다. 도중에 일본군 기병대를 맞닥뜨렸으니, 이것은 마치 쥐가 고양이를 만난 격이었다. 그는 적군의 지휘관이 말 위에서 이쪽을 정찰하고 있음을 확인하고, 포수들에게 유산탄을 장진하라고 명령하였다.
>
> "목표—좌전방 1200미터—적기병의 밀집대열—사격!"
>
> 쏘로동포 4문이 일제히 적의 기병대를 향하여 포문을 열자, 100여 명의 기병은 유산탄의 우박을 뒤집어쓰고 말머리를 돌려 뺑소니쳤다.
>
> \- 권오근(1987), 175-176쪽.

전설적 무용담의 손일봉조차도 호가장의 혈전에서 희생되고 말았다. 이어서 형대 전투(1941. 12. 26.)에서도 타격을 입자 화북지대 본부는 여성현 황애동진 간후촌을 거쳐 1942년 2월에는 산서성 요현 마전진 운두저촌으로 이동하였다.

조선의용대가 태항산에서 치른 가장 치열한 전투는 '반소탕전'이었다. 일본군은 '소탕전'을 1942년 3월 30일에 일단락하였다가 5월 초순에 재개하였다. 이번에는 20개 사단 40만 명에다가 전차와 항공기까지 동원하였다. 하순에는 팔로군과 조선의용대의 지휘부가 있는 마전까지 일본군의 포격 사정권에 들어갔다. 이화림은 회고록에서 '반소탕전'의 대략을 아래와 같이 진술하였다.

> 5월 29일 조선과 중국 군대는 강적에 의해 포위당했다. 팔로군 사령부는 조선의용대에게 신속히 일본이 점령하고 있는 두 개의 산을 공격해 이미 포위당한 동지들이 포위망을 뚫고 나올 수 있는 돌파구를 만들어 주라고 지시했다.
>
> 조선의용대 박효삼 사령관의 지휘하에 어둠을 틈타 쥐도 새도 모르게 산 아래로 가서 첨예한 쟁탈전을 벌였다. 전사들은 하나같이 호랑이처럼 용맹했다. 5~6시간의 악전고투를 치른 끝에 꿋꿋이 산꼭대기를 공격했다. 모두들 쉴 틈도 없이 산 아래서 총소리가 끊임없이 울려 왔고 귀청이 터질 것 같은 대포 소리도 들렸다. 격분한 적군이 반격해 온 것이었다.
>
> 박효삼 동지는 총소리를 듣고 적군이 오는 방향과 적의 수를 추측한 후, 일부 대원들에게 산을 내려가 적의 뒤로 가라고 과감히 지시했다. 산 위와 산 아래에서 우리들의 맹렬한 포탄을 번갈아 떨어뜨려 적군을 갈팡질팡하게 만들었다. 적군 중에 어떤 이는 죽었고 어떤 이는 도망갔다.
>
> 우리들은 두 개의 산꼭대기를 확실히 지켜냈다. 산꼭대기 사이에 가장 좋은 돌파구가 형성되었고, 겹겹이 포위됐던 전우들도 모두 뚫고 나왔다. 그러나 전투 도중 팔로군 최전방 참모장 줘취안左權 동지가 희생되었고, 조선의용대의 진광화(김창화), 석정(윤세주) 동지 등도 순국하였다.
>
> — 장찬제 · 순징리(2015), 283-284쪽.

석정은 진광화, 김두봉, 이철중, 최채, 여성대원 4명과 같이 이동하는 중 일본군에 피격되었고, 1942년 6월 3일 허베이성 섭현 편성진 지경의 화옥산 장자령에서 순국하였다. '반소탕전'에서 팔로군은 부총참모장 좌권과 수십 명의 간부가 사망하였고, 의용대원은 석정, 진광화, 호유백 · 문명철 · 장문해(이상 3명 황포군관학교 제13기) 등이 희생되었다.

석정 윤세주의 장렬한 최후는 최채의 증언을 통해 상세히 드러난다(권오근, 1987 : 354-371; 김승일, 2001 : 98-105). 권오근의 『중국의 광활한 대지 우에서』에 실려 있는 '불과 피의 5월'의 관련 부분(362-371쪽)을 수록한다.

◈ 불과 피의 5월

최채

우리는 이미 적들의 포위망에 들었다. 기진한 대오를 거느리고 적의 포위망을 뚫고 나간다는 것은 매우 어렵게 되었다. 대부대 활동을 하면 목표가 드러나기 쉽고 희생도 많이 낼 수 있었다. 정치부 주임 라서경 동지는 엄중해진 정세를 분석한 후 긴급회의를 소집하고 팔로군 전선 총지휘부 산하의 각 부문과 조선의용대도 분산하여 각기 적의 포위망을 뚫고 나가라고 호소하였다.

우리 조선의용대 정치사업일군, 후방사업일군, 여성대원들과 가속 40여 명은 산등성이에서 좀 쉬고 밤길을 걸어 한밤중에 화옥산에 이르렀다. 화옥산에 이른 우리는 한 자그마한 마을에 찾아 들어갔다. 마을에는 사람 그림자도 얼씬하지 않았다. 몇몇 동지들을 파견하여 백성들이 숨어있는 산굴로 찾아가 정황을 알아보니 부근의 촌락은 이미 적들에게 다 점령되었고 낮에는 산굴까지 뒤집히어 백성들이 학살되는 형편이었다.

갈수록 심산이라더니 정황은 더욱 어렵게 되어 더는 40여 명이 함께 행동할 수 없게 되었다. 우리 40여 명은 진광화 동지의 지시에 따라 다시 네 개 분조로 갈라져 행동하기로 하였다. 적은 희생으로 보다 많은 동지들을 보존하여야만 하였다.

우리 분조는 진광화, 석정, 김선생(김두봉), 리철중, 란영(여), 리수영(여), 김기숙(여), 김 선생의 딸 해연 이 몇몇 동지들로 구성되었다. 그때 우리에게는 리철중 동지에게 있는 권총 한 자루와 수류탄 몇 개밖에 없었다. 우리 분조에서는 나이 젊은 나(최채)를 앞장에서 적정을 살피며 나가게 하고 리철중 동지가 김 선생과 여성들을 호위하며 뒤에서 걷게 하였다.

우리 대오는 새벽녘(5월 29일)에 한 자그마한 마을에 이르렀다. 마을에는 백성들이 피난 가고 없었고 10여 명 되는 민병들이 남아서 뒤수습을 하고 있었다. 민병들은 우리를 보자 적이 당장 쳐들어올 것이니 빨리 이 고장을 떠나라고 하였다.

우리는 그 마을에서 빠져나와 산비탈을 따라 걸었다. 얼마 지나지 않아 날이 밝았는데 마침 산비탈에 관목림이 있었다. 리철중 동지는 김 선생과 여성들을 데리고 관목림 속에 깊이 들어가 숨어 있었고 나(최채)는 진광화, 석정 동지와 함께 숲가에 숨어서 적정을 살폈다.

헌데 얼마 지나지 않아 우리가 숨어 있는 숲 앞 비좁은 산골짜기 건너 산길에 적군관이 백여 명이나 되는 적병을 거느리고 나타났다. 그놈은 말을 멈춰 세우더니 망원경을 꺼내 들고 우리가 숨어 있는 관목림을 살폈다. 노란 군복을 입은 백여 명의 적병들은 상관의 명을 기다리며 한일자로 쭉 서 있었다.

망원경을 걸고 우리가 숨어 있는 관목림을 살피던 적군관 녀석이 무어라고 소리 질렀다. 일본말을 모르는 나는 그자가 무어라고 지껄여대는지 알 수 없었지만 일본말을 잘 아는 진광화 동지와 석정 동지는 그 소리를 듣자 이구동성으로 "우리가 발견됐소" 하고 말하는 것이었다. "우리 셋은 발견되었으나 철중 동지네는 발견되지 않은 것 같으니 이 숲을 뛰쳐나가 뛰기요. 우리는 숲속의 동지들을 보호해야 하오."

진광화 동지의 말이 떨어지자 우리 셋은 숲속에서 뛰쳐나와 산비탈을 따라 번개같이 내달았다. 우리가 뛰어나서니 적들은 일제히 우리를 향해 총질[사격]하였다. 총알이 쌩쌩 머리 위와 귀뿌리를 스쳐 지나갔다. 이때 진광화 동지가 또 소리를 질렀다. "우리 셋이 한 곳으로 뛰다는 다 죽을 수 있소. 최채는 산 위로, 석정 동지는 산중턱으로, 나는 산 아래로 갈라져 뛰기요."

그때 진광화 동지는 이 생사 판가리의 고비에서도 숲속에 숨어 있는 동지들을 생각하고 혁명을 위하여 한 사람이라도 더 살아남아야 한다는 일념으로 자기의 안위를 추호도 고려하지 않았다. 나는 산 위로 올리뛰었고 석정 동지는 산비탈을 따라

한가운데로 내뛰었으며 진광화 동지는 산아래로 내달았다. 우리가 갈라져 뛰니 적들의 화력도 분산되었다.

나의 목에서는 겨불내가 확확 풍겼고 발바닥에서는 불이 일었다. 총알이 마구 날아 지나갔다. 나는 온 힘을 다하여 산 위로 올리뛰었다. 때마침 내 앞에 백성들이 양몰이할 때 비바람을 피하느라 파 놓은 겨우 한 사람이 들어갈 수 있는 자그마한 돌굴이 있었다. 어느 놈의 총알에 맞아 넘어갈지 모르는 나에게 천만다행으로 은신처가 생겼다. 나는 주저 없이 빗발치는 탄우를 피하여 그 돌굴 속에 뛰어들었다.

얼마 지났는지도 몰랐다. 바쁜 숨이나 돌리고 보니 콩 볶듯 하던 총소리가 멎고 적병들이 박장대소하는 소리가 들려왔다. 나는 그 소리를 듣고 우리 동지들이 잘못되지나 않았나 하여 가슴이 섬뜩해났다.

나는 불길한 생각이 들어 머리를 돌굴 밖에 내밀고 산 아래를 살폈다. 순간 "퓽퓽…" 소리와 함께 총알이 날아와 나의 군모를 스치고 돌굴 위에 박혔다. 그 바람에 나는 머리를 돌에 박고 안경까지 깨뜨렸다. 이제는 목표가 드러나고 말았다. 놈들의 총구가 일제히 아가리를 열고 시뻘건 불을 마구 토했다.

앉아 있어도 죽고 뛰어나가도 살길이 없었다. 그때 나에게는 수류탄 두 개가 있었다. 나는 굴속에 있으면서 수류탄 두 개를 단단히 잡아 쥐었다. 죽은 듯이 있다가 놈들이 다가오면 피값이라도 하고 죽자고 마음먹었다. 헌데 이상하게도 한참이나 미친 듯이 총질하던 놈들은 내가 죽은 줄 알았던지 더는 총질하지 않았다.

놈들이 떠나가 버리자 나는 석정 동지와 진광화 동지가 어떻게 되었는지 몰라 굴속에서 뛰어나와 석정 동지가 뛰어나가던 길을 따라가면서 살폈다. 얼마 가지 않아 나는 허벅다리에 총을 맞고 쓰러진 석정 동지를 발견하였다. 그때까지도 석정 동지의 다리에서는 붉은 피가 흘러내렸다. 나는 가슴이 막 터지는 것만 같아서 옷을 찢어 그의 상처를 싸매주려 했다. 그런데 석정 동지가 나를 밀쳤다.

"그럴 새가 없소. 진광화 동지가 어떻게 되었는지 가보고 오오. 아래서 '악' 하는 소리가 나는 것을 들은 듯하오. 빨리 가보오."

나는 석정 동지의 곁을 떠나 진광화 동지가 달려나가던 길을 따라가며 그를 찾기 시작했다. 걸어가면서 아무리 살펴봐도 진광화 동지는 보이지 않았다. 한참 가노라니 벼랑이 있었다. 더는 찾아 나갈 길도 없고 찾을 방도도 없었다.

나는 석정 동지의 다리에서 피가 흐르는 것을 보고 왔는지라 먼저 그를 구하고 다시 찾으리라 생각했다. 나는 석정 동지한테 달려가서 석정 동지를 업고 나의 은신처였던 돌굴에 가서 그를 내려놓고 상처를 싸매놓고는 동지들을 찾아갔다.

철중 동지는 그때까지도 김 선생과 여성들의 곁을 조금도 떠나지 않고 그들을 지키고 있었다. 거기 동지들은 한 사람도 상한 사람이 없었다. 우리는 이미 피의 대가를 냈지만 동지들은 무사하였다.

이제 진광화 동지와 석정 동지만 구원하면 아무런 희생도 없다. 나는 헐떡이며 석정 동지가 부상당하고 진광화 동지는 찾지 못했다고 동지들에게 알렸다. 내 말이 끝나기도 전에 철중 동지가 벌떡 일어나고 모든 동지들이 뒤따라 일어섰다. 나와 철중 동지는 다른 동지들을 그곳에 남아있게 하고 나는 듯이 굴속에 달려가 석정 동지의 상처를 더 싸매주고 진광화 동지를 찾아 나갔다.

나와 철중 동지는 벼랑가로 달려갔다. 진광화 동지는 없었다. 철중 동지는 나보고 가서 석정 동지를 간호하라 하고 자기 혼자 벼랑 밑으로 내려갔다. 벼랑 밑에 가서 진광화 동지를 찾던 철중 동지는 눈앞의 참경에 그만 풀석 주저앉고 말았다. 세상에 이런 변이 어데 있으랴. 전신에 흐르던 피는 굳어진 듯하고 하늘의 해는 어둠에 잠겨 광명천지가 보이지 않았다. 다리에 총을 맞은 진광화 동지는 벼랑에서 떨어져 분신쇄골이 되었다. 붉은 피가 벼랑이며 벼랑 밑의 돌들을 시뻘겋게 물들이었다.

"진광화 동지——" 철중 동지는 목이 터지게 불렀다. 하지만 산울림 소리만 들릴 뿐 진광화 동지는 대답이 없었다. 그 부드러운 빛이 흘러넘치던 두 눈은 감겼고 그 인자하던 얼굴은 피못이 되어 면목도 알리지 않았다. 철중 동지는 하늘을 우러러 가슴을 치면서 울었다.

적들은 국민당반동파의 백색테로를 무찌르고 광주와 화남인민들을 항일투쟁에로 불러일으키던 투사의 생명을 빼앗아갔다. 진기로예변구 항일근거지에서 변구당학교 교무과장, 조직과장, 당총지서기 직무를 맡고 군정간부와 당원들을 알심들여 양성하던 진광화 동지는 우리 곁을 떠났다. 31살의 한창나이에 오매에도 바라고 그리던 자유해방의 날, 승리의 그 날을 보지 못하고 혈전의 나날에 자기의 생명을 다하여 동지들을 보호하고 이 세상과 갈라졌다.

우리 분조의 대원들은 벼랑 밑에 가서 그의 피로 물든 돌을 주워서 그의 유체와 함께 안장하고 숙연히 머리 숙여 묵도를 드리었다. 이날 우리는 진광화 동지의 묘지 앞에서 그의 유지를 이어 자유해방의 그날까지 굳세게 싸워나가리라 다짐했으며 두

주먹을 불끈 쥐고 언제든지 뼈에 사무치는 이 한을 풀고 철천지원수를 갚으리라 맹세했다.

날이 어두워졌다. 치열하고도 긴장한 혈전을 겪고 몹시 비통한 심정으로 희생된 동지까지 묻고 나니 밤은 더욱 음산하고도 비장하였다. 다리에 부상을 입고 피를 흘릴대로 흘린 석정 동지는 입을 꽉 다물고 신음 한마디 하지 않았다. 그러나 몸에 열이 오르기 시작하자 "물, 물, 물..." 하고 물만 찾았다. 차마 듣고만 있을 수 없었다. 나는 물고뿌를 찾아들고 물을 찾아 산골짜기로 내려갔다. 그러나 산골짜기에는 물이 없었다.

나는 백성들이 숨어 있는 굴로 찾아갔다. 헌데 굴에 이르기도 전에 여자들의 아우성 소리, 어린애들의 자지러진 울음소리, 일본놈들과 한간들이 부녀들을 잡아가고 겁탈하는 소리가 어지럽게 들려왔다. 나는 격분에 온몸을 떨었다. 그러나 어찌할 수 없었다.

세상에 가장 흔한 것도 물이지만 세상에 가장 귀한 것도 물이었다. 한 모금 마실 만한 물이라도 있었으면 석정 동지의 목을 추겨 주련만 나는 물 한 방울도 얻지 못하고 빈 고뿌를 들고 석정 동지의 앞에 다시 찾아왔다. 석정 동지는 한참이나 나를 쳐다보았다. 나는 너무도 미안해서 아무 말도 하지 못하였다. 석정 동지는 참고 참다가 더는 참지 못하여 빈 고뿌에 오줌을 누더니 그 오줌물을 마셨다. 나는 목이 메어 말을 못하고 뜨거운 눈물을 흘리며 석정 동지를 바라보았다.

새벽녘(5월 30일)에 우리 조선의용대 무장대 하진동 동지가 찾아왔다. "철중—, 최채—" 우리는 귀에 익은 소리를 듣자 달려나가 하진동 동지의 손을 으스러지게 잡았다. 오랫동안 갈라졌던 육친을 만난 것 같았다. 알고 보니 우리 조선의용대 무장대 동지들은 우리가 있는 곳에서 멀지 않은 산에 있었다. 박(효삼)지대장은 우리의 형편을 알아보려고 하진동 동지를 보내왔다. 리철중 동지는 김 선생과 여성 동지를 데리고 무장대를 찾아가고 석정 동지는 군사행동을 하는 그곳에 갈 수 없어 나(최채)와 하진동 동지가 남아서 돌보게 되었다.

우리는 하루속히 석정 동지의 상처를 치료하려고 백성들과 물어가면서 팔로군 의료대를 찾아다녔다. 하지만 그것은 허사였다. 촌에 머물러 있던 의료대는 적들이 쳐들어오는 바람에 벌써 철거하고 없었다.

하는 수 없이 우리는 또 석정 동지를 업고 그를 보살필 만한 곳을 찾았다. 마침 한 곳에 가니 험산 속에 묵은 다락밭이 있고 그 뒤에 낡은 움집이 있었다. 나와 하진동 동지는 낡은 움집을 말끔히 거두고 석정 동지를 안치한 다음 움집이 적들의 눈에 뜨일까 봐 밤에 푸른 잎이 달린 나뭇가지들을 세워 움집을 위장하였다. 우리는 마을에 내려가 물을 얻어다 석정 동지에게 좁쌀 죽을 쑤어 대접하였다. 모든 것이 뜻대로 되어서 우리의 마음은 한결 거뜬하였다.

하지만 그것도 오래가지 못하였다. 우리가 움집에 와 자리 잡고 하룻밤을 자고 나니(5월 31일) 이 산에서도 총성이 울리기 시작하였다. 총소리를 듣자 석정 동지는 나와 하진동 동지를 불러 앉히고 말하였다.

"난 동지들의 심정을 알고도 남음이 있소. 하지만 우리 셋이 여기 함께 있다간 다 죽을 수도 있소. 혁명에 바친 사람이 죽음을 두려워하겠소만 승리의 그 날을 위하여 우리는 자신을 보호할 줄 알아야 하오. 지금부터 우리 셋은 함께 있지 말고 갈라져 있어야 하오."

늦은 봄이라 석정 동지의 상처는 썩기 시작했다. 석정 동지가 이렇게 말했지만 우리는 석정 동지의 곁을 떠날 수 없었다. 우리가 자리를 뜰 생각을 하지 않자 석정 동지는 우리를 무서운 눈길로 보았다. 불꽃이 이는 눈이 말없이 우리에게 어서 떠나라고 명령하였다.

석정 동지를 잘 알고 있는 우리는 누구도 그의 말을 어길 수 없었다. 나와 하진동 동지는 석정 동지에게 죽을 대접하고 묵묵히 움집을 나와 산 위의 숲속에 숨어서 움집을 지켜보았다. 바로 이때 맞은켠 산에서 치열한 싸움이 벌어졌다. 하진동 동지는 맞은켠 산에서 사격하는 기관총소리와 총소리를 듣고 우리 의용대가 거기서 싸우고 있다는 것을 알았다.

총소리는 차츰차츰 우리가 숨어 있는 숲 쪽으로 가까이 옮겨왔다. 나의 하진동 동지는 숨을 죽이고 우리 무장대의 승리를 바랐으며 적들이 석정 동지와 우리가 숨어 있는 곳으로 오지 말기만 바랐다. 얼마 후 총소리가 멎었다. 우리 무장대가 또 적들의 포위권을 뚫고 나간 것 같았다.

다음 날(6월 1일) 우리는 움집을 더 잘 살피기 위하여 하진동 동지가 움집 위의 숲속에 숨었고 나(최채)는 움집 아래로 내려가 바위틈에 숨었다. 한낮이 되니 적들이 산 위에 기어 올라와서 마구 헛총질하며 지껄여댔다. 나와 하진동 동지는 진종일 숲과 바위틈에 숨어서 움집을 지켜보다가 밤이 되니 어둠을 타고 움집에 가서 석정 동지를 보살폈다. 이날까지도 아무 일 없이 무사하였다.

그런데 이튿날(6월 2일) 끝내 일은 생기고야 말았다. 이날 적들은 바로 내가 숨어 있는 골짜기를 타고 산에 오르더니 헛총질을 해대면서 버쩍 고아댔다. 햇빛이 쟁글쟁글 내리쪼여 참기 어려웠지만 나는 적들에게 발견될까 봐 진종일 손가락 하나도 마음대로 움직이지 못하고 움집만 눈이 뚫어지게 살피었다. 해가 지고 어둠이 깃들 때까지도 나는 적들이 움집에 접근하는 것을 보지 못하였다.

어둠이 깃들자 나와 하진동 동지는 동시에 아래 위에서 움집까지 달려왔다. 하지만 우리는 선 자리에 굳어지고 말았다. 위장하기 위하여 세워놓았던 나뭇가지들이 이리저리 넘어지고 시꺼먼 움집에는 인적기라곤 없었다. 불길한 생각이 번개처럼 스치며 가슴이 섬뜩했다.

"석정 동지—"

"석정 동지—"

헌데 대답이 없었다. 나와 하진동 동지는 움집 속에 뛰어 들어갔다. 어두컴컴한 움집에는 석정 동지가 없었다. 온기 없이 싸늘해진 움집의 공기는 우리 가슴 속에 얼음장이라도 던져 주는 상 싶었다.

나와 하진동 동지는 움집에서 뛰쳐나와 다락밭을 살피었다. 적들이 쳐들어오지 않은 이상 부상당한 그가 간대도 먼 데는 갈 수 없었다. 과연 석정 동지는 다락밭을 벗어나지 못하였다. 그는 몇 년이나 묵었는지도 모를 다락밭에 피를 흠뻑 흘리고 쓰러져 있었다. 움집에서 다락밭으로 내려딩군 그는 다시 일어나지도 못한 채 세상을 뜨고 말았다. 그때 그의 나이는 41살이었다. 파란 풀잎에 석정 동지의 붉은 피가 물들어 있었고 시커먼 땅 위에도 석정 동지의 피가 질벅하였다. 나와 하진동 동지는 석정 동지의 가슴에 얼굴을 파묻고 울었다.

석정 동지는 일찍 젊은 나이에 민족해방운동에 떨쳐나선 동지였다. 길림에서 반일투사의 발자취를 남기고 일본총독부를 폭파하려 폭탄을 운반하다가 붙잡혀 6년도 더 되는 세월을 감옥에서 보냈다. 석정 동지는 출옥 후 남경에 와 계속 반일투쟁을 지도하며 혁명간부학교 교단에서 군정간부양성을 위하여 유물론과 사회발전사를 강의하였다. 그는 1938년 10월 무한에서 조선의용대를 조직한 조직자의 한 사람이었다. 그는 조선의용대 제1지대와 제3지대를 인솔하여 중경에서 태항산 근거지로 들어온 지도자였다. 그는 정치간부였지만 예술에 재능이 있고 예술을 무척 즐기었다. 우리는 존경하는 지도자를 잃었고 나는 그처럼 예술을 즐기고 그처럼 나를 사랑해주는 스승이며 생사를 같이하던 전우를 잃었다. 이 얼마나 통분한 일인가?!

나와 하진동 동지의 눈에서는 눈물이 비 오듯 쏟아져 내렸다. 우리에게는 아무것도 없었다. 우리는 열 손가락에 피가 흐르는 것도 모르고 묵어서 돌덩이같이 굳어진 땅을 파헤치고 석정 동지가 피 흘리고 쓰러진 그곳에 석정 동지를 묻었다. 우리는 우리의 피와 눈물이 슴배인 흙과 돌로 석정 동지를 덮어주었다.

석정 윤세주는 희생되었다. 석정과 진광화는 일본군 수색대에 발각될 위험에 처한 비무장 요원들을 살리려고 일부러 뛰쳐나가 적의 시선을 돌리고는 대신 죽었다. 석정은 1934년 간부학교 제2기 졸업생에게 훈화한 대로 '동지를 위하여, (민족)혁명을 위하여' 죽는 것을 두려워하지 않았다. 그의 살신성인殺身成仁 앞에 눈시울이 뜨거워진다.

최채와 동지들은 석정의 무덤 앞에서 〈불멸의 영령〉을 불렀을 것이다. 이 군가는 김학철 작사, 유신 작곡으로 전우의 시신을 안장할 때 부르는 영결의 노래이기도 하다.

사나운 비바람이 치는 길가에
다 못 가고 쓰러지는 너의 뜻을 이어서
이룰 것을 맹세하노니 진리의 그늘 밑에
길이길이 잠들어라 불멸의 영령

그러나 석정의 순국 이후 조선의용대도 소멸하였다. 1942년 7월에 충칭의 잔존병력은 한국광복군 제1지대로 편성되었고, 같은 7월에 화북조선청년연합회가 화북조선청년연맹으로 바뀌면서 화북지대는 조선의용군으로 개편되었다.

조선의용군이 산서성 요현 마전진에서 퇴각하면서 남긴 벽서를 오늘날도 운두저촌에서 확인할 수 있다. 다음의 사진은 운두저촌 남쪽 관문 남각南閣이다. 사면의 벽에는 조선의용군이 쓴 항일선전표어가 있다.

정면의 벽보는 '强制兵(강제병) 끌려 나온 동포들 팔노군이 있는 곧마당(곳마다) 조선의용군이 있으니 총을 하랄노(하늘로) 향하여 쏘시오'이다. 옆의 벽면에는 '왜놈의 上官(상관)놈들을 쏴죽이고 총을 메고 조선의용군을 찾아오시요' 또는 '조선말을 자유대로 쓰도록 요구하자'가 남아 있다.

이후 조선의용군은 태항산에서 힘든 생활을 이어갔다. 태항산은 어떤 곳인가? 산서성과 허베이성에서 허난성까지 북동-남서향으로 400킬로미터 이상 뻗어있는 산맥이다. 최고봉은 소오대산小五臺山(2,882m)이다. 서쪽으로는 황토고원이고, 동쪽으로는 화북평원이 펼쳐져 있다. 태항산은 황토고원 끝자락에 해당되며 지형이 기암괴석으로 험준하고 생활 조건이 매우 열악하였다.

태항산의 주민은 잦은 가뭄 때문에 곡식이 늘 모자라서 강냉이 또는 겨 가루를 범벅하여 먹었고, 의용군이나 팔로군도 예외가 아니었다. 이화림의 회고록에 따르면 산기슭에는 돌미나리가 많았는데 여성대원은 그것으로 김치를 담그거나 볶아서 반찬도 만들었다.

> 미나리 김치를 담그자면 소금이 있어야 했다. 그러나 소금이라곤 구경할 수조차 없었다. 당지 주민들은 '쿠앤'이라고 하는 돌을 가루 내어 소금 대용품으로 썼다. 우리들이 그런 돌을 주워 가루 내어 미나리 김치에 넣으니 쓰거운 것이 소금 맛 비슷하였고 미나리가 죽어 들어 짜장 김치맛이 났다.
>
> 또 미나리를 볶으려면 기름이 있어야 했다. 그러나 기름도 소금처럼 귀하였다. 그래서 피마주 기름을 넣고 물을 조절하여 볶았더니 맛이 좀 괜찮았

다. 그 후 우리는 미나리를 말리어 가루를 낸 다음 겨에 섞어 강낭떡처럼 만들어 먹었고 또 도토리를 주워다가 삶아서 가루를 내어 먹고 묵도 앗아서 먹었다.

우리들은 대부분이 강낭짚을 깔고 잤다. 조짚이나 벼짚을 깔면 그것은 실로 상등 잠자리였다.

— 권오근(1987), 242쪽.

이화림은 〈도라지 타령〉의 선율에 아래의 가사를 붙였고, 다른 여성 대원들은 돌미나리를 캐면서 따라 불렀다.

미나리 미나리 돌미나리
태항산 골짜기의 돌미나리
한두 뿌리만 뜯어도
대바구니가 찰찰 넘치누나
에헤야 데헤야 좋구나
어여라 뜯어라 지화자자 캐어라
이것도 우리의 혁명이란다

— 앞의 책 244쪽.

1942년 7월 25일 중공중앙북방국 및 제18집단군 야전정치부는 '조선의용대 석정, 진광화 등 일곱 열사 기념에 관한 결정'을 공포하고 실행 지침을 예하 기관에 내려보냈다.

최채 등 여러 대원은 순국 현장을 찾아 유해를 수습하여 10월 10일 석문촌(허베이성 섭현) 뒤편의 연화산蓮花山 기슭에 안장하였다. 다음 사진은 석문촌石門村의 진광화 묘소(왼편)와 윤세주 묘소(오른편)를 보여준다.

석정 묘소를 가까이에서 보면 위의 사진과 같다. 석재 능묘와 비석은 의용대원 중에서 미국 하와이 태생으로 미술을 전공한 장진광(황포군관학교 제13기)이 설계하였다.

묘비문은 그동안 비바람에 시달려 판독이 쉽지 않다. 다음 사진은 석정의 아내 하소악이 해방 후 밀양을 방문하였을 때 큰아주버니(윤치장)에게 준 초기의 것이다. 비문을 보면 비석 몸체 중앙의 위아래로 '朝鮮革命烈士 石鼎同志之墓'(조선혁명열사 석정동지지묘)가 뚜렷하고, 기단 좌우로 '조선민족영령'이 한글풀이로 새겨져 있다.

비석 몸체의 아래쪽에 작은 글씨로 석정의 약력이 중국문과 한문체로 쓰여 있는데 이것을 현대어로 옮기면 다음과 같다(김영범, 2013 : 188-189).

석정 열사는 조선 경상남도 밀양읍 사람으로, 1901년에 태어났다. 윤세주가 그의 본명이다. 1919년 3 · 1독립운동 때 벌써 혁명에 참가하였고, 나라 안팎에서 조선혁명 사업을 위하여 분투하기를 20여 년이었다. 일찍이 중국 동북과 관내에서 조선의열단, 조선민족혁명당을 창립하고 영도하였으며[이끌어 갔으며], 남경의 조선혁명간부학교도 그와 같았다. 1920년 적의 경찰에 체포되어 8년을 옥에 갇혀 있었는데, 1937년 중국항전이 폭발함에 처음 조선의용대를 조직하여 중국항전에 적극 참가하였다. 1941년 7월, 조선의용대를 이끌고 화북 태항산의 항일근거지로 와서 화북조선청년연합회를 영도함과 아울러, 중국과 어깨를 겯고 일본제국주의를 향한 싸움을 벌였다. 1942년 5월 28일, 태항산에서 반소탕전 전투 수행 중 산서성 편성현 화옥산에서 적탄을 맞고 순국하였으니, 이때 나이 마흔둘이었다. 진기로예변구 각계에서는 열사의 공훈과 업적을 오래도록 기리기 위하여 진광화 열사와 꼭 같이 이곳에 비석과 묘를 건립하노니, 이에 기념코자 하는 바이다.

- 중화민국 31년(서기 1942년) 10월 10일 세움

석문촌 묘소를 가장 먼저 찾은 유족은 하소악과 외아들 남선이다. 이들 모자는 석정을 화북으로 떠나보낸 후 다른 의용대원 가족처럼 산시성 옌안으로 갔다. 그들은 석정의 순국 소식을 옌안의 신문 '해방일보' 또는 팔로군의 통지를 통해 들었을 것이다.

하소악은 아들을 데리고 태항산으로 향하였다. 월동 준비가 끝나고 학교의 방학이 시작되는 1942년 12월 30일이었다. 아마도 안내자의 도움이 있었겠지만, 어찌 아녀자와 소년이 한겨울에 수백 킬로미터를 걸어 묘소를 찾아갈 엄두를 낼 수 있었을까? 그들이 옌안으로 되돌아온 것이 다음 해 4월 7일이었으니 3개월 이상 걸렸다.

하소악은 파란만장의 삶을 살았다. 석정과 함께 살았던 시기는 출옥 후 5년과 난징 재회 후 5년을 합하여 10년에 불과하다. 결혼 24년은 절반 이상이 이별과 기다림이었다. 이제 다시 석정을 영원히 보냈다. 과연 이역만리에 남겨진 모자의 앞날이 순탄할까? 10년 전 1932년 남편과 헤어지며 불렀던 〈기차 떠난 서울역에는〉을 이어 읊어보자.

당신이 없는 요 세상에는 누구를 믿고 산단 말고
천 리를 가도 따라가고 만 리를 가도 따라가요

당신이 없는 요 세상에는 누구를 믿고 산단 말고
가요 가요 나는 가요 당신을 따라 나는 가요

그들 부부가 밀양에서 스치는 듯 보냈던 '꽃 피고 바람 잔 날'의 추억이 어찌 없었겠는가? 강남 갔던 제비가 돌아오고 개나리 · 진달래가 피기 시작하는 삼짇날. 진달래 화전 부쳐 〈앞들에도 울긋불긋〉을 부르며 봄나들이하던 날.

앞들에도 올긋볼긋 뒷동산에도 올긋볼긋
행화도화 만발하고 춤을 추는 저 나비야
노래하는 이별주로 서로 섞여 왔다갔다
맑고 푸른 반공중에 종달새는 비비베베

끝내 광명의 시절을 보지 못하고 홀로 떠난 무정한 님아! 밀양에는 과부가 탈상하며 부르는 노래 〈갑오년 흉년에〉가 있다.

가오년 숭년에
보리갱죽도 한 그릇 몬다 자시고
봉망산천 가신 낭군 금년 같은 대풍년에
쌀밥 한 그릇 몬다 자시고 어디로 가셨나요

지나는 밤바람에 문을 흔들어서
눈물에 얽힌 잠이 깨고 말았소
삼 년을 지나올 때
남몰래 흘린 눈물자욱은 소복마다 아롱이 졌오

문밖에 발소리가 들릴 듯하오
바람 치는 소래에도 오시는 듯하오
이 몸을 혼자 두고 홀로서 가신 무정한 님아
이 밤도 깊었는데 꿈도 잠도 안 줍니까

하지만 석정의 뜻을 이어받아 전선에서 싸우는 동지들을 생각하면 마치 남편이 살아있는 듯하였다. 〈불멸의 영령〉 "다 못 가고 쓰러지는 너의 뜻을 이어서 이룰 것을 맹세하노니 진리의 그늘 밑에 길이길이 잠들어라"를 불렀을 것이다.

어쩌면 하소악은 고행의 참배길에서 내딛는 걸음마다 나무아미타불을 외거나, 연화산蓮花山 기슭의 석문촌 묘소에 이르러 반야심경般若心經을 외면서 남편의 극락왕생을 빌었을지도 모른다. 이것은 260자의 짧은 경전으로 일제강점기는 물론 오늘날에도 널리 애송되고 있다.

> 관자재보살이 깊은 반야바라밀다를 행할 때,
> 오온이 공한 것을 비추어 보고 온갖 고통에서 건너느니라
> 사리자여, 색이 공과 다르지 않고 공이 색과 다르지 않으며,
> 색이 곧 공이요, 공이 곧 색이니, 수 · 상 · 행 · 식도 그러하니라
> ……
> 얻을 것이 없는 까닭에 보살은 반야바라밀다를
> 의지하므로 마음에 걸림이 없고, 걸림이 없으므로
> 두려움이 없어서 뒤바뀐 헛된 생각을 멀리 떠나
> 완전한 열반에 들어가며, 삼세의 모든 부처님도
> 반야바라밀다를 의지하므로 최상의 깨달음을 얻느니라.
> 반야바라밀다는 가장 신비하고 밝은 주문이며,
> 위없는 주문이며 무엇과도 견줄 수 없는 주문이니,
> 온갖 괴로움을 없애고 진실하여 허망하지 않음을 알지니라.
> 이제 반야바라밀다의 주를 말하리라
> 아제 아제 바라아제 바라승아제 모지 사바하(가세 가세. 바라밀다의 세계로 가세. 완전히 가세. 깨달음이 성취된 그 자리로)
> 아제 아제 바라아제 바라승아제 모지 사바하
> 아제 아제 바라아제 바라승아제 모지 사바하

1943년 석정의 순국 1주년이 되었다. 민족혁명당의 『앞길』 제32기(1943년 6월 15일)는 임시수도 충칭에서 거행되는 추도회를 다음과 같이 안내하였다.

≪石正 · 金昌華 兩 同志 殉國週年 追悼會≫

> 1942年 6月 3日은 前朝鮮義勇隊 第3支隊 指導員인 石正 · 金昌華 두 同志가 中國 太行山 獐子嶺 戰投에서 壯烈히 犧牲한 날이다. 이날 本黨 重慶特區는 南岸에서 石正 · 金昌華 두 同志 殉國週年 追悼式을 擧行하엿고 在渝 全體 同志가 共同히 擴大 追悼하기 爲하야 本黨中央은 各 黨派 及 團體에 向하야 共同 籌備하기를 建議하고 8日 그 籌備會를 召開하엿는데 來 20日 午後 2時 南岸에서 擴大 追悼會를 擧行하기로 決定하엿다.

또한 사설로서 '석정 동지를 추도함'(石正 同志를 追悼함)을 실었고, 김약산은 '석정 동지 약사'(石正 同志 略史)를 썼다. 중국어의 어휘나 표현이 많아 읽기에 다소 거북하지만, 대강의 뜻을 파악하는 데는 큰 무리가 없다.

앞길 제32기(1943년 6월 15일) 목차
• 社說 : 石正 同志를 追悼함
• 要聞 簡訊
• 石正 同志 略史 (金若山)
• 悼 石正 同志 (張建相)
• 故 金昌華 同志 略歷
• 悼 石正 同志 (尹澄宇)
• 朝鮮史(三) (丹齊 申采浩)
• 朝鮮民族革命黨의 性質 問題
• 廣大한 罅隙 朝鮮-英 首相의 演說을 듯고서 (金鐸)

◈ 석정 동지를 추도함[12)]

사론

위대한 우리 조선 민족해방전사 – 석정 동지는 거년去年[작년] 5월 말에 북중국 태항산상에서 적과 전투하다가 불행히 중탄中彈하여[총에 맞아] 6월 3일에 순국하였다. 그가 순국한 후 1년이 지난 이때에 후방에 있는 우리들은 비로소 그의 순국한 경과를 자세히 알고 공동이 추도회를 거행하게 된다.

석정 동지는 우리 조선혁명의 가장 우수한 영도 인물[지도자]의 하나이며, 더욱 그는 조선민족혁명당의 창조자의 하나인 동시에 본당 중앙 총서기 김약산 동지의 동감고同甘苦[즐거움과 괴로움을 함께 함] 공환난共患難[근심과 재난을 함께 겪음]한 가장 친밀한 전우이다. 그는 어릴 때부터 조선혁명에 종사하였으며. 그가 18세의 소년시대에 있어서 유명한 조선의열단 제1차 사건으로 인하여 피포되어 최후 심판하는 날 법정에서 발표한 그의 열변은 영원히 조선사람의 애국열혈을 약동케 하고 있다.

민족혁명당이 창립된 후에 그는 당의 건전한 발전을 위하여 정확한 이론과 견결한 실천을 통하여 일면으로 당내 · 당외의 각종 부정확한 경향과 철저하고 무자비한 투쟁을 진행하면서 또 일면으로는 당의 단결을 확보하고 나아가 우리의 신성한 임무 – 전민족 총단결을 위하여 최대의 노력을 다하였다. 1940년 겨울冬 조선의용대 제3구대가 화북으로 진출한 후 그의 정확한 영도[지도]의 엄밀한 계획을 통하여 화북 적후공작은 거대한 발전을 획득하였고 또 이로 인하여 관내 조선혁명의 생동한 역량은 점차 출현하고 있다.

석정 동지는 불행히 희생되었다. 조선혁명과 인류의 해방을 위하여 일생 분투하던 그는 그의 최후의 열혈[끓는 피]을 위대한 중국 전우와 함께 신성한 중국의 항일전장 상에 뿌리고 말았다. 1942년 6월 3일, 태항산은 영원히 우리 가슴 속에 잊지 못할 원한의 기억으로 남을 것이다. 조선 혁명자와 중국 항일장사의 피가 응결되는 태항산 초원에서 해마다 피는 꽃은 장차 중한 양 민족의 영원한 합작과 승리와 자유와 행복을 상징할 것이다. 공동한[공동의] 적 일본 파시스 강도를 박멸하기 위하여 이역異域 사장沙場에서 그가 전사한 것은 다만 그의 개인의 광영일 뿐 아니라 실로 우리 조선민족의 광영이요 또 중국항전의 광영이다.

---

12) 원문은 국한문 혼용이며, 국사편찬위원회 : 대한민국임시정부자료집 37권, 앞길 제32기(1943년 6월 15일) https://db.history.go.kr에 있다.

그러나 그의 죽음으로 인하여 화북 우리 동지들은 자기들의 가장 신임하며 옹대擁戴하던 영도자를 상실하였다. 우리 전全 조선혁명운동은 무가보구無可報救할[돌이킬 수 없는] 손실을 받게 된 것이요, 또 중국의 항일장사는 자기의 충실한 국제전우를 잃게 된 것이다. 그러므로 전체 화북 동지들은 그의 피 뿌린 곳에 그들의 뜨거운 눈물을 흘리고 있으며, 중국전우들도 그를 추도하면서 그의 평생 사적事跡을 자기들의 사책史冊에 표창하고 있다. 대후방大後方에 체류하고 있는 우리들은 그가 생시에 우리와 같이 공작하며 같이 고생하며 같이 거처하던 대불단大佛段 대본부隊本部에서 북으로 태항산을 바라보고 멀리 화북 동지들을 의념依念하면서 그이 영혼을 위조慰弔할 때 우리는 무한한 애감哀感[슬픔]과 내심으로부터 분출하는 열루熱淚[뜨거운 눈물]를 억제할 수 없다.

사람은 감정적 동물이다. 우리가 그의 죽음을 위하여 우는 것도 당연한 일이요 슬퍼하는 것도 당연한 일이다. 그러나 우리는 혁명자이다. 우리의 우는 것은 감정을 위하여 우는 것보다 혁명을 위하여 우는 것이요, 우리가 슬퍼하는 것도 감정을 위하여 슬퍼하는 것보다 혁명을 위하여 슬퍼하는 것이다. 우리의 눈물 속에는 뜨거운 피가 교류하고, 우리의 슬픔 속에 이지와 용기가 포함되고 있다. 그러므로 우리는 사자死者를 위하여 비상悲傷[가슴 아파]하면서 그의 유업을 완성할 후사자後死者의 책임이 중대한 것을 깊이 각오하여야 할 것이다.

석정 동지가 순국한 후 1년이 지난 이때에 동맹국의 반파시스전쟁은 이미 대결전大決戰 관두關頭[위태한 고비]에 진입하였고, 전 세계는 큰 폭풍우의 전야에 처하고 있다. 그러나 우리 조선혁명운동은 아직도 간난艱難한[험난한] 도경途逕 중에서 중첩한 험조險阻[난관]를 경력經歷하고 있다. 물론 이것은 우리의 객관적 환경의 관계보다도 오히려 우리의 주관 노력이 부족한 데 원인이 있는 것이다. 그러므로 우리는 오직 부단히 자신에 대한 반성으로 석정 동지를 향하여 학습하며 그의 혈적血跡[핏자국]을 밟으면서 용감히 전진하여, 그의 유업을 완성하는 동시에 그의 원수를 갚아야 할 것이다.

석정 동지는 어릴 때부터 죽을 때까지 조선혁명을 위하여 소유所有의[가진] 힘을 다 공헌하였다. 그의 일생은 환난곤궁의 일생인 동시에 분투노력의 일생이다. 백절불굴은 그의 용기이며, 강의견결剛毅堅決은 그의 의지이며, 정충불이貞忠不貳는 그의 지조이며, 정확명석은 그의 이론이며, 세밀주도는 그의 공작계획이며, 겸허화애謙虛和藹는 그의 대인접물待人接物이며, 폭포수와 같은 것은 그의 웅변이며, 불꽃 같은 것은 그의 열정이다. 누구든지 혁명에 대하여 불충실하며 공작에 나태하며 민족을 위하여 희생하는 데 주저하는 자는 석정 동지를 한번 생각할 때 자연 참괴하며[부끄러워하며] 회오할[뉘우칠] 것이다.

석정 동지는 이미 죽었다. 그러나 그는 영원히 우리 3천만 민중의 마음속에 살아 있다. 그는 과연 죽지 않았다. 그가 이 세상에 머물기는 42년에 지나지 않았으나, 그의 영명英名[뛰어난 명성]은 영수천고永垂千古할 것이다.

- 탈초 : 김영범(2013), 224-227쪽.

◈ 석정 동지 약사[13)]

김약산(1943)

석정 동지의 원명은 윤세주이다. 그의 고향은 즉 나의 고향 – 조선 경상남도 밀양군 성내城內이며, 그의 집과 나의 집은 상거相距[떨어진 거리]가 불과 지척간이다. 우리들은 어려서부터 한곳에서 놀고 한곳에서 자라났다. 그는 나보다 두 살 아래이며, 우리들은 8~9세부터 한 학교에서 독서하였다. 그때 우리들 서로 좋게 지내던 7~8명 어린이들 중에 그는 나와 특별히 친밀한 사람이다. 망국 당시 그는 11세, 나는 13세였는데, 그때 '일한합병'의 소식을 들은 후 우리 어린이들은 한곳에 모여 통곡유체痛哭流涕하였다[눈물을 흘리며 울었다]. 이때부터 우리 어린 동무들은 애국사상에 완전히 도취되어, 시종始終으로 일어과日語課를 상학上學하지 아니하였다.

망국 후 제1차 적의 소위 '천장절일天長節日'을 당하여 우리 어린 동무들은 일본기를 변소 똥구덩 속에 꽂아서 소위 '천장절 경축'의 반대를 표시하였더니, 학교 당국 일인 교장은 위협이유威脅利誘의 수단으로서 심지어 우리를 구타고문 하였으나 우리들은 시종 부인하였으므로 이 사정의 진상은 영원히 발현發現되지[드러나지] 아니하였다.

경남도청은 이 일로 인하여 조선어를 아는 일인을 학교에 지파指派하여 엄중한 훈화를 한 일이 있다. 그 후 우리들은 일인이 경영하는 보통학교 노화교육奴化教育을 받기 싫어서 석정 동지와 나는 일인학교를 탈리脫離하여 사립 동화중학同和中學에 입학하였다.

우리들은 그때 비록 중학에 입학하기는 정도가 부족하였지만, 우리들은 애국학생

---

13) 원문은 국한문 혼용이며, 국사편찬위원회 : 대한민국임시정부자료집 37권, 앞길 제32기(1943년 6월 15일) https://db.history.go.kr에 있다.

이었으므로 특별히 입학을 준허準許한 것이다. 동화중학교 시절에 그와 나는 여러 동학同學들에 향하여 애국사상을 적극 고취하는 일면 학교 내에 애국단체 – 연무단을 비밀히 조직하였다. 당시의 우리들은 조선이 상무尙武[무예를 중시함]를 하지 않아서 멸망하였다 생각하고, 동삼성東三省[만주의 랴오닝성, 지린성, 헤이룽장성]에 가서 연병練兵을 해서 복국復國하자는 주장이었다. 이것이 당시의 석정 동지와 몇 동무들의 동일한 이상이었다. 이 목적을 달성하는 준비로서 신체를 건강히 하기 위하여 우리들은 여름 염천炎天하에 강변 사장沙場 위에서 풋볼을 찼고, 겨울 아침 상학 전에는 등산과 냉수욕을 하였다.

동화중학 2개년 동안에 있어서 그와 나는 위인전기, 조선역사, 지리 내지 육도삼략六韜三略 등 서적을 제일 많이 애독하였는데, 그 당시 일인은 조선역사를 읽는 것을 금지하였으므로 우리들은 비밀히 초抄하여 호상전독互相傳讀하였다. 단군 개천일에 학교에서는 공개로 기념하기는 불가능하므로, 그와 나는 상의商議한 후에 연무단 동지와 함께 단군 개천가를 고창하면서 거리에서 경축유행慶祝遊行을 하였다.

그 후에 우리 학교는 반일혐의로써 일인의 주시를 받게 되고 또 경제 곤란으로 계속 유지할 수 없게 되므로, 석정 동지와 우리 몇 동무들은 통분한 맘으로 학교 유지를 위하여 자금모집을 한 결과 겨우 80원을 모아서 교장에게 전하면서 “이것으로 학교를 다시 유지할 수 있느냐”고 물었더니, 교장은 눈물을 흘리면서 우리를 대하여 하는 말이 “우리가 학교를 정판停辦하게[문 닫게] 되는 것은 비단 경제 곤란 원인뿐만 아니라 더 중요한 것은 ‘배일’ 문제”라고 하였다.

동화중학이 폐지된 이후 우리 두 사람은 실학失學하여 가정에서 약간의 시기를 보냈다. 석정 동지는 상경하여 오성중학교五星中學校에 입학하였고, 나는 중앙학교에 다니었다. 학교에 있는 동안에 있어 학교 교육이 우리의 반일복국의 요구에 만족을 주지 못하는 것을 감득하였으므로 국외로 나오기로 계획하였다. 그 후 나는 먼첨 중국에 나왔으나, 석정 동지는 국내에서 각지 동지와 연락하여 애국운동을 부단히 진행하였다.

1919년 ‘3 · 1운동’이 폭발되자 그는 우리 고향의 여러 동지들과 같이 지방 민중을 동원하여 대 시위운동을 거행하였다. 그는 또 독립신문 경남지국장을 조직하고 자기가 국장이 되어 선전공작을 진행하였다. 그러나 적인敵人의 압박하에 그는 더 공작을 계속할 수 없어, 그 후 그는 중국 요녕성 유하현 고산자에 와서 신흥학교에 입학하여 숙원이던 군사학을 배우기 시작하였다.

이 학교는 혁명학교이므로, 그 당시 전국의 열혈청년들이 운집한 학교이었다. 당시에 나도 그곳을 가서 석정 동지를 다시 만났다. 그와 나뿐만 아니라 다른 동지들도 모두 생각하기를, 현재 혁명은 이미 폭발되었으므로 응당히 학교로부터 나와서 반일복국운동을 적극 진행할 때라고 인정하고, 그와 나와 또 기타 동지 도합 13인이 길림성으로 와서 의열단을 조직하고 제1차 실행계획으로서 조선총독부, 매일신문사, 동양척식회사를 파괴할 것과 또 적의 관공리, 정탐노 친일부호 등 '7가살'을 암살할 것을 결정하였다.

석정 동지는 당시 불과 19세로 우리 단에서 제일 나이 어린 동생이었으나, 그는 수창手槍[권총]과 폭탄을 휴대하고 국내에 가서 파괴공작을 진행할 것을 자원하였다. 우리들은 그의 연령이 너무 어리므로 가지 말라고 권하였다. 그러나 그는 우리를 향하여 열렬히 말하기를, "나는 다른 사람보다 더 묘한 방법으로 적탐敵探의 주의를 능히 피면避免할 수 있고, 만일 불행히 피포被捕된다[붙잡힌다] 하더라도 나는 의지가 견결하므로 우리의 비밀을 누설하지 아니하겠다"고 하였다. 그의 열정에 감동된 우리들은 다시 만류하지 못하였다.

그가 입국한 이후 유명한 의열단 제1차 사건은 불행히도 실패되어, 작탄炸彈 · 권총 · 선언문 등이 적탐에게 압수되고 동지 백여 인은 선후하여 피포 입옥入獄되었다.

그는 피포인들 중 연령은 제일 어린 사람이었지만, 시종으로 함구불언하였으므로 받은 악형은 누구보다도 심하였다. 최후 적인이 8년 도형徒刑을 언도하는 날, 그는 법정에서 그의 유명한 웅변을 열렬히 발표하여 전국을 진동시켰다. 그는 법관을 향하여 경고하는 말이, "우리의 제1차 계획은 불행히도 파괴되고 무수한 동지들이 피포 판죄判罪되었지만 피포되지 않은 우리 동지들은 도처에 있으니 반드시 강도 왜적을 섬멸하고 우리의 최후 목적을 달도達到할 날이 있을 것이다"라고 고함쳤다.

그는 개성이 굴강하여 감옥에서도 감옥규칙을 반항하였다. 그러므로 감옥 내의 '장奬'을 받은 일이 없고, 적인의 감형을 입은 일이 없다. 원래 감옥규칙은 죄수로 하여금 매일 기상 후 간수를 향하여 경례를 하게 하는 법이지만, 그는 이 규칙에 항거하여 적에게 경례를 하지 아니하니, 무치無恥한[부끄러워할 줄 모르는] 간수들은 석정 동지의 두 손을 붙잡고 머리를 내리누르면서 강박적으로 경례를 시켰다. 그러나 그는 차라리 매일 강박에 이기지 못하여 '절'을 할지언정 자동경례를 하지는 아니하였다. 이렇게 1개월을 상쟁하다가 간수들도 하는 수 없이 다시는 석정 동지의 경례를 받지 못하였다 한다.

그는 옥중에 있으면서도 강도 · 살인 · 스리掏手범 등에까지 부단히 교육하며 독립사상을 관수灌輸하는[불어넣는] 일편一便[한편], 자기 자신도 각종 어학과 과학을 열심히 학습하였다. 그가 출옥 후, 옥중에서 그에게 훈련된 '죄수'들이 원지방遠地方[멀리]에서 그를 찾아와 그의 지도를 받아 혁명공작에 참가한 사람이 불소不少하였다[적지 않았다].

출옥 후 그는 민족문화사업에 참가하여 그가 중외일보 기자와 경남주식회사 사장이 되어 표면활동을 하면서 또 비밀히 학생과 공인工人[노동자]운동을 진행하다가 적인의 감시가 태심太甚하여[너무 심하여] 국내에서 계속 활동이 불가능하므로, 그는 하는 수 없이 조선을 떠나 중국으로 나오게 되었다.

1932년 여름夏季, 그는 남경에 와서 나와 상봉하였다! 10년 만에 다시 만리이방萬里異邦에서 상봉할 그때 그가 나에게 하던 말은 영원히 나의 기억에 남아있다. "나의 과거의 일생은 다만 나의 열정과 용기로써만 조선독립을 하려고 분투하여 왔었다. 그러나 현재는 나의 경험과 교훈에 근거하여, 단지 열정과 용기만으로는 목적을 도달하지 못한다는 것을 다시 각오하였다. 그러므로 지금 나는 나의 혁명적 인생관, 세계관 등 과학적 혁명이론으로 나의 두뇌를 재무장하여야 나아가 정확한 혁명운동을 추근推近[추진]할 수 있다" 하였다.

그 후 그는 군중과 공동이 생활하고 공동이[함께] 학습하며 다시 그의 이론을 정리하기 위하여, 조선(민족)혁명간부학교 제1기 개학 시에 교관이 되라는 우리들의 권고도 듣지 않고 자원으로 학생이 되었지만, 학생 시기에 그는 사실상으로 기타 학생을 영도하고 교육하는 공작을 하였다. 제1기 졸업 후 그는 제2기 제3기 정치 · 철학 교관으로 있으면서 전체 학생의 애대愛戴[떠받듦]와 경앙敬仰[존경]을 일신[한 몸]에 집중하였다.

1935년 5당통일회의 시 그는 의열단 대표의 자격으로 다방多方으로 분주하면서 각종 문제에 대하여 접흡接洽[상의하고] 소통疏通의[소통하는] 공작[업무]을 다하였고, 또 정확한 주장을 많이 발표하여 통일 성공에 대한 공헌이 많다. 그러므로 조선혁명인사들에게 대단히 중시되었고, 민족혁명당 창립 시 그는 중앙위원으로 피선되었다. 그 후 역차歷次 대표대회 시 그는 중앙집행위원과 중앙상무위원으로 피선되어, 우리 당 조직 · 선전 · 교육공작에 있어 그의 탁월한 천재를 표현하였다. 8 · 13항전[상해항전] 폭발 후 당 중앙 명령에 의하여 상해에 가서 비밀공작을 진행하였으며, 1938년 조선의용대 성립 후 요직을 역임하였고, 조선문 간물刊物[간행물] –'전고戰鼓'를 주편主編하였다.

1940년 겨울, 조선의용대 제3지대가 봉명奉命 북상 시에 석정 동지는 해該 지대 정치지도원과 민족혁명당 중앙 대표의 자격으로 일체 공작을 부책負責[책임 지고] 영도하였다. 그가 이투시離渝時(渝는 중경)에 우리를 향하여, "금년에는 화북 근거지를 건립하고, 명년에는 동북 근거지를 건립하겠다. 내명년에는 조국에 진입하겠다"고 선서하였다!

조선의용대 제3지대가 화북에 진출한 후 전대全隊의 공작을 무장선전과 적후공작 양종兩種으로 분分하여, 석정 동지는 적후공작의 부책인負責人[책임자]이었다. 그의 세밀한 공작계획하에서 양년래兩年來의 화북 적후공작은 이미 거대한 수확이 있었다. 공작상, 학습상, 심지어 대인접물상待人接物上, 그는 여러 사람들의 모범이 아니되는 점이 없으므로, 화복의 우리 전체 동지들은 모두 그를 제일 신임하는 영도자로 옹대擁戴하며, 모두 그의 주위에 단결되어 적인을 향하여 영용 간고한 투쟁을 전개하고 있는 것이다.

1942년 5월 말, 태항산중의 마전 반격전에서 석정 동지는 불행히도 중탄中彈 수상受傷되어[총탄에 부상입어], 무안현[섭현이 맞음] 장자령 초지상草地上에 누워서 기동하지 못하게 되었다! 3일을 경과한 후 우리 동지들은 그를 비로소 발견하였다. 그는 유혈이 과도하여, 그를 산록 흑룡동 의원(석굴 속)으로 옮겼을 때는 이미 구치救治의 희망이 없을 때였다. 양일 후 석정 동지는 석동石洞 속에서 죽고 말았다! 그는 임사臨死할 시에 제諸동지에게 단결 살적殺敵하기를 유언하였다. 사후 중국 군정당국과 제3지대 제동지들은 석정 동지와 그와 동시에 순국한 김창화 동지를 태항산상에 안장하였다.

석정 동지는 조선독립과 인류의 해방을 위하여 소유의 정력을 공헌하였고, 일체의 행복과 심지어 최후 일적혈一滴血[피 한 방울]까지 바쳤다. "나의 청춘은 감옥에서 다 보냈다"고 그는 동지들을 대하여 때때로 말하나, 이 말은 상감傷感의 의미가 아니고 호불개의毫不介意(전혀 개의치 않음)의 태도를 표시한 것이다.

그는 자신의 사생활에 있어서 극히 근엄하고 염결廉潔[청렴결백]하였다. 처자가 있으나, 가정의 사정으로 인하여 사업에 구니拘泥할[얽매인] 일이 없다. 그는 나와 호친互親하나, 언제나 혁명문제 외에 사정私情을 말한 일이 없었다. 그는 개성이 굴강한 불굴불요의 의지를 가진 사람으로, 여하히 곤란한 환경 중에서도 저상소침沮喪消沈하는[풀 죽는] 일이 없다. 즉 감옥 내에서의 일체 행동으로서도 그는 영원히 굴복되지 않는 사람인 것을 알 수 있는 것이다.

그는 특별히 사물의 분석과 공작계획에 능한 사람으로, 화북 적후공작은 즉 그가 포치佈置한 것이다. 그는 열정이 풍부하고 웅변에 능하므로, 그가 등단하여 연설할 때에는 능히 사람을 웃기고 울린다. 평상시 동지들과 같이 좌담할 때에도, 사람들은 자연히 그를 특별히 주의하고 그의 이야기를 재미있게 듣게 된다. 그는 부단히 이론을 학습하고 또 이론을 환경에 능히 개활開活하게 운용할 줄 아는 사람이다. 그러므로 그는 과거 제1기 간부학교 때에 교원이 되기를 원치 않고 학생을 자원하였으며, 또 매번 당내 혹 당외에 이론투쟁이 있을 때마다 그는 구체적 환경에 근거하여 정확한 주장을 천명하였지, 종래 공작 실제의 기성既成한[기존의] 조리條理에 구속된 일이 없다.

그의 대인對人의 태도는 겸손하고 화애和藹하다. 특별히 교양과 설복의 능력이 강하므로, 당 내외 사람이거나 남녀노소를 물론하고 누구나 그를 좋아하고, 접근 아니 하는 사람이 없었다. 사람마다 곤란한 문제가 있을 때는 모두 그를 찾아 해결의 방법을 구하였다. 그럼으로 그가 당내 단결과 당외 단결 공작상에 있어서 특별한 천재를 표현하였다.

석정 동지는 이미 희생되었다. 그는 신성한 항일전장상에서 죽었고, 그의 피는 중국 항일장사抗日將士의 피와 함께 태항산에 공동이 흘렸다. 그가 죽음으로 인하여 나는 일생 동생사同生死 공환난共患難하던 가장 친밀한 전우를 잃게 됨으로 인하여 무한한 애감哀感과 원한에 고뇌되어, 시시로 내심으로부터 나오는 눈물을 금할 수 없고, 또 뿐만 아니라 간고한[어렵고 고된] 환경 중에 분투하고 있는 화북 동지들은 가장 우수한 영도 인물을 상실하였고, 전 조선혁명진선朝鮮革命陣線은 막대한 손실을 입게 된 것이다.

그가 죽은 후 이미 만 1주년이 되는 금일, 전 세계 반파시스의 첩보가 분분히 전하여 오지만, 우리 조선독립운동은 아직도 응유應有의[마땅한] 발전을 하지 못하고 있다. 이러한 때에 그를 추회追懷[돌이켜 후회]하며 화북 동지들을 요억遙憶[생각]할 때에 사람으로 하여금 무한한 감개를 금치 못하게 한다. 그러나 동시에 우리들은 또 후사자後死者의 중대한 책임을 느끼게 된다. 즉, 우리들은 오직 석정 동지의 혁명정신을 학습하고 그의 혈적血跡[핏자국]을 밟아 전진하여, 그의 미완성한 유업遺業을 완성할 뿐이다.

- 탈초 : 김영범(2013), 214-223쪽.

석문촌 묘소(허베이성 섭현)는 1950년에 국립묘지가 인근의 한단邯鄲에 조성되면서 진기로예 열사능원으로 옮겨졌다. 열사능원은 북원北園과 남원南園으로 구성되며, 북쪽일수록 서열 높은 이가 안치되어 있다.

석문촌 묘소에는 진광화와 윤세주의 묘가 나란히 배치되었지만, 열사능원에서는 1936년 이래 공산당원이었던 진광화는 북원으로 가고 그렇지 않았던 석정은 남원(동묘구 3열 17번)에 안장되었다.

해방 이듬해 김상덕金尙德이 서울신문(1946. 6. 2.)과 한성일보(1946. 6. 2.)에 추도사를 실었다. 그는 조선혁명간부학교 제3기(1935년) 교관이었고, 민족혁명당 간부로 활동하였다. 난징 시절에는 석정, 이영준, 김두봉 등과 같이 소식지 및 기관지 발간에 관여하였다. 김상덕이 다음의 추도사에서 언급한 당가黨歌 '강도 일본을 쳐부수고 땅을 찾아서 새 나라 새 역사를 세우자'는 〈민족혁명당 당가〉 제2절의 끝부분이다.

〈서울신문(1946. 6. 2.)〉

祖國光復運動의 鬪士

尹世胄 申正雨 두同志를追悼

逝世日을期하야 金尙德

尹世胄同志는 一八九九年六月二十四日에 慶南密陽郡城內에서 出生, 三一大革命때부터 國內外에서 獨立運動에 獻身하여 一九四二年六月[illegible]日에 中國山西省中條山[illegible]戰鬪時에 戰逝한분이고 申正雨同志는

一八八九年五月十八日에 京城에서出生, 三一大革命直後에中國으로亡命하야 獨立運動에獻身하던中 一九四四年六月二日에 中國河南省第一戰區平漢鐵路前線에서 우리部隊를指揮하다가 積勞成疾하여 重慶으로 來養오던途中 湖北省巴東縣城旅次에서 逝去한분이다

尹同志의逝世四週年 申同志의逝世二週年인오늘 나는삼가이追悼의글월을올임니다 同志들! 나는同志들과함께 祖國獨立을爲하여 第一線에서 戰死하지못하고지금解放된祖國의 품에 안기여있읍니다 아― 同志들의精神은우리와함께 왓스련만은同志들의몸은아직도 異國荒山에뭇치여있음니다 우리가還國한지도벌서半年이나 엿래까지두同志의生死의消息도 國內同志와親知들에게 고로傳하지못하엿읍니다 이追悼文이新聞을通해서나타나면그들은 반드시 앗차…이분들이이렇케되엿나? 큰損失이다 큰損失이여! 할것임니다 나도자나깨나지금나라의現狀과 黨의現狀을보와 큰損失임을늑임니다 痛恨의心臟이부으러옴으고 骨節이저리임니다 우리는방금할쩐헤멥니다 귀가分明치못하고눈이近視이고 머리가鈍하고四肢뻣뻣해서이나라建設에 正路가환-하것만빗틀거럼지틀 치고있읍니다

同志들의英明이 우리의 이짓을 늑이신다면「十年工夫나무아미타불」! 하실것이외다 아! [illegible]스럽습니다 우리의行爲가 참으로 可憐합니다 그러나十室의邑에도 반드시忠信이있는러이니 同志들의 偉大한愛國精神과 [illegible]한革命理念은 이러한忠信을 通하여永存하오리다 아痛惜할니다! 지금단지 同志들의 그百折不屈하던 堅定한戰鬪意志와 光輝있는歷史的業績만이 우리의 머리에 的確히 살아있어언제던지 이血管에서 저血管으로循環할뿐입니다 나는마조막으로 우리가불으던 黨歌 「强盜日本쳐부시고 땅을차자서 새나라새歷史를세우자」를 생각하면서 두同志의精神萬歲!를[illegible] 英靈에告합니다【寫眞上은尹氏 下는申氏】

출처 : 대한민국 신문 아카이브.

조국광복운동의 투사
윤세주 · 신정우 두 동지를 추도
서거일을 기하야

김상덕

윤세주 동지는 1899년 6월 24일에 경남 밀양군 성내에서 출생하였으며, 3 · 1대혁명 때부터 국내외에서 독립운동에 헌신하여 1942년 6월 2일에 중국 산서성 중○산 반소탕전투 때 전사하신 분이고, 신정우 동지는 1889년 5월 18일에 경성에서 출생하였으며, 3 · 1대혁명 직후에 중국으로 망명하여 독립운동에 헌신하던 중 1944년 6월 2일에 중국 하남성 제1전구 평○○○ 전선에서 우리 부대를 지휘하다가 ○○○○하여 중칭으로 ○○오던 도중 호북성 파동현 성○려차에서 서거한 분이다.

윤 동지의 서거 4주년, 신동지의 서거 2주년인 오늘 나는 삼가 이 추도의 글월을 올립니다. 동지들! 나는 동지들과 함께 조국독립을 위하여 제1선에서 전사하지 못하고 지금 해방된 조국의 품에 안기어 있습니다. 아– 동지들의 정신은 우리와 함께 왔으련마는 동지들의 몸은 아직도 이국황산에 묻혀 있습니다. 우리가 환국한 지도 벌써 반년이지만 여태까지 두 동지의 생사의 소식도 국내 동지와 친지들에게 고루 전하지 못하였습니다. 이 추도문이 신문을 통하여 나타나면 그들은 반드시 앗차... 이분들이 이렇게 되었나? 큰 손실이다, 큰 손실이야! 할 것입니다. 나도 자나깨나 지금 나라의 현상과 당의 현상을 보아 큰 손실임을 느낍니다. 통한의 심○이 부어오르고 골절이 저립니다. 우리는 방금 쩔쩔 헤맵니다. 귀가 분명하지 못하고 눈이 근시이고, 머리가 둔하고 사지가 뻣뻣해서 이 나라 ○○에 바른 길이 환–하건만 비틀거리고 있습니다.

동지의 영명이 우리의 이 짓을 느끼신다면 '10년 공부 나무아미타불' 하실 것입니다. 아! 죄스럽습니다. 우리의 행위가 참으로 가○합니다. 그러나 십○의 읍에도 반드시 충신忠信이 있는 터이니 동지들의 위대한 건국정신과 공약한 혁명이념은 이러한 충신을 통하여 영존하오리다. 아 통○합니다! 지금 단지 동지들의 그 백절불굴百折不屈하던 견정한 전투의지와 광휘있는 역사적 업적만이 우리의 머리에 적확히 살아있어 언제든지 이 혈관에서 저 혈관으로 순환할 뿐입니다. 나는 마지막으로 우리가 부르던 당가黨歌 '강도 일본을 쳐부수고 땅을 찾아서 새 나라 새 역사를 세우자'를 생각하면서 두 동지의 정신 만세! 불러 영령에 고합니다. - 사진의 위는 윤세주, 아래는 신정우

다음으로 독립장 추서 이후의 추모사업을 살펴보자. 윤세주는 1982년 8월 15일 대한민국 정부로부터 건국훈장 국민장(오늘날의 독립장)을 추서 받았다. 하지만 유족들은 그때까지도 석정 묘소가 중국의 어디에 있는지 제대로 알지 못하고 막연히 산시성陝西省 옌안이라고 믿고 있었다. 기념사업회의 윤명화 고문이 이 책의 발간사 '남선 아재, 보고파'에서 밝힌 대로 한중수교(1992) 이후 국가보훈처 이보온 실장을 만나 비로소 묘소의 정확한 위치를 알게 되었다.

유족의 묘소 참배는 곧바로 시도되었다. 석정의 장조카 윤태선의 2남 4녀 중 맏이 윤영태(와병 중)를 제외한 다섯 명과 배우자를 포함한 7명이 허베이성 한단으로 여행을 계획하였다. 1993년 8월 29일부터 9월 7일까지 9박 10일의 일정이었다.

유족 일행이 열차 편으로 한단시에 도착하자, 군악대 합주와 더불어 열렬한 환영을 받았다. 다음 사진에서 앞열 왼쪽부터 2번째 윤명옥, 3번째 윤명애(검은 상의), 한단시 부시장, 5번째 윤명화, 6번째 윤명숙이다. 뒷열 오른쪽에서 두 번째가 윤영식(전 기념사업회 부회장)이다.

윤세주를 조명하는 학술회의는 여덟 차례 열렸다. 최초는 탄신 100주년을 기념하는 국제학술회의인데, 2001년에 석정의 고향인 경상남도 밀양에서 개최되었다. 이듬해 한중건교 제10주년을 기념하여 중한국제학술회의가 중국 산서성 좌권현에서 있었고, 2년 후 『불멸의 민족혼』 화보집 출판을 기념하여 학술강연회 '조선의용대(군)의 대일투쟁'이 서울 서대문독립공원 독립관에서 개최되었다.

2010년대에 들어서자마자 '조선의용대(군)와 석정 윤세주' 국제학술회의(2011)에 이어서 한중수교 20주년 기념 국제학술대회 '조선의용대(군)와 한중 공동 항일투쟁'(2012), 조선의용대 창설 75주년 기념 한·중·일 국제학술회의 '조선의용대 연구의 새로운 전개'(2013) 등이 있었다.

	학술회의명	연도	장소
1	순국선열 석정 윤세주열사 탄신 100주년 기념 국제학술회의	2001	밀양
2	태항산지구항일전 제60주년/ 한중건교 제10주년 기념 중한국제학술회의	2002	중국 좌권현
3	'불멸의 민족혼' 출판기념 학술강연회 '조선의용대(군)의 대일투쟁'	2004	서울
4	국제학술회의 '조선의용대(군)와 석정 윤세주'	2011	천안
5	한중수교 20주년 기념 국제학술대회 '조선의용대(군)와 한중 공동 항일투쟁'	2012	중국 선양
6	조선의용대 창설 75주년 기념 한 · 중 · 일 국제학술회의 '조선의용대 연구의 새로운 전개'	2013	서울
7	의열단 창단 95주년 및 조선의용대 창설 76주년 기념 '의열단, 조선의용대(군)의 독립정신 계승과 발전'	2014	밀양
8	2016 밀양독립운동선양 학술대회	2016	밀양

윤세주의 독립운동은 그 뿌리가 밀양 3 · 13만세운동이다. 밀양시는 만세운동 재현행사를 2006년 이래 해마다 3월 13일 시내 일원에서 실시하고 있다. 아래 사진에서 종손 윤영식이 밀양관아 앞의 행사장에서 만세삼창을 선창하기 전에 소감을 말하고 있다.

국내에서 윤세주를 참배할 수 있는 곳은 어록비가 될 것이다. 최초의 어록비는 2011년 독립기념관 어록비공원에 세워졌다. 비석(2700 × 1200 × 450mm)은 국내산 포천석이다. 본문 12쪽에서 보듯이 받침돌은 두 개로 되어 있는데, 동편(사진의 오른쪽)의 방형 돌은 국내산 자연석이고, 서편의 장방형 돌은 중국 지린성 해란강에서 채취한 것이다. 전체 높이는 2,280mm(받침돌 1,080mm, 어록비석 1200mm)이다.

앞면에 새겨진 비문은 윤세주의 밀양폭탄사건 결심공판 최후진술이다. 뒷면에서 '총독부 폭파거사(1920)'는 의열단 제1차 국내특공거사 또는 밀양폭탄사건을 가리킨다.

〈앞면〉

석정 윤세주 열사 어록

"우리의 제1차 계획은 불행히도 파괴되고
무수한 동지들이 체포되고 처벌되었지만
체포되지 않은 우리 동지들은 도처에
있으니 반드시 강도 왜적을 섬멸하고 우리의
최후 목적을 도달할 날이 있을 것이다."

-1921년 의열단 제1차 국내특공거사 사건 재판정 진술 중에서-

〈뒷면〉

윤세주(1901–1942)

호는 석정
1901. 6. 24 경남 밀양 출생
3. 13 밀양만세 의거 주동 (1919)
의열단 조직 (1919)
총독부 폭파거사 (1920)
신간회 밀양지회 활동 (1927)
조선혁명간부학교 1기 (1932)
조선혁명간부학교 교관 (1933)
민족혁명당 결성 (1935)
조선의용대 창설, 항일활동 (1938)
조선의용대원 인솔 화북진출 (1941)
태항산 "대일 반소탕전"에서 순국 (1942)
태항산 석문촌 안장 (1942)
하북성 한단시 진기로예 열사능원 이장 (1950)
건국훈장 독립장 추서 (1982)

(기증자) 석정 윤세주 열사 유족회(대표 윤영식)

두 번째의 어록비는 밀양의 생가터(내이동 881번지)에 있다. 본문 94쪽에서 보듯이 받침돌은 두 개의 자연석이며, 비석(2640 × 1000 × 1000mm)은 6톤의 마천석 통돌이다. 전체 높이는 1,200mm(받침돌 200mm, 어록비석 1000mm)이다.

앞면의 비문은 의열단의 조선혁명간부학교 제2기 졸업식(1934년 4월 23일)에서 말한 윤세주의 훈화이다. 뒷면에는 그가 1938년에 작사한 〈최후의 결전〉의 제1절과 후렴이 새겨져 있다.

〈앞면〉

의열단 · 민족혁명당 · 조선의용대의 영혼

석정 윤세주

제군의 선배 중에는 교수대의 이슬로 사라진 이 적지 않았고,
이들 선각자들은 우리 민족운동의 존귀한 희생자가 되었습니다.
이들 영령을 위로하는 의미에서도 몸을 던져 혁명운동에 매진할
각오와 신중한 수단이 요구되니, 제군은 동지를 위하여
혁명을 위하여 죽었다고 말해짐을 두려워하지 마십시오.

- 의열단 조선혁명간부학교 제2기 졸업식 훈화(1934. 4. 23.)

〈뒷면〉

최후의 결전

윤세주 작사(1938년)

최후의 결전을 맞으러 가자
생사적 운명의 판가리로
나가자 나가자 굳게 뭉치어
원수를 소탕하러 나가자

총칼을 메고 혈전의 길로
다 앞으로 동지들아
혁명의 깃발 우리 앞에 날린다
다 앞으로 동지들아

- 사단법인 석정윤세주열사기념사업회 건립(2017. 2. 7.)

3. 열사의 혈흔은 어디에

윤세주 열사의 탄신 100주년을 기념하여 국제학술회의가 2001년 6월 5일에 있었다. 밀양문화원 주최로 밀양시청 대강당에서 열렸는데 손기현 원장이 추모시를 헌정하였다.

충성을 다하여 순국하신 태항산 동쪽	盡忠殉國太山東
옛 묘소는 무성한 풀 속에 쓸쓸히 있고	舊墓蕭蕭茂草中
열사의 혈흔[핏자국]은 어디에 계신고	烈士血痕何處在
잔 올려 배알하니 석양이 붉게 물들었구나	獻盃拜謁夕陽紅

열사의 혈흔은 어디에 계신고?

석정 윤세주(1900~1942)는 20세기 초반을 살았다. 이 시기는 강대국의 식민지 쟁탈전이 치열했던 제국주의 시대였다. 산업혁명 이후 자본주의가 고도로 발달한 영국, 프랑스, 네덜란드 등은 물론 독일, 이탈리아, 미국, 러시아, 일본까지도 제국주의 대열에 끼어들었다. 약소국 조선은 1910년 일본제국의 식민지가 되어 주권을 빼앗기고 말았다.

윤세주의 독립운동은 '독립선언'에서 시작되어 곧바로 '의열투쟁'으로 이어졌다. 그는 1919년 서울에서 3 · 1만세시위에 참가하여 '선언서'의 독립과 자유를 외쳤고, 다음 날 밀양으로 가는 기차에 몸을 싣고서 다짐하였다.

자유가 없는 삶이란
노예나 마찬가지 아닌가?
독립과 자유를 되찾아야 해,
이것이야말로 가장 정의롭지.
부모님은 늙었고, 형들은 모두
돌보아야 할 가족이 많으니

나 같은 청년이 나서지 않으면
누가 조국을 구할 수 있으랴?

그는 윤치형, 김병환 등과 모의하여 3월 13일 밀양에서 만세시위를 일으켰다. '우리들은 지금 우리 조선이 독립한 나라이고 조선 사람이 자주적인 국민이라는 것을 선언하노라'로 시작되는 선언서를 목 놓아 부르짖었다. 또한 도피 중에도 '누구든지 독립을 위하여 분투'하도록 지하신문을 제작하여 배포하였다. 시위는 밀양읍, 단장면, 부북면, 청도면 등에서 여덟 차례 일어났다.

	밀양의 만세시위	시기	장소
1	3 · 13밀양면 만세운동	1919. 3. 13.	밀양읍내
2	밀양공립보통학교 학생만세운동	1919. 3. 14.	밀양읍내
3	밀양면 유림의 만세운동	1919. 3. 15.	밀양천변 솔밭
4	안희원 장례 만세운동	1919. 3. 20.	밀양읍내
5	밀양소년단 만세운동	1919. 4. 2.	밀양읍내
6	단장면 만세운동	1919. 4. 4.	태룡리 용회동
7	부북면 만세운동	1919. 4. 6.	춘화리 일대
8	청도면 인산리 만세운동	1919. 4. 10.	인산리 광장

1919년 7월 이후 윤세주는 일제의 감시를 피해 만주로 건너갔다. '그래, 아무리 옳은 생각일지라도 그것을 실현하는 행동이 없다면 무슨 소용일까?' 그는 정의의 실행을 위해 '의열'義烈을 택하였다.

의열단은 '천하의 정의로운 일을 맹렬히 실행'하는 항일비밀결사였다. 1919년 11월 지린성 지린吉林에서 창립되었으며, 당시의 단원은 김원봉 · 곽재기 · 강세우 · 이성우 · 이종암 · 서상락 · 신철휴 · 한봉근 · 김상윤 · 윤세주 등 10명이었다(김영범, 2017).

의열단은 일제 통치기관과 주요 인물을 폭탄으로 타격하였다. 제1차 국내특공거사(밀양·진영 폭탄반입사건)는 실패로 끝나, 황상규, 윤세주, 김병환 등 12명이 투옥되었다. 단장 김원봉은 고모부 황상규의 출옥(1926년)과 죽마고우 윤세주의 출옥(1927년) 때까지 박재혁, 최수봉, 김익상, 황포탄, 김지섭, 나석주 등의 투탄 의거에 성공하는 쾌거를 올렸다.

	의열단의 주요 의거	연월일	장소
1	밀양·진영 폭탄반입사건	1920. 6.	(실패)
2	박재혁의 부산경찰서장 폭살의거	1920. 9. 14.	부산
3	최수봉의 밀양경찰서 투탄의거	1920. 12. 27.	밀양
4	김익상의 조선총독부 투탄의거	1921. 9. 12.	서울
5	황포탄 의거	1922. 3. 28.	중국 상하이
6	김상옥의 혈전	1923. 1. 22.	서울
7	황옥 사건	1923. 3.	(실패)
8	김지섭 의거	1924. 1. 5.	일본 도쿄
9	나석주 의거	1926. 12. 28.	서울

윤세주는 그의 결심공판 최후진술이 웅변해 주듯이 기개가 수그러들 줄 몰랐다. 1920년 이래 청춘의 7년을 감옥에서 보내게 된 데에도 개의치 않았다. 어학과 과학을 학습하는 한편 다른 죄수를 가르쳐 독립과 자유의 사상을 불어넣었고 그들은 나중에 독립운동에 동참하였다.

웬만한 사람이라면 장기간의 콩밥에 의지가 꺾였겠지만, 윤세주는 1927년 2월 출옥 후에도 의연하였다. 밀양청년회 또는 신간회를 중심으로 사회운동을 하였는데, 청년회에서 무성영화 '아리랑'을 유치하였을 때 변사로서 관객에게 민족혼을 불어넣는 문화예술적 재능을 선보이기도 하였다.

다른 한편 부산에서 경남인쇄주식회사와 중외일보에 몸담으며 비폭력의 항일언론활동을 펼쳤다. 하지만 좌·우파 연합의 민족통일전선이었던 신간회가 창립 4년 만인 1931년 5월에 해체되고, 그해 9월에 중외일보마저 폐간되며, 설상가상으로 만주사변이 돌발하여 합법적인 사회운동이나 언론활동이 불가능해짐에 따라 그는 숨 막히는 난관에 봉착하였다.

1932년 중국 망명 이후 석정 윤세주는 제국주의 타도와 절대독립 완성, 즉 '민족혁명'으로 이어갔다. 맨 먼저 조선혁명간부학교 교관으로 청년 투사의 육성에 매진하였다. 졸업생 및 특파공작원의 관리를 도맡았는데, 제1기(1933년)의 경우 체포되거나 '자수'한 자가 26명 중에서 12명(46%)이었으나, 제2기(1934년)부터는 크게 줄어 55명 중 14명(25%)이었고, 제3기(1935년)는 44명 중 1명(2%)에 그쳤다. 석정이 의열단원을 얼마나 아꼈으며, 그의 졸업생 관리가 얼마나 유효하였는지 알 수 있다. 이후에도 중앙육군군관학교 성자분교 특별훈련반(황포군관학교 제13기) 정치교관(1938년), 조선의용대 정치조 훈련주임(1938년), 조선의용대 간부훈련반 정치교관(1941년) 등을 담임하여 항일 투사를 키워냈다.

다음으로 석정은 진보적 민족주의자로서 1930년대 해외민족전선의 통일에 이바지하였다. 만주사변 이후 독립운동의 거점이 중국 관내로 옮겨지면서 좌·우익 민족전선의 통일이 시급히 요청되자, 1935년 7월 정파를 초월하는 '민족혁명당'의 산파역을 훌륭히 해냈다. '긴장감이 감돌고 서로 팽팽히 맞서는 상황에서도 언제나 먼저 소통의 물꼬를 트는' 석정을 김약산은 다음과 같이 평가하였다.

> "1935년 5당통일회의 시 그는 의열단 대표의 자격으로 다방多方으로 분주하면서 각종 문제에 대하여 접흡接洽[상의하고] 소통疏通의[소통하는] 공작[업무]을 다하였고, 또 정확한 주장을 많이 발표하여 통일 성공에 대한 공헌이 많다."
>
> – 김약산(1943), '석정 동지 약사'.

석정은 민족혁명당의 '손꼽히는 이론가'로서 『민족혁명』이나 『앞길』에 다수의 글을 실었다. '국제정치의 기본 동력과 종국적 추세'(『민족혁명』 제2호, 1936년)에서 일본제국은 영국·미국·소련에 밀려 머지않아 멸망할 것임을 확신하였으며, 이에 기반하여 〈최후의 결전〉(1938년)을 작사하는 음악적 재능을 엿보였다.

마침내 민족혁명당은 군대를 편성하였다. 중국 국민당의 지원을 받아 조선의용대를 창설(1938년)하여 한중 연합의 항일전선에 나섰다. 주요 임무는 대적선전이었으나 가능한 한 전투와 배합하려 하였다. 석정은 조선의용대 2주년(조선의용대 제37기, 1940년)에 자신의 소감을 북상항일北上抗日의 출사표로 삼았다.

> 우리는 중국 항전 장병들과 함께 적과의 육탄전을 벌이는 것 이외에 다른 길을 찾을 수 없다. 우리는 단지 이러한 솔직한 실천을 통해서만 비로소 수천수만의 조선 동포들로 하여금 우리를 호응하게 하고, 우리의 핏자국을 따라 해방의 큰 길로 매진할 수 있다고 확신한다.

석정은 1941년 첫날에 의용대를 이끌고 북상항일에 나섰다. 출발에 앞서 '금년에는 화북 근거지를 건립하고, 명년에는 동북 근거지를 건립하며, 내명년에는 조국에 진입'한다는 결의를 거듭 다졌다. 이러한 동북 노선은 일찍이 이두산의 시 '당신은 의용의 전사, 전선 조선의용대에게 보냄'에도 고스란히 반영되어 있었다.

전사들이여
압록강은 당신을 기다린다.
청룡칼에 묻은 피자국 닦고
동지들이여
동해물도 빨리 오라 재촉한다.
싸움터의 포연 자욱 씻어주려고

당신은 의용의 결정
가라 앞으로
죽어도 영생
살아도 영생
비할 바 없는 영광
인생의 최고 이상이어라

아! 젊은 나의 형제여!
칼 들고 압록강 돌파하여
어머니 묘지 쓸어주고
떠도는 아버지 위안하라
너는 의용의 전사
복수의 칼을 들어라

출처 : 『조선의용대통신』 제6기, 1939년.

그런데 조선의용대는 하필이면 태항산의 공산당 지역으로 들어갔을까? 일본의 침략에 맞서서 중국의 국민당과 공산당은 내전內戰을 멈추고 한동안 합작하였다. 따라서 조선의용대도 좌익과 우익의 연합체로서 언제든지 국민당의 통제에서 벗어나 서슴없이 공산당에 합류할 수 있었다. 민족혁명당 중앙위원이었던 왕통의 '조선의용대의 정치노선'을 보자.

어떤 사상은 환영하고 어떤 사상은 배척하는 것이 아니라 항일의 모든 민족은 의용대의 기치 아래 모두 단결하여 일본 제국주의와 결투하고 민족의 독립을 쟁취하여야 한다.

출처 :『조선의용대』 제40기, 1941년.

그들은 국민당이든 공산당이든 가림없이 타협할 수 있었다. 자신은 공산당원이 아닐지라도 민족혁명을 위해 그들과 협조하였다.

그렇지만 오늘날 우리는 목적이 아무리 정의로울지라도 그것이 수단을 정당화할 수 있는가에 대해 반성해 보아야 할 것이다. '제국주의 타도와 절대독립 완성'을 위하여 일시적으로 좌익과 우익의 통일전선을 구축할지라도 결국에는 어느 한쪽을 선택해야 하지 않을까? 민족혁명당이나 조선의용대가 그동안 내부 분열을 피할 수 없었던 것도 좌익과 우익의 두 계열 간에 허물 수 없는 장벽 때문이었다. 일반의 사업가가 아닌 국가의 지도자라면 더욱더 자신의 정체성을 분명히 해야 할 것이다.

태항산으로 들어간 석정은 결국 일본군에 피격되어 1942년 6월 3일 순국하였다. 일생을 통하여 국내외의 척박한 여건에 주저앉지 않고 독립과 자유를 쟁취하기 위해 '황무지밭을 가는 소'처럼 우직하게, 꾸준히, 묵묵히 온 힘을 다하였다. 머지않은 장래에 제국주의 국가의 상호 충돌이 종식되면서 한반도에 광명의 날이 밝아오겠지만 그날을 믿으며 어둠의 시기를 참고 견디며 민족 역량을 키우자고 하였다. 태항산에서 쓰러져 마지막 숨을 거두기까지 '독립된 나라에서 자유롭게 사는 민중'을 염원하였다.

필자는 고군분투하는 독립운동가를 추억할 때마다 이육사(1940년)의 '절정'絕頂을 되뇌곤 한다. 건성으로 이 시를 읽으면 절벽 끝으로 내몰린 자의 위태위태한 처지를 느끼는 정도이지만, 온갖 고난 앞에서도 꺾이지 않는 저항 시인의 기개를 염두에 두면 훨씬 잘 이해할 수 있다.

매운 계절季節의 채찍에 갈겨
마침내 북방北方으로 휩쓸려 오다.

하늘도 그만 지쳐 끝난 고원高原
서릿발 칼날진 그 위에 서다.

어디다 무릎을 꿇어야 하나
한 발 재겨 디딜 곳조차 없다.

이러매 눈감아 생각해 볼밖에
겨울은 강철로 된 무지갠가보다.

여기에서 강철 무지개는 일본 천황의 태양을 베어 쓰러뜨리는 칼로 상정되고, 칼날이 매섭기로는 동토의 '겨울'에 견주어지고 있다. 매운 계절의 시련을 무적의 칼날로 바꾸어 놓은 시인의 상상력에 감동하지 않을 수 없다. 석정이야말로 '강철로 된 무지개'이다. 무지개는 평시에는 햇빛을 받아 일곱 색깔의 찬란한 빛을 뿜는 '천국의 계단'이지만, 해太陽가 독립과 자유를 유린한다면 그것을 베어 넘어뜨리는 서슬 퍼런 칼이 되기도 한다.

석정 윤세주는 화북에서 동북을 거쳐 조선으로 진공하는 '최후의 결전'을 이루지 못하였지만, 그를 포함하는 무수한 독립투사가 보여주었듯이 최악의 여건 속에서도 끊임없이 노력하고 좀처럼 꺾이지 않는 기상은 한국인 고유의 특징이었다.

식민지 수탈과 한국전쟁의 참상을 딛고 개도국에서 선진국으로 도약한 이른바 '한강의 기적'을 일으킨 산업 전사가 우연히 생긴 것은 아니다. 군부독재를 무너뜨리고 모든 국민이 자유를 구가할 수 있게 한 민주화의 투사도 역시 그럴 것이다.

일제강점기의 독립운동가는 다들 이슬처럼 사라졌지만, 그들의 독립과 자유의 투혼은 밤하늘의 별처럼 빛나고 그들의 투지는 우리들의 심장에서 여전히 뛰고 있다.

■ 관련 논저

〈단행본〉

윤세주를 조명한 단행본은 중국에서 먼저 발간되었는데, 조선의용대와 관련하여 권오근(1987)과 양소전 · 이보온(1995) 등이 있다. 한국에서는 민족혁명당과 의열단에 높은 관심을 보였다. 강만길(1991)은 민족혁명당의 성립에서 윤세주의 역할을 상세히 그려놓았고, 김영범(1997)은 의열단의 형성과 발전과정을 일목요연하게 파헤쳤다. 윤세주의 전기로는 김영범(2013)과 최국철(2015)이 있다. 아래에 연도순으로 배열된 것은 주요 관련 문헌과 기념사업회 기획의 도서이다.

1. 윤정헌(1985) 『무송윤씨 대동보』 (상권), 미문인쇄사
2. 권오근 편(1987) 『중국의 광활한 대지우에서 : 조선의용군 발자취』 연변인민출판사
3. 강만길(1991) 『조선민족혁명당과 통일전선』 화평사
4. 김덕균(1995) 『예술론문집』 동북조선민족교육출판사
5. 양소전 · 이보온(1995) 『조선의용군 항일전사』 도서출판 고구려
6. 김학철(1995) 『최후의 분대장 : 김학철 자서전』 문학과지성사
7. 김영범(1997) 『한국 근대민족운동과 의열단』 창작과비평사
8. 김승일(2001) 『조선의용군 석정 윤세주열사』 도서출판 고구려
9. 손정태(2002) 『민족혁명당의 영혼 : 독립투사 석정 윤세주 열사』 밀양신문사출판국
10. 윤세주 · 이원대열사 기념사업회(2003) 『불멸의 민족혼』 조선의용대 창군 65주년 기념도록. 독립정신연구소
11. 석정 윤세주열사 기념사업회(2004) 『밀양지역의 독립운동기념관 건립의의와 건립방안』 석정 윤세주열사 기념사업회
12. 중국 한단시(2005) 『한단의 여행』 하북교육출판사
13. 밀양향토청년회(2005) 『밀양의 청년운동』 미리벌인쇄
14. 최봉춘 역(2006) 『조선의용대혈전실기』 밀양문화원
15. 중국 한단시(2007) 『한단의 역사와 문화』 지순출판사
16. 김영범(2009) 『의열투쟁Ⅰ : 1920년대』 독립기념관 한국독립운동사연구소.
17. 염인호(2009) 『조선의용대 · 조선의용군』 독립기념관 한국독립운동사연구소.
18. 김영범(2010) 『혁명과 의열』 경인문화사.
19. 김영범(2013) 『의열단 · 민족혁명당 · 조선의용대의 영혼 윤세주』 역사공간
20. 최필숙(2014) 『석정 윤세주열사 항일투쟁 유적지 순례기』 도서출판 밀양

21. 한중항일역사탐방단(2014) 『중국 대륙에서 부르는 타이항산 아리랑』 차이나하우스
22. 장촨재 · 순징리 편, 박경철 · 이선경 역(2015) 『이화림 회고록』 차이나하우스
23. 최국철(2015) 『석정 평전 : 최후의 결전가』 연변인민출판사
24. 도진순(2017) 『강철로 된 무지개』 창비
25. 김상한(2018) 『밀양 순례』 공동체
26. 김상한(2019) 『민요로 살펴본 밀양』 공동체
27. 김상한(2021) 『경주와 삼국유사』 효림
28. 김상한(2022) 『그리스 신화에서 이솝 우화로』 공동체

〈논문〉

관련 논문이 67편 있다. 가장 이른 사례는 김영범(1988)과 한홍구(1988)이다. 1990년대에는 박사학위논문으로 김영범(1994)과 염인호(1994), 석사학위논문으로 조혜숙(1996) 등을 비롯하여 10편이 있다. 윤세주에 대한 본격적 조명은 2000년대와 2010년대에 이루어졌는데, 대부분의 논문이 이 시기에 발표되었다. 최근 연구로는 김영범(2021, 2021, 2023)을 들 수 있다.

1. 강만길(2001) '윤세주와 조선민족혁명당' 『석정 윤세주 열사의 생애와 독립정신』 pp. 57-70
2. 권혁수(2012) '조선의용대 및 조선의용군의 항일공훈과 중국 항일전쟁의 관계' 『조선의용대(군)와 한중 공동 항일투쟁』
3. 김덕균(1991) '윤세주의 항일가요 〈최후의 결전〉에 대하여' 『예술론문집』 pp. 127-135
4. 김승일(2002) '동아세아 세계전통질서의 본질과 계승발전의 현대적 의미' 『중한국제학술회의 논문집』 pp. 3-24
5. ______(2012) '석정 윤세주 열사의 항일투쟁과 순국' 『조선의용대(군)와 한중 공동 항일투쟁』
6. ______(2013) '태항산지구 조선의용대 활동지역 조사 성과와 과제' 『조선의용대 연구의 새로운 전개』 pp. 11-44
7. ______(2014) '의열단의 암살을 통한 투쟁과 그 정당성에 대한 변론' 『의열단, 조선의용대(군)의 독립정신 계승과 발전』 pp. 27-50
8. 김영범(1988) '조선의용대 연구' 한국독립운동사연구(2) pp. 469-514
9. ______(1989) '1930년대 의열단의 항일청년투사 양성에 관한 연구' 『한국독립운동사연구』 3.

10. _____(1992) '의열단의 창립과 초기노선에 대하여'『한국학보』69.
11. _____(1992) '1920년대 전반기 의열단의 민족운동과 노선 추이'『한국사회사연구회 논문집』34.
12. _____(1994) '의열단의 민족운동에 관한 사회사적 연구' 서울대학교 대학원 사회학과 박사학위 논문.
13. _____(1994) '민족혁명당의 결성과 그 혁명운동노선'『쟁점 한국근현대사』4.
14. _____(1994) '국공대결기(1928~35) 중국에서의 한인 민족전선 통일운동 연구'『한국사회사연구회 논문집』42.
15. _____(2001) '윤세주의 국내 항일독립투쟁과 의열단운동'『한국민족운동사연구』29, pp. 269-313
16. _____(2001) '석정 윤세주의 민족독립 투쟁과 의열단 : 국내투쟁에서 후기 의열단운동까지'『석정 윤세주 열사의 생애와 독립정신』pp. 21-56
17. _____(2009) '이육사의 독립운동 시 · 공간(1926∼1933)과 의열단 문제 : 통설의 분석적 재검토를 겸하여' 독립기념관 한국독립운동사연구소,『한국독립운동사연구』34, pp. 321-359
18. _____(2011) '의열단 · 민족혁명당 · 조선의용대의 영혼, 석정 윤세주 열사'『조선의용대(군)과 석정 윤세주』pp. 15-29
19. _____(2015) '1920년 밀양 항일폭탄의거의 배경과 전말'『한국민족운동사연구』85, pp. 165-205
20. _____(2017) '의열단 창립단원 문제와 제1차 국내거사기획의 실패 전말'『한국독립운동사연구』58, pp. 5-57
21. _____(2017) '독립운동가 백민 황상규의 생애와 초상'『지역과 역사』40.
22. _____(2019) '조선의용대의 항일전투(참가) 실적과 화북진출 문제 재론'『한국독립운동사연구』67, pp. 179-238
23. _____(2021) '혼벡(Hornbeck)문서군 속의 한길수 서한과 조선의용대 · 조선민족혁명당 사진'『한국근현대사연구』96, pp. 361-383
24. _____(2021) '朝鮮義勇隊通訊』의 旣影印刊物에 누락되었던 號 · 期 · 面들'『한국독립운동사연구』76.
25. _____(2023) '조선혁명선언의 혁명사상과 의열단(계)의 실천 경로'『조선혁명선언 100주년 기념 학술회의 논문집』pp. 26-51
26. 김용달(2014) '한국독립운동사에서 의열투쟁과 의열단'『의열단, 조선의용대(군)의 독립정신 계승과 발전』pp. 3-24

27. 김주용(2011) '중국언론에 비친 조선의용대와 윤세주' 『조선의용대(군)과 석정 윤세주』 pp. 191-214
28. 김춘복(2001) '석정 윤세주의 생애와 사상' 『밀양문학』 제14집 pp. 72-145
29. 김형목 역(2014) '조선혁명선언' 『의열단, 조선의용대(군)의 독립정신 계승과 발전』 pp. 113-121
30. 김희곤(2004) '조선의용대(군), 그 현장을 찾아서' 『조선의용대(군)의 대일투쟁』 각종의 사진 자료를 학술강연회에서 프레젠테이션.
31. 도진순(2016) '육사의 〈청포도〉 재해석 : 청포도와 청포 그리고 윤세주' 『역사비평』 114 pp. 441-475
32. 류연산(2008) '불멸의 영령 최채' 『장백산』 (1) 1-2월호 pp. 5-35
33. 리성권(2013) '태항산맥은 바래지 않다' 『조선의용대 연구의 새로운 전개』 pp. 151-177
34. 린지둥(2013) '상호 의지하며 공동의 적에게 품은 분노 : 중국공산당과 한국의 항일독립운동 : 화북지구를 중심으로' 『조선의용대 연구의 새로운 전개』 pp. 47-91
35. 사사가와 노리카츠(2013) '조선의용대원의 사례와 일본침략에 대한 저항' 『조선의용대 연구의 새로운 전개』 pp. 95-120
36. 상영생(2011) '조선의용군의 재인식과 재평가' 『조선의용대(군)과 석정 윤세주』 pp. 217-238
37. _____(2012) '한중 태항산 혈맹의 역사적 증거 : 조선의용군태항유적조사보고' 『조선의용대(군)와 한중 공동 항일투쟁』
38. _____(2014) '조선의용군역사 연구과정에서 몇 가지 문제점' 『의열단, 조선의용대(군)의 독립정신 계승과 발전』 pp. 53-71
39. 석건국(2001) '화북 적후방 항일근거지에서 싸운 조선의용대 화북지대' 『석정 윤세주 열사의 생애와 독립정신』 pp. 87-108
40. 석원화(2002) '석정 장군과 중한연합항일' 『중한국제학술회의 논문집』 pp. 49-65
41. 소우춘(2012) '조선의용대의 역사적 역할' 『조선의용대(군)와 한중 공동 항일투쟁』
42. 손정태(2004) '석정 윤세주 열사 약사' 『조선의용대(군)의 대일투쟁』 pp. 27-56
43. 송권면(2002) '대한민족항일독립운동과 주은래' 『중한국제학술회의 논문집』 pp. 143-159
44. 안중현(2002) '중국관내 대한민족의 항일독립운동사적 기념사업발전방안' 『중한국제학술회의 논문집』 pp. 183-210
45. 양소전(1995) '조선의용군의 역사적 평가' 양소전 · 이보온, 『조선의용군 항일전사』

도서출판 고구려, pp. 1-49
46. 염인호(1994) '조선의용군 연구 : 민족운동을 중심으로' 국민대학교 박사학위논문
47. _____(2001) '조선의용대의 독립운동과 석정 윤세주'『석정 윤세주 열사의 생애와 독립정신』 pp. 71-86
48. _____(2004) '조선의용대(군)의 대일투쟁'『조선의용대(군)의 대일투쟁』 pp. 9-22
49. _____(2011) '조선의용대와 윤세주'『조선의용대(군)과 석정 윤세주』 pp. 33-58
50. _____(2012) '한국독립운동사상의 조선의용군(대) : 조선의용군 활동의 추이와 그 특징'『조선의용대(군)와 한중 공동 항일투쟁』
51. _____(2013) '조선의용대의 항일역사를 전달해준 대원들'『조선의용대 연구의 새로운 전개』 pp. 3-8
52. 이돈구(2002) '21세기 중한일 우호관계의 방향'『중한국제학술회의 논문집』 pp. 25-38
53. 이동언(2016) '중국동북지역에서의 밀양출신 독립운동가들의 활약과 향배'『2016 밀양독립운동선양 학술대회 논문집』 pp. 9-24
54. 이재호(2012) '중국 언론에 나타난 윤세주'『조선의용대(군)와 한중 공동 항일투쟁』
55. 이존근(2002) '중한연합항일영령 추모의 성지 : 민족정신의 풍비 : 진기로예열사능원의 기억'『중한국제학술회의 논문집』 pp. 135-141
56. 이홍구(1988) '인물평전 태항산에 묻힌 혁명가 윤세주(石正)'『역사비평』 여름호
57. 장사 · 임길동(2002) '진달래가 태항산상에서 꽃피다 : 조선의용군화북지대의 사적고'『중한국제학술회의 논문집』 pp. 109-133
58. 장운(2002) '중국 태항산지구의 항일전쟁에 대한 역사적 고찰'『중한국제학술회의 논문집』 pp. 67-107
59. 장홍상(2002) '중국항일전쟁 중 하나의 국제종대'『중한국제학술회의 논문집』 pp. 39-48
60. 조동걸(1992) '조선의용군 유적지 태항산 · 연안을 찾아서'『역사비평』 18호, pp. 388-402
61. 조인호(2004) '이원대(마덕산)의 항일 투쟁'『조선의용대(군)의 대일투쟁』 pp. 9-22
62. 조철행(2016) '더 조명되어야 할 밀양인 항일독립운동가들'『2016 밀양독립운동선양 학술대회 논문집』 pp. 27-36
63. 조혜숙(1996) 윤세주의 민족통일전선론 연구. 고려대학교 석사학위논문
64. 최봉춘(2001) '석정 열사의 항일투쟁사'『석정 윤세주 열사의 생애와 독립정신』 pp. 109-150

65. ______(2011) '석정 열사와 조선의용대(군)의 동지들' 『조선의용대(군)과 석정 윤세주』 pp. 61-188
66. 한상도(2002) '조선의용군의 한중연합 국제군 성격' 『중한국제학술회의 논문집』 pp. 161-181
67. 한홍구(1988) '태항산에 묻힌 혁명가 윤세주(石正) : 의열단 · 민족혁명당 · 조선의용대의 한 주역의 일생' 역사문제연구소, 『역사비평』 창간호, pp. 237-259

■ 찾아보기

* 밑줄친 부분은 인용된 시 또는 노래이다.

윤세주 : 최후의 결전

|공저자| 김상한 · 이준설

|1판 1쇄| 발행 2023년 10월 30일

|발행인| 김 동 훈
|발행처| 공 동 체

|주소| 경기도 고양시 일산동구 호수로 358－39, 동문타워Ⅰ 905호(백석동)
|전화| 031) 814-3000(대표)
|팩스| 031) 814-3100
|홈페이지| http : //www.compub.co.kr
|전자우편| compub@naver.com
|출판등록| 2005년 10월 6일
|등록번호| 제396-2005-36호

|ISBN| 979-11-6725-506-8
정가 16,000원